DRC 丛书主编·李 伟

国务院发展研究中心
研究丛书2013

中国场外股权交易市场
发展与创新

OTC Equity Markets in China:
Development & Innovation

张承惠 田 辉 朱明方◎著

中国发展出版社
CHINA DEVELOPMENT PRESS

图书在版编目（CIP）数据

中国场外股权交易市场：发展与创新/张承惠，田辉，朱明方著．北京：中国发展出版社，2013.6

（国务院发展研究中心研究丛书／李伟主编．2013）

ISBN 978－7－80234－960－5

Ⅰ.①中… Ⅱ.①张… ②田… ③朱… Ⅲ.①股权转让—证券市场—研究—中国 Ⅳ.①F832.51

中国版本图书馆 CIP 数据核字（2013）第 124470 号

书　　名：中国场外股权交易市场：发展与创新
著作责任者：张承惠　田　辉　朱明方
出 版 发 行：中国发展出版社
（北京市西城区百万庄大街 16 号 8 层　100037）
标 准 书 号：ISBN 978－7－80234－960－5
经　销　者：各地新华书店
印　刷　者：北京科信印刷有限公司
开　　　本：700×1000mm　1/16
印　　　张：16.75
字　　　数：231 千字
版　　　次：2013 年 6 月第 1 版
印　　　次：2013 年 6 月第 1 次印刷
定　　　价：45.00 元
联 系 电 话：（010）68990642　68990692
购 书 热 线：（010）68990682　68990686
网 络 订 购：http：//zgfzcbs.tmall.com//
网 购 电 话：（010）68990639　88333349
本 社 网 址：http：//www.develpress.com.cn
电 子 邮 件：fazhanreader@163.com

总　序

深化体制改革　促进转型发展

国务院发展研究中心主任　李伟

党的十八大提出了到2020年全面建成小康社会的宏伟目标。届时，按不变价计算，城乡居民收入水平比2010年实现倍增。要实现这一宏伟目标，到2020年前，我国GDP年均增长速度需要略高于7%。如何在转变发展方式的基础上保持经济较快增长，实现全面建成小康社会的宏伟目标，对我们的工作提出了新的要求。

未来中国经济发展面临着全新的国际环境。全球金融危机爆发后，世界经济进入了大调整大转型时期。发达经济体难以在短期内恢复高速增长，世界经济进入低速增长新阶段。全球性产能过剩问题加剧，国际市场竞争更加激烈，贸易投资保护主义有所抬头。区域贸易安排取代多边贸易体系，成为贸易投资自由化的主要形式，发达国家正按照自身利益酝酿新的贸易投资规则。三大主要经济体同时采取宽松的货币政策，导致全球性流动性过剩，对国际资本流动、全球金融市场的稳定均产生巨大影响。能源供求结构与格局深刻变化。主要发达经济体在救助金融危机和刺激经济的同时，实施“再制造业化”战略，重视新兴产业发展，推动经济加速转型。国际环境的变化，蕴含着新的机遇与挑战，战略机遇期的内涵与条件发生了重要变化。

中国经济发展进入了新阶段。我国已经进入了中等收入国家的行列，潜在经济增长率将出现下降，经济增长动力正处于转换之中。我国比较优势也在发生深刻变化，以往支撑我国参与国际分工与竞争的低成本劳动力优势正在快速削弱，劳动密集型产品在国际市场上面临着日益激烈的挑战。

转变发展方式刻不容缓。依靠要素投入驱动的经济发展方式难以为继，不平衡、不协调、不可持续的矛盾日益尖锐。经济结构不合理的问题日益严重，影响社会和谐稳定的矛盾更加突出，产能过剩、房地产泡沫、地方融资平台蕴含的金融风险等问题不可忽视。年初华北地区大面积持续的雾霾天气，不仅突显了资源环境问题的严重性，更反映了转变发展方式的紧迫性。

既要转变发展方式，又要保持经济稳定增长，唯一的出路是深化体制改革。体制机制是决定经济发展方式的根本因素，老的体制机制决定了老的发展方式。要转变发展方式，必须要有一套新的体制机制，否则，转变发展方式只能是纸上谈兵。除此之外，抓住新的发展机遇，释放经济增长的潜力，同样需要进一步深化改革。

深化改革要坚持不断完善社会主义市场经济体制。深化改革的关键是处理好政府与市场、政府与社会的关系，要尽可能把市场与社会可以自行承担的职能交给市场和社会，要用体制机制用好、管好政府这只“看得见的手”，充分尊重市场这只“看不见的手”，真正发挥市场机制在资源配置中的基础性作用。

改革进入深水区，需要我们用极大的智慧与勇气推进改革。各种体制盘根错节，相互影响，牵一发而动全身，改革不能零打碎敲，必须做好改革的顶层设计，系统化推进。

国务院发展研究中心是直接为党中央国务院决策服务的政策研究咨询机构。我们始终坚持围绕中心、服务大局的方向，开展政策研究，将战略性、综合性、全局性和前瞻性的重大战略问题研究与对经济社会发展中的热点、难点、焦点问题研究有机结合，力争为党中央国务院决策提供“管用”的政策建议与解决方案。

2013 年的“国务院发展研究中心研究丛书”共包括 16 本著作，是过去一两年我中心部分政策研究成果。《改革攻坚（上）——改革的重点领域与推进机制研究》和《改革攻坚（下）——推进经济体制重点领域改革研究》是对下一步经济体制改革的总体设计，是我中心重大课题研究成果。丛书中还收录了对特定领域改革的研究成果，如《稳定与完善农村基本经营制度研究》《利率市场化改革研究》。关于转型发展方面的研究成果则包括：《中国制造业创新与升级——路径、机制与政策》《中国企业转型发展调查研究》《要素成本上涨对中国制造业的影响及相关政策研究》《大调整时代的世界经济》《全球农业战略：基于全球视野的中国粮食安全框架》《完善城镇化进程中的社会政策》《人口倒挂地区社会管理研究》等。针对经济社会发展中的热点问题，丛书重点收录了建立房地产市场调控长效机制的研究成果，包括《中国住房市场：调控与政策》《土地供应制度对房地产市场影响研究》。另外，丛书还收录了关于经济社会发展中一些新趋势、新问题的研究，如《中国云计算应用的经济效应与战略对策》《中国场外股权交易市场：发展与创新》《中国中长期负债能力与系统性风险研究》。

我们正在着力建设“一流智库”，不断提高政策研究的水平与质量。尽管如此，丛书中收录的研究成果，可能还存在种种不足，希望读者朋友不吝赐教，提出宝贵意见与建议，帮助我们不断改进。我衷心希望，社会各界都能够关心支持政策研究与咨询工作，为实现中华民族伟大复兴的“中国梦”，不断作出新贡献。

2013年6月3日

内容提要

Introduction

场外资本交易市场是指在证券交易所以外进行的各种证券交易活动。场外市场交易品种众多，包括股票、股权、债券、衍生品等，并由此划分为不同类型的子市场。本书集中探讨场外股权交易市场。

与美国、日本等发达国家（地区）的发展历程一样，我国资本市场也起步于场外交易市场。然而，由于定位模糊、法制缺失等原因，我国场外交易市场几度兴衰，曲折发展，至今仍处于探索阶段，成为多层次资本市场建设中的短板。本书在回顾国内外场外股权交易市场的历史、总结并借鉴国际经验和启示的基础上，深入分析和评估了我国当前正在进行的相关创新性探索，得出一些有益的启示和政策建议。

本书由五章组成。第一章重点对场外股权交易市场的理论和实践的文献进行了归纳，尽可能使读者站在理论的前沿，把握场外市场的发展脉络，了解相关最新观点。

第二章重点介绍我国场外股权交易市场的发展历史、现状和存在问题，帮助读者了解我国场外股权的全貌。

第三章介绍了国外场外股权交易市场发展的状况，并对其他国家和地区发展场外股权交易市场的经验、教训进行了归纳总结，力求从中找出规律性的东西，得出对我国有意义的启示。

第四章主要研究我国主要场外股权交易市场的运营模式和交易制度。对现有三种不同类型的场外市场进行了市场效率等方面的分析比较，从中得出对我国发展高效率场外股权交易市场应遵循的基本原则，如场外市场应贴近市场需求、应建立有别于场内市场的交易和管理模式、场外市场建设需凸显自身特色，与场内市场相辅相成以满足不同市场参与者的投融资需求等。

第五章在深入分析我国场外股权交易市场存在的一些制度性、体制性缺陷的基础上，提出了下一步进一步完善我国场外市场的政策性建议。

附件选取了台湾柜台买卖中心、天津股权交易所、上海股权交易所以及新三板的案例。通过案例介绍了台湾经验和当前我国各类场外股权市场建设的创新性实践。

目 录

Contents

第一章

理论综述和文献回顾

场外股权交易市场的历史发展由来已久，相应的，国内外均有大量研究成果，涉及理论基础和实际运营的诸多方面。本章首先对相关概念的内涵进行界定，然后对场外股权交易市场的理论和实践文献进行归纳、梳理，包括定义、作用、国际发展趋势和经验、中国的发展实践和特殊问题等，以期尽可能全面地勾勒出当前研究的概况，包括对一些主要问题的共识和歧见，帮助读者加深对场外市场的理解和认识深度，并为本书进一步的研究奠定基础。

一、相关概念的界定

（一）场外股权交易市场和资本市场

本书以场外股权交易市场为研究对象。从大的范畴看，场外股权交易市场属于资本市场的有机组成部分。资本市场是指提供长期金融产品交易的市场，是与货币市场（短期资金市场）相对应的。场外股权交易市场作为一种类型的资本市场，主要强调两个特征：①交易对象为股权工具。资本市场涵盖多种类型的交易工具，例如股权类证券（equity security）、债务类证券（debt security）、衍生品合同（derivative）等。本书显然强调的是股权工具，而不是债务工具或衍生品。②交易的组织形式是场外市场。组织资本市场的两类基本类型是场外交易市场（OTC）和证券交易所市场（exchange）。二者在交易制度、投资者构成等许多方面存在鲜明的差异。本书显然强调的是 OTC 形式。

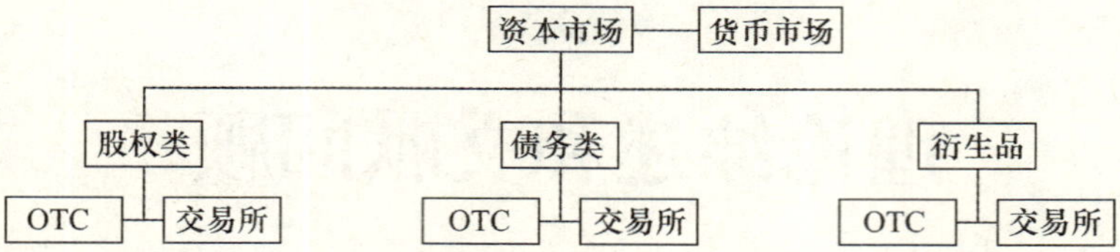

图 1　场外股权交易市场与资本市场

（二）股权、股票与股份

股权（equity）、股票（stock）与股份（share）是与所有权有关的三个概念，既紧密相连，又有所区别。对三个概念进行界定，有助于加深对场外股权市场的理解。

所谓股权，代表着某一公司特定所有权的价值；股票是代表股权的有价证券，通常与某些具体的权利相关联（例如投票权或分红权）；股份则是股权的数量表示。一个最简单的例子可以表述为：假设你拥有某股份有限公司 100 股（shares）股票（stocks），每股 10 元，那么你持有的股份是 100 股，拥有该公司的股权（equity）1000 元。如果该公司不幸破产，股票一钱不值，此时你虽然拥有股票，但已经没有股权了。

对于股份有限公司而言，股票和股权二者的概念有时可以混用。因为这类公司正是通过发行一定数量（股份）的普通股，来计量股权的价值。不过，股权的外延比股票更为广义，有时，股权的价值是通过未来实现的期权来代表，不一定立刻给予实实在在的股份或股票。

另一方面，股权的适用范围不仅仅包括股份有限公司，而且包括有限责任公司。然而，股票仅限于股份有限公司发行，有限责任公司是不能发行股票的。只有股份有限公司才使用股票的形式来表现公司的股份，表示股东的股份证书。股票根据股份所代表的资本额，将股东的出资份额和股东权予以记载，以供认购和交易转让。持有了股票就意味着占有了股份有限公司的股份，取得了股东资格，可以行使股东权利。而在有限责任公司中，股东的股权证明是出资证明书，股东以其认缴的出资额为限对公司承担责任。

有鉴于此，本报告使用“场外股权交易市场”（OTC equity market）这一名词，而不是“场外股票交易市场”这一名词，固然是有出于尊重目前使用惯例的考虑[①]，同时也是基于我国当前正在进行的各类实践性探索。例如，一些区域性市场的服务对象不仅包括股份有限公司，还包括有限责任公司。对于后者而言，这显然是“股权相关的交易”而非“股票相关”的交易了[②]。当然，在更多的情况下，场外股票交易和场外股权交易的内涵是一致的，二者完全可以混用。

（三）公众公司、上市公司、非上市公众公司、非上市非公众公司

根据公司股票公开发行及其与上市的关系，可以划分为四类公司类型：公众公司、上市公司和非上市公众公司、非上市非公众公司。在我国法律环境下，这些公司首先应当是股份有限公司。

公众公司（Public Company），又称为公开公司或公开发行公司，凡符合我国《证券法》第十条之规定进行股票公开发行的股份有限公司，均可称为公众公司。公众公司包括上市的公众公司和非上市公众公司两大类。

上市的公众公司即为上市公司。上市公司（Listing Company）指符合法定公开发行条件，按照规定的程序，获准在证券交易场所挂牌买卖已发行股票的公司。公众公司申请其股票上市交易，应当向证券交易所提出申请，由证券交易所依法审核同意，并签订上市协议。目前，我国

---

① 目前不论在我国相关政策文件还是实践中的相关机构名称中，多使用“场外股权市场”这一名词。

② 例如，许多地方的产权交易所、股权交易中心等机构，承担着各类公司的股权登记托管职能，有限责任公司可以进行公司股权登记托管。托管手续及服务类别同股份有限公司的登记托管一致。另外，产权机构或股权机构还可以为有限责任公司的改制、融资、股权转让等事宜提供帮助。

的上市公司是指其股票在上海证券交易所和深圳证券交易所挂牌买卖的公众公司。

非上市公众公司（Non-listing Public Company）指股票未在证券交易所挂牌买卖的公众公司。根据2013年1月1日起施行的《非上市公众公司监督管理办法》，非上市公众公司是指有下列情形之一且其股票未在证券交易所上市交易的股份有限公司：①股票向特定对象发行或者转让导致股东累计超过200人；②股票以公开方式向社会公众公开转让。

在公众公司之外，还有一类股份有限公司被称为“非上市非公众公司”，即两非公司。这类公司的股票既未经过证监会核准得以公开发行，也没有进入证券交易市场公开交易，而是在一些场外股权交易市场挂牌交易，其权益持有人累计没有超过200人。如天津股权交易所就是为“两高两非”公司股权和私募股权基金份额的流动以及私募股权基金投资的退出提供规范、有效的场所。2013年之前的新三板市场（即中关村试点）也是以两非公司为服务对象，但2013年之后，其挂牌对象变为非上市公众公司。

本书研究的场外股权交易市场，其对象企业主要包括非上市公众公司和非上市非公众公司两类。他们在全国或区域性场外市场进行交易，称为“挂牌”而非“上市”[①]。

① 根据《公司法》解释，上市，是指股份有限公司在证券交易所公开发行股票后公开上市交易。上市公司是股份有限公司的一种，这类公司到证券交易所上市交易，除了必须经过批准外，还必须符合一定的条件。要点为：一是上市公司是股份有限公司。股份有限公司可为非上市公司，但上市公司一定是股份有限公司。二是上市公司要经过政府主管部门的批准。按照《公司法》的规定，股份有限公司要上市必须经过国务院或者国务院授权的证券管理部门批准，未经批准，不得上市。三是上市公司发行的股票在证券交易所交易。发行的股票不在证券交易所交易的不是上市股票。因此，我国将在新三板等场外市场交易的股份公司都称为挂牌企业；而在证券交易所挂牌交易的股份公司才叫上市企业。

二、场外市场的定义和作用

（一）场外市场的定义及特征

什么是场外市场？在我国法律条文中对此并没有明确的界定，理论界和实务界则从不同的维度进行了各种定义。一个共同点是，总是通过与场内市场相对比来对场外市场的概念及特征进行界定。

有些研究是根据单一维度对场外市场进行界定的。其中，最常使用的维度即为交易发生的场所区域。如中央财经大学贺强、李靖（2010）认为，“场外交易市场，简称 OTC 市场（Over The Counter Market），是指在证券交易所交易大厅以外进行的各种证券交易活动的总称”。不过，更多研究则采用多种比较的维度。例如，深交所综合研究所吴林祥（2010）认为，场外证券市场通常是指场外交易市场，是证券交易所之外的交易场所，交易方式不同于交易所，如没有固定场所、交易分散、以协议交易为主等。由于交易一般直接在证券商的柜台上进行，因而也被称为柜台（Over The Counter，OTC）市场。根据美国法律制度，上市股票并不仅限于在其上市的交易所进行交易，上市股票的大量交易发生在上市交易所之外的其他交易所甚至场外市场。因此，美国的场外交易市场包括两部分：非上市股票的交易市场和上市股票的交易市场（如各类 ATS 等），通常所说的场外市场是指前者。场外市场主要在两方面有别于交易所，一是法律地位的不同，二是设立了挂牌标准，即并非所有公众公司都可以上市，而是需符合一定的上市标准。

场外市场和场内市场的划分标准并非一成不变。李乾坤（2011）认为，传统上认为场外交易市场是一个没有固定的、集中的交易场所的分散的无形市场，它依靠电话、电报、传真和计算机网络联系成交；而证券交易所是有固定、集中交易场所的有形市场，主要依靠在固定的证券交易场所联系交易。但是随着信息技术的普遍应用，以及在市场竞争、控制成本的压力下，证券交易所也基本上采用了计算机网络联系成交。因此对于场外交易市场的界定应立足于它所交易的产品以及市场运行的机制和制度。基于此，他将场外交易市场界定为“是一个交易对象种类繁多，以不符合证券交易所上市标准的股票、符合证券交易所上市标准但不愿在交易所上市的股票、债券为主，采用以做市商为主的议价交易方式，监管环境相对宽松的证券交易市场”。场外交易市场上的参与者主要是券商和机构投资者，监管方式以自律监管为主，现在的场外交易市场由柜台市场、第三市场和第四市场组成。柜台市场是指通过证券公司、证券经纪人的柜台进行证券交易的市场，随着计算机和网络技术的发展，柜台交易也在不断地改进；第三市场是机构投资者为了降低股票交易成本，节省手续费而在场外进行大宗股票交易而形成的股票交易市场；第四市场是投资者绕过传统经纪服务，彼此之间利用计算机网络直接进行大宗证券交易所形成的市场。

在实务领域也有各自的认知。例如，天津股权交易所网站所载的定义为：场外交易市场，或称柜台交易市场（Over The Counter，OTC），和交易所市场完全不同。OTC 没有固定的场所，没有规定的成员资格，没有严格可控的规则制度，没有规定的交易产品和限制，主要是交易对手通过私下协商进行的一对一的交易。一份从律师角度对 OTC 市场进行全面解析的文件认为[①]，场外交易市场与场内交易市场（交易所市场）的主要区别有：①交易产品不同。交易所市场主要交易上市公司的股权，场外交易市场除转让非上市公司股权外，还可以交易其他金融产品及金融衍生品。②交易方式不同。交易所市场采取指令驱动的集中竞价交易制度，而场外交易市场通常采用报价驱动的做市商制度。③准入门槛不同。交易所市场上市的公司，主要面向大型、成熟或者处于高速成长期的企业，准入门槛较高；场外交易市场主要面向初创期或成长初期的企业，其准入门槛相对低很多。④承担义务不同。交易所市场上

① http：//china. findlaw. cn/lawyers/article/d109462. html。

市的公司，不但要履行严格的信息披露义务，还要接受监管部门、交易所、中介机构、投资者和市场各方的监督，对其规范运作提出很高的要求；而在场外交易市场挂牌的企业，其承担的义务相对来说要少。

从品种上看，场外市场交易的品种包括股票、债券及各类金融衍生品。股票的场外交易不同于债券的一个显著特点是：场外股票市场可能最终演化成场内股票市场。田辉（2012）认为，一般而言，组织金融市场有两种基本的方式：场内市场（交易所市场）和场外市场（OTC 市场）。股票交易和债券交易的发展历程类似，都起始于松散的、没有管制的场外市场，而后出现交易所市场和 OTC 市场并存的现象。然而，不同的是，股票的场外市场可能最终发展为股票交易所，如美国的 NASDAQ 市场；但在债券交易方面，由于交易笔数相对较少、单笔交易金额较大、需要协商确定的个性化条款较多、参与者主要为机构投资者、流动性较低等特点，普遍被认同的观点是：相比个人投资者广泛参与的场内市场而言，债券交易更加适合机构投资者为主的场外市场，因此，目前全球还没有出现由债券场外市场转化为场内市场的案例。

（二）场外市场与多层次资本市场

要想深入理解场外市场的概念与特征，仅仅站在与场内市场相对比的角度是远远不够的，更应该站在整个资本市场的高度来探讨。金融的基本功能是为实体经济提供服务，而经济增长需要不同的金融体制加以支持。在金融领域，存在一个被实证研究所证实的广泛共识，即金融体系要经历不同的发展阶段。Rybczinski（1997）将之分为银行、市场和证券化三个阶段。在银行阶段，几乎所有融资都通过银行提供；在市场阶段，证券市场和机构投资者开始发展壮大；在证券化阶段，证券市场和机构投资者开始占据主导。一般认为，欧美等发达经济体已经到达证券化阶段，而多数新兴经济体还处于银行主导阶段，相比之下，股票、债券等资本市场融资在金融体系中处于劣势。在由属于间接融资的银行贷款和属于直接融资的股票以及债券融资构成的三类主要融资渠道中，由于自身特点有所差异，不同融资渠道最为适合的行业也有所不同（见表1）。简单来说，在经济发展初期，银行信贷融资在信息和风险管理等方面具有一些独特优势。不过，随着经济的持续增长，特别是随着市场基础设施的逐渐完善，银行融资的优势将有所减退，而使用银行短期资金支持长期投资项目的不足将凸显出来，对银行贷款的过度依赖会增加金融体系的脆弱程度。此时，大力发展以资本市场为代表的直接融资就成为支持经济结构调整转型的必然选择。

表1　　　　各类融资渠道适合的行业分析

	银行间接融资	债券市场	股票市场
竞争程度	高度集中	竞争性强	竞争性强
信息产生成本	低	高	高
对投资者权利保护的需求	低	高	高
控制违约的困难度	中等	中等	—
资金期限	短期	长期为主	长期
被要求提前偿还的风险	高	低	低
风险容忍度	低	中	高
适合的产业特点	成熟产业	经营风险中等、对长期资本有需求的产业	新型产业
亚洲新兴市场的适宜产业	制造业	基础设施和消费者产业（如金融业）	高附加值行业（如IT）和研发驱动的制造业

资料来源：Okuda，Mieno，Ikushima（2007），Okuda（2007）。

由此可见，经济发展到更高阶段，自然而然就会对资本市场，特别是对多层次资本市场的建设和发展提出更高要求。有鉴于此，许多文献都从多层次资本市场角度对场外市场进行界定，将场内市场和场外市场视为是多层次资本市场建设不可或缺的两个关键链条。

1963 年美国证监会（SEC）研究小组的一份报告首次对美国场外市场做了初步的定位和介绍，指出当时美国场外市场刚刚萌芽，没有层级分明的梯状结构，也没有适合市场自身特点的法律和交易制度。但是，场外市场确是美国资本市场不可或缺的部分，加强了美国资本市场的流动性。同时，由于场外市场具有更大的投资风险，监管者应加强监管。Thorsten（2006）的研究显示，由于资本市场的层次单一，大多数发达和发展中国家的中小企业面临融资困难，导致对经济发展的贡献不够。

在我国，王国刚（1998）较早提出了“多层次资本市场”这一概念。当时的背景是中国高新技术产业化过程中面临着不同的融资需要。王国光指出，“创业”从种子到市场化的五个阶段，对投资的需求量不尽相同；不同的高新技术“创业”，对投资的需求量也有相当大的差别。所以，仅采取一个规则、一个层次的市场，只能满足创业投资在某一个阶段的需要。要满足“创业”过程的全面要求，应当根据创业投资在各个阶段的特点，建立不同层次的资本市场，从而形成多层次的资本市场体系。他认为，股权的非公开转让、企业（项目）购并、项目出卖、资产证券化、企业清算等，虽也都属于资本市场的范畴，但就主要方面而言，建立多层次的资本市场，是指建立多层次的股票、基金证券、债券等证券的发行市场和交易市场。2005 年，王国刚进一步发表对多层次资本市场的看法[①]。他认为，多层次资本市场与传统的市场究竟差别在哪，首先需要讲一讲多层次的含义。债券市场以无形市场为主，所以多层次表现在发行上，不同的标准发不同的债；而在股票市场上，多层次表现在交易上，有多层次的交易方式和交易规则。

曹凤岐（2003）教授认为，目前我国的资本市场层次上不完备，

---

① 王国刚：“构建多层次资本市场体系需要着力解决的几个问题”，《证券时报》，2005 年 12 月 1 日。

很难适应各种社会经济主体不断增长和日益专业化的融资需求。而这一问题又可以归结为资本市场本身的制度供给能力和产品创造能力的缺乏。应为不同行业和地区设计合理的融资制度和市场安排，以便更好的实现资本市场的融资和资源合理配置的功能。我国现行的资本市场体系和层次结构不仅不利于市场投资主体按照其风险偏好和预算约束合理的进入适宜的市场层次，同时也妨碍了资本市场资源配置功效的提升和作用范围的扩大，制约了对高科技企业和民营企业的融资供给能力，致使不同的金融市场需求难以在单一的资本市场管理框架下得到满足，由此而造成的融资错位和市场风险也难以得到有效的解决。类似地，对于我国多层次资本市场建设的背景，张文路和赵雪芹（2004）认为主要是为了满足不同类型融资者、投资者的需求；而尚福林（2004）则认为是为了促进储蓄向投资的转化，提高资源利用效率，防范化解金融风险。

刘文娟（2010）认为，在众多的金融工具中，股权工具风险最大，因此具有分层的必要性，而且不同类型股权工具的风险差异明显，因此该金融工具集合形成了显著的风险落差，风险落差为分层提供了空间。股权工具的风险特点与企业自身的特性是有一定的因果联系的，分层标准也就顺理成章地在企业的规模、企业的成长阶段、企业的成长特性等方面来确立。所以应该明确，多层次资本市场体系的发展与完善应该来自于不同类型企业的推动，企业融资的市场需求是资本市场体系发展的决定力量，任何不顾经济发展与市场发展实际的盲目推动都注定不会成功。

董瑞华（2012）[①] 对创业板与场外交易市场中小企业服务功能与特色进行了比较分析。在他看来，创业板与场外交易市场都是定位于中小企业的融资平台，都是多层次资本市场体系中的初级市场，在许多国家

① 高峦主编：《中国场外交易市场发展报告（2011～2012）》，社会科学文献出版社 2012 年版。

两者的界限似乎并不清晰，学者在研究中也常将国外的创业板市场作为场外交易市场看待，如美国的纳斯达克市场、英国的 AIM 市场等，但创业板市场与场外交易市场无论是市场定位、组织形式，还是管理制度、监管模式、市场功能都存在较大的差异，在我国的差异更为明显。创业板与场外交易市场易于混淆的原因在于两点：①历史渊源。国外典型的创业板市场是美国的纳斯达克市场，而纳斯达克市场最初属于场外交易市场，只是在 2006 年才在美国 SEC 注册并获准成为交易所，但许多研究者习惯上仍将纳斯达克作为典型的场外交易市场来研究。②在现代资本市场体系的演进过程中，场外交易市场已经成为初级资本市场的代名词，而许多国家的创业板也被定性为初级资本市场。创业板市场属于交易所市场，或者作为单独的交易所存在，或者仅作为交易所市场的一个特殊板块。在大多数国家，创业板市场或者是由交易所创办，或者已注册成为交易所，同真正的场外交易市场已存在本质区别。现在各国创业板要么由场外交易市场自然演化并经过政府的改编而成为交易所市场，要么本身就由交易所发起并负责组织管理，是交易所市场的一个版块。而真正的场外交易市场，如美国的 OTCBB、粉红单市场、场外私募股权市场（second market 等根据 114A 规则建立，豁免监管的市场），英国的普乐士（PLUS）市场等至今仍然是非常民间化的市场。

全国中小企业股份转让系统有限责任公司总经理谢庚（2013）[①] 认为，我国当前场外全国性的场外市场叫“新三板”，地方产权市场叫“四板”。证券公司的柜台市场又在开始起步，称为“五板”，在“五板”基础上机构间要联网，联网以后的平台叫“六板”。如何区分？就内涵而言，多层次资本市场的本质就是风险的分层管理，实现风险分层管理的方式就是制度的差异化安排。具体而言，就是在公司准入制度、投资者准入制度、交易结算制度、信息披露等四方面各自有差异性安排。

---

① 谢庚：“详解‘新三板’：满足基准条件我们就会说 Yes”，《上海证券报》，2013 年 3 月 28 日。

三、场外市场的发展趋势及国际经验

（一）场外市场发展趋势

与许多经济现象类似，场外交易市场是一个动态发展的过程，不断经历着起起伏伏。2008 年国际金融危机以后，不受监管的场外交易市场，特别是以信用违约互换（CDS）为代表的场外衍生品市场被许多人认为是促成系统性风险累积的重要根源，因此饱受指责和批评。甚至还有人建议，应该取消场外市场交易，将其强制纳入交易所市场。

在此背景下，世界上最大的证券交易经纪商 ICAP 集团于 2008 年发表名为"OTC 市场的未来"的报告，为场外市场大声辩护。报告指出，自 20 世纪 70 年代末期以来，随着技术进步、监管变化以及资产管理行业的演进等因素的影响，极大促进了场外市场的大发展。预计目前每天在外汇、利率、信用、股权、商品等资产类别上的、以现货和衍生品形式存在的 OTC 批发市场交易量合计约为 5 万亿美元，平均涉及约 200 万笔交易，即 400 万笔交易对手交易。过去 20 多年间，不论在发达国家（地区）还是在发展中国家的金融市场上，各类品种的场外交易市场均得到了大大发展。OTC 市场之所以取得如此惊人的成功，获得如此重要的地位，主要源于以下两个基本原因：①OTC 合同非标准化的特性使得其在对冲风险方面更具吸引力，与真实的风险状况更加匹配。②OTC 市场无需受到交易所市场无法避免的信息不对称问题的困扰。

报告认为，在全球经济发展过程中，场外市场与交易所市场相互伴随，相互补充，对经济增长以及广大市场参与者（储蓄者、投资者、企业和政府）都产生着重要的作用。尽管这两个市场的关系经常被描述成相互竞争的，但实际上是更加协同化的。二者都各自有单独的、明确的、自成逻辑的存在理由，不应当受当前市场动荡的影响。交易所市场，例如纽约泛欧交易所、NASDAQ、伦敦股票交易所等，为本质上很简单的标准化资产提供了交易通道，具有高流动性特征，吸引的是大量广泛的个人参与者。相反，场外市场属于批发类市场，为专业的市场参与者，例如大银行和金融机构，提供了一个特殊的交易通道。场外市场交易执行的关键条款是由交易双方单独协议确定的，而不是基于标准化的合同。正因为如此，资产类别的创新无疑总是在场外市场产生。尽管有些类型的场外资产经过一段时间可能会变成标准化合同，进入交易所市场环境，但并非总是如此。

面对众多认为场外市场不受监管的指责，报告认为这并非事实，因为这忽略了另外一个事实，即场外市场的所有参与者自身都是受到监管的。即使在所谓受到严格监管的交易所市场上，同样有很多失败的案例。过去许多试图将 OTC 交易移入交易所市场的尝试，结果证明也表现得很糟糕。OTC 市场不是危机的根源，相反，许多风险管理的创新源于 OTC 市场。OTC 市场在减少风险方面发挥了重要作用，因此应该持续发展。加强对场外市场的监管框架无疑是非常必要的，但是任何措施都必须慎重，要点在于如何提高现存 OTC 市场基础设施的透明度。

报告最后还预计，未来场外市场在运营制度和基础设施方面将发生一些变化。包括：①更广泛地使用电子交易，以便增加价格透明度，使得交易更加简便、快捷；同时也使得交易活动的监管更加容易。②所有证券市场的结算环节将更加快捷。所有证券市场都应该强制实行 T+1 结算模式。③所有衍生品交易都应该执行更加快捷和自动的确认。④更多地使用净额结算，减少由市场参与者引发的运营风险和信用风险。⑤OTC 交易对手方之间的交易细节和估值应该进行更加定期和全面地协同等。

在我国，也有不少文献涉及对场外交易市场发展趋势的讨论。例如，李乾坤（2011）认为，纵观各国场外交易市场的发展历史，无论是发达国家（地区）如美国、日本，还是发展中国家如我国，其场外交易市场的发展都大致出现了这样几个阶段：场外交易市场的自发形成阶段、与证券交易所合法并行阶段、场外交易市场被取缔阶段、与证券交易所再次合法并行阶段、场外交易市场向证券交易所转型阶段。这样的发展历程，说明了以下两点：第一，场外交易市场的存在、发展是经济社会发展的自然结果，市场起着主导作用，人为不能消灭；第二，认定场外交易市场是否合法是经济社会发展需要和市场监管秩序需要的博弈过程，在经济发展需要的前置性和人类认识的落后性的博弈中，必然会出现这样的反反复复。发展成熟的场外交易市场有向场内交易市场转化的趋势。比如，世界上曾经最典型的场外交易市场——美国的 NASDAQ 在于 2002 年成功地转变成为一家以营利为目的的股份制私人公司以后，于 2006 年 1 月 13 日正式获得美国证监会授予的证券交易所牌照。又比如，2004 年 12 月，日本原先的创业板 JASDAQ 变身为正式的证券交易所。可以看出，场外交易市场发展成熟以后可以脱离场外交易市场的范畴，而向场内交易市场转化，但是新的场外交易市场会替代原有成为交易市场的位置，使场外交易市场继续向前发展，与时俱进，而不是消亡。

高峦主编的《中国场外交易市场发展报告（2010~2011）》认为，如果将产生于 18 世纪初的一些欧洲国家的自发、分散的证券交易市场形式，视为最初的场外交易市场雏形的话，那么，迄今为止，场外交易市场伴随着市场经济的发展，已经走过了近 300 年的发展历程。其自身模式发展、演变的规律和趋势，可以被概括为如下几个方面。

（1）交易方式从场外向场内交易的渐进性过渡。一方面由于信息技术的发展和被运用于证券交易，交易工具的进步导致分散的场外交易市场的不断集中；另一方面，则是基于强化价格发现功能和防范风险、规范交易过程的需要，使场外交易市场的交易方式更多具有交易所交易的性质，从而使场外交易市场的交易方式，呈现出从传统意义上的场外交易，向场内，即交易所交易渐进性过渡的趋势。典型的例子是美国 NASDAQ。在经历了交易方式的不断演变后，美国 SEC 于 2006 年 1 月 13 日批准纳斯达克股票市场有限责任公司注册为全国性证券交易所。2006 年 2 月 23 日纳斯达克市场宣布设立一个全球上市条件最高的股票市场，即“NASDAQ 全球精选市场”，并以 2006 年 7 月 1 日正式开始运作，其准入门槛甚至高于纽约交易所。

（2）市场组织的公司制趋势。从世界各国资本市场发展的实践看，包括场外交易市场在内的资本市场组织，一般采取两种基本形式：会员制和公司制。但从资本市场组织形式的发展和演变趋势来考察，不仅越来越多的新兴资本市场组织采取公司制的组织形式，而且许多原来采用会员制形式的资本市场组织，也在寻求变革，向公司制组织形式转变。究其原因，是因为资本市场发展的实践证明，公司制比会员制更有利于资本市场的活跃和发展。

（3）交易制度的混合制趋势。交易制度，是为充分实现证券市场的价格发现功能而进行的一系列制度安排，也是资本市场运动的核心机制。由于各国不同的经济发展需要和资本市场发育程度不同，具体场外交易市场可以采取协议定价、做市商报价、集中竞价等不同的交易制度，并在实践中由于各自信息、市场条件不同，显现出了不同的优势效应。但从近年来资本市场交易组的演变趋势看，根据不同国家的具体情况和市场发育的特点，将两种或多种交易制度进行组合，采用混合性的交易制度，正在成为场外交易市场交易制度演变的一个重要特征。

（4）统一立法基础上的多元化监管模式。市场监管制度，是场外交易市场制度安排的重要内容，也是实现交易过程公开、公正、公平的制度保证。从世界各国场外交易市场监管制度的发展和现状看，虽然不同国家的场外交易市场的监管模式不尽相同，但强调监管规制的统一性法律基础，采取政府或其委托机构监督、市场组织监管和行业自律为主要内容的多主体、多元化监管模式，并特别强调市场组织的监管主体地位，似乎已经成为各国场外交易市场监管模式选择的普遍原则。

（5）市场结构的集中化和扁平化倾向。发达市场经济国家最早的场外交易市场具有典型的区域性市场特征。如果说由于经济发展的区域不平衡及市场信息传递技术落后和标准化程度较低，而造成的交易信息不对称，是导致场外交易市场具有区域性，分散布局、多层次结构合理性的基本根据的话，那么，随着市场经济的发展而带来的区域经济发展差距的缩小，现代信息技术的发展和运用以及信息公开及其制度建设的不断完善，场外交易市场的不断集中和层次结构的减少则必然导致一个国家整个资本市场层次结构的扁平化演变趋势，并由于其市场组织的集中和层次结构的减少，降低资本市场的交易费用。

（二）场外市场建设的国际经验和教训

我国有关场外市场研究的大部分文献都涉及对国际经验的介绍，区别只在于详细程度。有相当部分文献专门介绍发达市场的国际经验。例如，刘文娟（2010）介绍了美国、英国、日本等国家的多层次资本市场体系。她认为，美国拥有全球最完备的资本市场分层体系，为各国进行相应的制度设计提供了最有价值的市场模式和经验借鉴。在美国，资本市场分层在金融工具风险特征、交易组织形式、地理空间三个维度上同时展开，形成了由五个层次构成的金字塔结构的多层次资本市场体系。包括：主板市场（纽约证券交易所）、创业板市场（纳斯达克市场）、三板市场（OTCBB 和粉单市场）、区域性交易所及私募股票交易市场（见表 2）。

英国证券市场包括伦敦证券交易所与交易所外市场两个层次。伦敦证券交易所内部又分为三个层次。第一层次：主板市场（Main Market）为英国金融服务局批准正式上市的国内外公司提供交易服务。第二层次：选择投资市场（Alternative Investment Market，AIM），在该市场挂牌的证券不需要金融服务局审批，属于未上市证券。选择投资市场（AIM）是由伦敦交易所主办，创立于 1995 年 6 月 19 日，其运行相对独立，是伦敦证券交易所为英国本地及海外初创的、高成长型公司所提供的一个全国性市场。选择投资市场直接受伦敦证券交易所的监督与管理，并由交易所组成的专人负责经营。第三层次：全国性的三板市场（未上市证券市场）。英国的资本市场中，除了由伦敦证券交易所创办的，为中小企业进行股权融资服务的选择投资市场外，还有为更初级的中小企业融资服务的场外市场。

表 2　　美国多层次资本市场体系图

市场范围	名　称	管理及上市标准	典型上市公司
全国性证券市场	纽约证券交易所（NYSE）	管理最严格：上市标准高	全世界最大的公司
	全美证券商协会自动报价系统（NAS-DAQ）	按上市标准分为全球精选市场、全球市场和纳斯达克资本市场	科技类且具有高成长潜力的公司
	柜台公告板市场（OTCBB）	上市要求宽松上市时间和费用较低	主要满足成长性中小企业的上市融资需求
	粉单市场	提供交易报价服务	挂牌证券的信用等级较低
区域性证券市场	费城证券交易所	基本上没有上市功能，已成为纽交所和纳斯达克的区域交易中心	
	太平洋证券交易所		
	中西站证券交易所		
	波士顿证券交易所		

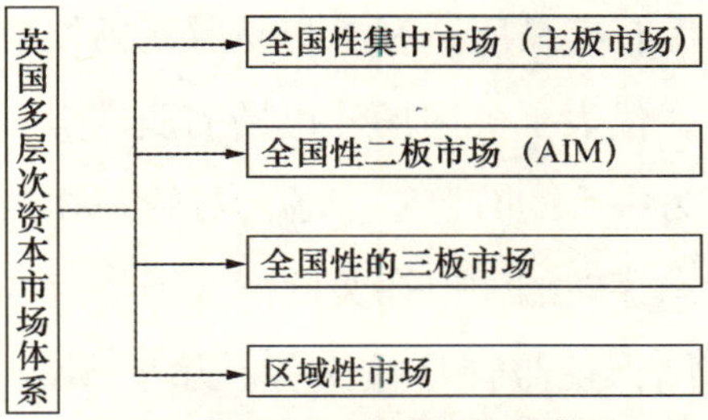

图 2　英国多层次资本市场体系

日本证券市场包括交易所市场及店头市场两个大的层次，交易所及店头市场内部又进一步分为若干层次。①日本的证券交易所内部一般分为三个层次。第一层次：第一部市场，即主板市场，具有较高的上市标准，主要为本国大型成熟企业服务。第二层次：第二部市场，上市标准低于第一部市场，为具有一定规模和经营年限的本国企业服务。市场一部、市场二部均以日本国内的公司为主要的上市对象，但市场一部的上市标准比市场二部的标准高许多。因此大多数日本公司通常先在市场二部上市，待发展壮大后再到市场一部上市。第三层次：外国部。外国部设立于1973年12月，虽然在外国部上市的公司数量不多，但这些公司都是国际大型企业，如：美国的百事可乐公司、宝洁公司、IBM公司、英国石油公司等。日本原来有八个证券交易所，经过合并与联合形成东京、大阪、名古屋、福冈及札幌五个交易所。其中东京、大阪和名古屋交易所都设立了第二部市场和外国部市场。②日本店头市场又称JASDAQ市场。店头市场内部分为两个层次。第一层次：第一款登记标准市场，为登记股票和管理股票服务。所谓登记股票是指发行公司符合日本证券业协会制定的标准，申请并通过该协会的审核，加入店头市场交易的证券；管理股票是指下市股票，或未符合上柜标准，但经协会允许在店头市场受到更多限制后进行交易的股票。第二层次：第二款登记标准市场，为特则（青空，Green Sheet）股票服务。特则股票是指未上市、上柜的公司，但经券商推荐具有成长发展前景的新兴事业的股票。

吴林祥（2010）重点介绍了美国场外交易市场。他的基本观点是：①先有场外市场，后有交易所；有了交易所，场外市场也一直存在。②NASDAQ的发展史，代表了美国场外市场的演进史。③目前的美国场外市场，是以证券商为中心的有监管市场。尽管在相当长一段时期内，场外市场是以自发状态存在的，但在美国形成证券市场监管框架后，场外市场被纳入监管范围，且监管日益完善。除了SEC对场外市场的监管之外，作为唯一在SEC注册的全国性协会，NASD承担了组织和监管场外市场的主要职责，特别是对做市商做市行为的监管，该职责后来转移给FINRA。在具体手段上，更主要的是借助技术手段，通过建立高效的电子化报价系统，不仅促进了市场的发展，也为有效市场监管创造了技术条件。

刘茜、周小柯、李博（2010）[①] 等以美国、英国、德国、日本和中

① 高峦主编：《中国场外交易市场发展报告（2009~2010）》，社会科学文献出版社2009年版。

表 3　　美国证券交易市场结构

市场类型	场内市场		场外市场		
	全国性交易所	地方性交易所	交易上市股票	交易非上市股票	
				公众公司股股票	限制证券
典型市场	NYSE NASDAQ AMEX	费城证券交易所等五家	另类交易系统（Alternative Trading System，ATS），主要交易在交易所上市的股票	OTCBB，PinkSheets（OTCQX 和 PinkSheets）中的公众公司部分	PinkSheets 中的非公众公司部分，PORTAL 等交易限制证券的各交易系统
主要特点	注册为交易所，只限公众公司，设有上市标准		ATS 条例要求所有 ATS 均注册为交易所或经纪自营商	无严格挂牌标准，有做市商做市即可进入报价系统	报价系统，对象为公众公司或非公众公司私募发行的股票等

资料来源：吴林祥（深交所综合研究所），“何为‘OTC’——话说美国场外证券市场”，《深交所》，2010 年 2 月。

国台湾等发达国家（地区）和地区的场外交易市场为研究对象，从市场演进、成功经验与失败教训、制度建设和风险防范四个方面来比较研究发展场外交易市场的国际经验，以期对我国发展场外交易市场提供借鉴与启迪。其中制度建设方面，进一步细分为市场进入制度、市场交易制度、市场监管制度以及各个国家和地区不同层次场外市场间的转板机制。美国多层次场外交易市场的成功经验包括：①顺应市场需求，并在需求驱动下不断拓展层次；②在较低层级市场基础上发展较高层级的市场。德国场外交易市场发展过程的失败教训包括：①上市标准过低且监管不够严格；②缺乏明确的淘汰机制；③上市企业行业过于集中。

四、我国场外股权市场现状问题评估和未来发展路径

（一）对我国场外市场现状和问题的评估

不管是理论概念的讨论还是国际经验的甄选，最终目的都是为改善中国的资本市场实践、提高金融服务实体经济的能力。显然，我国作为金融后进国家，在场外股权市场建设方面存在很多问题。许多文献从不同角度对我国场外市场的问题和现状进行了深入剖析，有的还提出了相应的解决之道。

孟志强、董瑞华（2010）对做市商制度提高我国场外交易市场流动性进行了实证分析。他们首先论述了做市商制度的作用。至今为止，各国证券市场中的交易制度总体上可分为竞价交易机制、做市商制度和混合交易机制三种制度安排。做市商制度起源于20世纪60年代美国证券柜台交易市场。目前，全球前十大交易所中有八家均在不同程度上采用了做市商交易制度，全球主要的场外交易市场都实行了做市商制度。这一现象充分说明了做市商制度在场外交易市场中所具有的独特功能。做市商制度能有效地保持市场的流动性，促成市场大宗交易并维护市场的稳定性，有利于市场有效性的提高和股权推介，并且能够适应场外交易市场的特点。从宏观上来说，场外交易市场相对于主板市场，投资风险较高，投资者规模较小，市场流动性较低。做市商则可以通过调节供求关系提高市场流动性；或者通过提振投资者信心，促进交易，提高流动性。鉴于场外交易市场相对主板风险较高，投资人队伍单薄，长期股权投资理念尚不成熟，天津股权交易所市场成立伊始就采取做市商为主的交易制度。作者采用新三板和天交所2010年前三季度的市场数据，以季度为区间对数据进行截取，选取市场总股本、流通股本、成交量、成交金额和成交次数等指标，分析各指标的变化情况并进行比较，以直

观地体现做市商制度对市场流动性的作用。结果表明：在市场规模确定的前提下，实行做市商制度的天交所市场，市场流动性高于以协商定价交易制度为主的新三板市场，表明做市商制度在活跃市场、提高市场流性上发挥了重要作用。

张艳（2010）认为，依托在深交所的股票代办转让系统是中国的“三板市场”，是目前为止唯一合法的证券场外交易市场。但目前存在着市场规模萎缩、功能缺失、市场结构失衡等诸多问题，究其深层原因在于定位不明确和制度供给不足。特别突出的是，目前在三板市场与交易所市场之间尚未形成互通机制。新三板市场上企业达到了主板上市标准，必须遵循主板市场的准入规则重新申请 IPO，没有形成“绿色通道”，大大限制了企业在不同市场之间的有序流动，这是导致三板市场流动性低又一根源。建立三板向创业板或主板直接升板的机制。以此来激发三板的活力，培育更多优秀的中小企业进入上市公司行列。与此同时，必须设定一些条件，从而保证转板公司的质量。

胡海峰、罗惠良（2010）认为，我国现阶段多层次资本市场体系存在的主要问题是：竞争机制与竞争环境缺失，协作机制尚未建立起来，不同层次资本市场之间存在无序竞争，上市公司在不同市场间的升降通道不畅。因此，应合理界定各层次市场的基本职能及其业务领域，防止资本市场长期陷入分工错位格局中；同时，要建立完善不同市场间企业的转板机制，适度简化审查规则和工作流程，最终在不同层次资本市场间形成“升级自愿、降级强制、程序简便、运作高效”的协作机制。

刘纪鹏、赵晓丹（2012）认为，多层次资本市场体系就像一个教育体系，主板是大学，创业板是中学，场外市场好比小学。小学、中学、大学是呈金字塔形的。我国资本市场的实际情况是在小学体系尚未建立的情况下，就建立了大学和中学，但这一小学体系才是中小企业融资真正的主战场。

周友苏、庄斌（2012）指出，我国场外交易市场在具备一定试行规模的同时，也存在不少发展初期不可避免的问题，阻碍着场外交易的进一步发展，亟待破解。

（1）法律地位不明确。尽管《公司法》《证券法》2005 年修改后允许场外交易的存在，但却没有对场外交易直接作出规定，使其法律地位和诸如交易场所、交易方式、监管机构、信息披露等股权交易的主要内容处于不明确状态，成为困扰场外交易市场发展的首要问题。

（2）缺乏必要的顶层设计。场外交易市场的主要功能是什么，场外交易市场是否存在不同的层级，层级应当如何划分，不同层级的场外交易是否实行不同的交易方式，是否引入成熟市场的做市商制度，等等。这些关系场外交易市场顶层设计的重大问题目前还处于较为糊的状态，从而也导致了场外交易市场不同程度的无序和混乱。

（3）交易和融资的规模还非常有限。我国场外交易还处于试点阶段，由于受各种条件的限制，交投活跃程度更是十分低下，交易和融资均未形成应有的规模效应。

（4）缺乏统一成熟的交易规则和监管制度约束，交易乱象十分普遍。目前，除了三板市场受中国证券业协会制定的并不算是完善的有关规则约束外，区域股权交易市场基本是依照自身制定的规则行事，并各受其批准成立的地方政府部门监管，市场准入标准和交易规则各自为政、各行其是，缺乏监管或监管不力的现象十分普遍。地域性特点使区域股权交易市场分散独立，挂牌公司的股权转让难以跨区域进行，条块分割现象十分突出。也正是基于此，国务院近期对区域股权交易市场进行了较大力度地清理整顿。

（二）我国场外市场的未来发展路径

1. 架构设计

如何搭建我国自己的场外市场架构？较早一些的文献只是提出了大致轮廓的设想。例如，在我国多层次资本市场的组成上，王亚民、朱容林（2003）认为多层次的证券市场体系由场外市场、二板市场和主板市场这三个层次市场组成。邹德文、张家辉、陈耀军（2006）则指出主板市场、创业板市场、区域性证券市场和区域性产权交易市场共同形成一个多层次、多元化、风险分散的无缝隙的市场体系。

近几年，随着各类创新性实践的探索发展，对我国未来场外市场演进路径的探讨愈加深入和具体。《中国场外交易市场发展报告（2009）》认为：在具有30年市场经济发展和近20年资本市场发展和创新经历后，目前，政策推进中国场外交易市场建设的条件已经基本具备。理由在于：①场内交易市场建设基本完成。具体表现为，证券市场规模已具相当规模；证券中介机构不断发展，规范化程度明显提高；投资产品不断丰富，市场结构基本形成。②机构投资者队伍不断壮大。③中小型企业迅速发展、质地优良。随后，报告提出，中国场外交易市场体系的设计可以采取一种双层次递进式的体系结构：一是以天津股权交易所为基地的统一的全国性市场；二是“六统一”的区域性场外交易市场①。

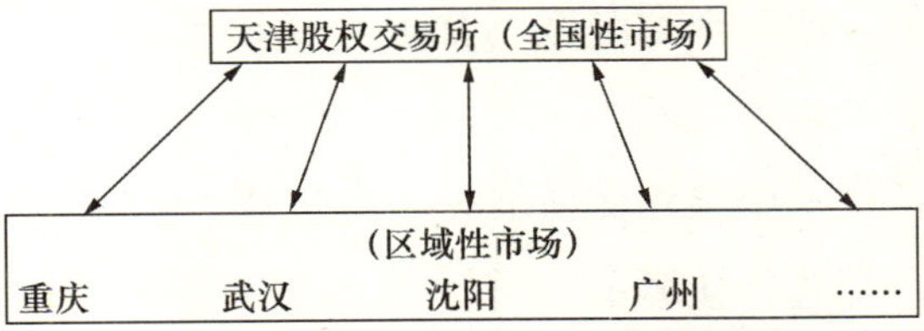

图3　中国场外交易市场结构

资料来源：《中国场外交易市场发展报告（2009）》。

马君潞（2008）认为，在天津建立的OTC市场是多层次资本市场的重要层次，应该是面向全国的市场，个人投资者也可以参与。贺强、李靖（2010）建议，在北京先行试点建立一个全国统一场外交易市场，并落户于金融街。统一的场外交易市场设在首都，可以有效地降低地方保护主义的影响，有利于全国资本市场的布局，而且北京以往开办过两个法人股市场和北京商品交易所，有承办的经验。我国现有的两家交易

① 所谓“六统一”，是指各个区域市场统一业务模式、统一市场准入、统一交易规则、统一交易系统、统一信息披露、统一监管制度，在此基础上实现区域性场外交易市场与全国性统一场外的连通与对接。

所都设在南方，北方缺乏像样的实体资本市场。之所以认为金融街是建立全国统一的场外交易市场最好的选择，理由在于：其一，监管机构“一行三会”都在金融街，监管机构与市场的统一，有利于防止监管与市场的脱节，提高监管效率。其二，金融街各大金融机构云集，不乏规范且具有较强实力的市场交易主体。其三，金融街金融人才汇集，可为市场发展源源不断地提供所需人才。其四，金融街与金融有关的软硬件设施完备，可为市场提供有力支撑。其推出的变金融街为金融区的拓展计划，更为市场的建立提供了广阔的空间。过去我国有一种说法，认为股票市场不能设在首都，怕引起政治混乱，这是不客观的。如伦敦、东京等的交易市场都是在首都，为活跃经济做出了很大的贡献。

刘纪鹏、赵晓丹（2012）认为，形成统一监管下新三板和地方OTC市场新格局，建立覆盖全国的多层次资本市场存在两种思路、两种模式。一是“一加六模式”，相当于传统的按计划手段配置，按大区划分。具体来说，即一个“条条”加六个“块块”。一个“条条”是指新三板，六个“块块”是指按六个大区——东北、华北、西北、华中、西南、华东，各建一个场外交易市场。二是“一加三十模式”，相当于按照市场的手段配置，按各省（市、自治区）划分。因为中国没有进行实际的跨省大区行政规划，两种模式相比较，以省为实体办场外交易市场更符合国情。“一加三十模式”的好处在于责、权、利明确，容易得到地方政府的支持。在监督管理方面，每个省（市、自治区）都有证监局，职责明确，便于统一监管。

除了市场架构之外，还有文献对场外股权交易市场的监管架构提出自己的观点。例如，周友苏、庄斌（2012）面对近期管理层多次提到场外交易的“统一监管”问题，提出自己的观点，即统一监管并不等于监管主体的唯一。证券市场的有效监管需要多个主体的参与。这不仅是国际成熟证券市场的经验，也是我国《证券法》确立的“政府监管为主自律监管为辅的综合监管体制”的具体体现。场外交易面对着远超过场内市场公司数量的中小公司群体，如果将其全部纳入中国证监会的监管范围而没有其他监管力量的介入，以中国证监会现有的人力物力财力，无论如何也是难以承受和无法应对的。因此，作者一直主张地方政府应当而且必须介入场外交易的监管领域，这不仅是弥补中国证监会监管资源不足的问题，更重要还涉及到如何充分调动地方政府在发展场外交易市场的积极性问题。非上市股份有限公司作为中小企业的主要部分，与地方的经济社会发展密切相连，关系到地方财税增收、扩大就业和社会稳定等重要指标的实现，无论其是否进入场外交易市场挂牌，都与地方政府政绩挂钩，因此，地方政府介入场外交易市场的监管，不仅有动力和有积极性，也是其不可推卸的职责所在，既是监管体制的改革创新，也是客观现实的需要。那么，地方政府能够从多大程度介入场外交易的监管？作者认为，对于三板市场，鉴于其全国性市场的属性，可以在维持以中国证券业协会为主导的监管格局基础上进一步完善。对于区域股权交易市场，则可考虑将主导监管的权力交由地方政府来行使，充分调动其积极性和利用行政管理资源，使地方政府在此上有职有权并有所作为，主导监管的内容可包括对区域股权交易机构的审批；组织、培育公司到场外交易市场挂牌；对挂牌公司和投资者的准入许可；对挂牌公司股权集中登记托管、交易、结算等日常监管；对挂牌公司和市场交易风险及时防范和化解等。当然，地方政府介入场外交易的监管，并不等于在监管中可以自行其是，中国证监会及其派出机构要对地方政府的监管工作给予及时指导和监督，使其明确监管职责，不断提高监管水平和效率，完善监管体制，防止其出于地方利益考虑而放松监管；同时，中国证监会派出机构要加强与地方政府的协调配合，打击违法和纠正违规行为，共同守住不发生区域性系统金融风险的底线。

2. 对产权市场的认知和发展展望

在建设场外股权市场过程中，我国面临一些特殊问题。最突出的是产权市场。产权市场是具有中国特色的重大制度创新，是否应该将其纳入多层次资本市场建设体系中？产权市场与其他资本市场的关系怎样？未来应如何发展？一些文献从不同角度对这些特殊问题进行了颇有深度的论证。

江西省产权交易所课题组（2009）认为，根据我国资本市场在国民经济发展中应发挥的作用，参照美国、英国等成熟资本市场的做法，本着防范风险、增强流动性、监管有效的原则，我国应该建立包括产权市场在内的多层次资本市场。具体来说，多层次资本市场应分为五个层次。第一是主板市场，包括上海证券交易所蓝筹股市场和深圳证券交易所的大中型上市企业的交易业务。第二是创业板市场，一是按照2007年8月22日《创业板发行上市管理办法》发行的新股交易，二是将深交所原有的中小企业板归并到创业板交易。第三是全国性场外交易市场。以筹建中的天津OTC市场为基础，整合代办股份转让系统，建设全国性场外交易市场，为全国符合条件的非上市公众公司股权交易提供交易和清算、登记服务，具有转板功能。第四是区域性场外交易市场。以省级产权交易机构为基础建立，为地方符合条件的非上市公众公司股权交易提供交易和清算、登记服务。第五是私募股权市场。显然，该报告认为，应将产权市场纳入我国多层次资本市场体系，并强调了产权市场在多层次资本市场中的功能定位，即参照美国OTCBB的经验，将省级产权市场建设成为区域性场外交易市场和私募股权交易市场平台，参与全国性OTC市场建设。主要功能包括：①做好国有产权交易业务。②在股权托管基础上开展私募股权交易，即在“两高”公司股权交易的基础上，参照美国私募股权交易市场，建设“两非”股份有限公司股权交易市场，为合资格投资者进行股权投资提供进出市场平台，为本地区非上市非公众公司股权提供交易和过户登记服务。③建设承上启下的区域场外市场。

李大守（2011）认为，我国股票市场与产权市场应该协调发展。产权市场对股市起着基础性作用，具体表现为：①产权市场是股市的出发点与落脚点；②产权状况决定股价和股市发展状况；③产权结构调整是调节股市的根本手段。另一方面，股市对产权和产权市场也发挥着重要影响，具体表现为：①股市的融资功能促进企业产权规模扩大，提高质量；②股市引领产权结构和产业结构调整；③股市规模影响产权交易规模；④股市是产权交易价格的晴雨表；⑤股市的快速发展对产权市场起到了示范作用[①]；⑥股市与产权市场的业务可以进一步相互渗透。股市与产权市场相互联系、相互影响和相互促进的关系需要两者协调发展。但是目前两者协调发展并不尽如人意，主要表现有：股市、产权市场分割，互动少；股价高，偏离产权价值过大，市净率高，市盈率高。应该改变以往上市企业在股市流转，非上市非公众企业在产权市场流转的观念。他指出，近年来产权交易机构积极参与上市企业并购重组业务，如2008年宝钢股份通过上海联合产权交易所向宝钢集团定向增发，超过百亿。此类案例提高了产权市场的规模和功能发挥，也改善了上市企业产权和经营管理水平。产权市场经过20年的发展，积累了客户、商誉和经验。证券和国资监管部门应该创造条件，让产权交易机构从事上市企业限售股的大宗交易；产权交易机构还可以参与股票发行询价和配售，优化询价代表性，使股票发行价格更加理性，发行更加顺利，通过业务相互渗透促进协调发展。

广州产权交易所的王东（2009）讨论了“产权市场是不是资本市场”的问题。在他看来，以往我国习惯上把权益资本市场仅仅解释为证券融资和证券交易的场所至少是不完整的。完整的解释应该是：权益资本市场是股权融资和股权交易的场所，包括公募股权交易市场和私募股权交易市场。针对我国产权市场在资本市场体系中的未来定位，他的主要观点如下。

（1）进入21世纪以来，我国在计划经济向市场经济过渡的过程中，出现了蓬勃发展的新兴产权市场。虽然设立产权市场的初衷是深化国有企业产权制度的改革，带有较强的行政色彩，但随着产权市场的快

---

① 例如，产权市场借鉴股市的全国统一，努力探索市场统一；借鉴股市的交易方式，大力推广应用网络竞价交易方式；借鉴股市的信息披露办法，积极利用互联网披露信息；借鉴股市的监管模式，监管、运营和经营三者分立趋势显现。近年来许多地方在产权市场的基础上发展股权交易市场更是借鉴股市的集中表现。

速发展，部分产权市场其实已经开始发挥私募股权交易市场的作用，并有向着属于权益资本市场范畴的私募股权交易市场发展的趋势。产权市场蓬勃发展的事实说明了在我国现阶段大力发展有形私募股权交易市场这一基础性权益资本市场是完全必要的，是完全符合我国社会主义初级阶段市场经济理论和实践的。同时产权市场的成功运行模式也为发展我国有形私募股权交易市场提供了实践的基础和经验。

（2）从市场细分的角度，可以把公募股权交易市场理解为权益性资本市场的中高端市场，把私募股权交易市场理解为权益性资本市场的低端市场。目前我国公募股权交易市场（股票市场）存在的种种短期行为和过度投机行为，很大程度上正是因为我国的私募股权交易市场这一基础性资本市场没有得到良好培育和健康发展，甚至被忽略。

（3）从资本的自然属性来看，无论是公募资本还是私募资本，都是企业的权益资本，都具备资本的增殖性、返还性、流动性、风险性和社会性特征。公募资本和私募资本都可以流通转让。既然可以流通转让，就必然要有转让的场所。公募资本的交易由于是标准化的证券类股票交易，决定了它的流通性更强，交易更便捷易行，因而公募股权交易市场可以是区域性的，也可以是全国性的。而私募资本的交易由于更多的是非标准化的股权交易，决定了它的流通性较弱，交易难度较大，交割环节较多，交割周期较长，且必须在企业注册地交割，因而私募股权交易市场只能是区域性的。基于私募股权交易市场这一特点，理论上讲，在我国各省（市、自治区），只要具备条件都可以在本区域内设立私募股权交易市场。

（4）产权市场应该是涉及（注意：不是涵盖）资产市场和资本市场的一种综合性市场，它不但体现了资产市场的全部特征，同时还具备了资本市场的基本特征。但是，产权市场尚不完全具备资本市场的所有特征。资本市场从事的资本交易更多的是资本的增量交易（即新增形成的企业股权交易）。而产权市场目前所从事的资本交易，更多的是资本的存量交易（即历史形成的企业股权交易），只能说发挥了“通过市场机制吸收国内外资金，对其进行中长期的初步分配”功能，而没有发挥再分配功能。在对国内外资金的组织功能上，产权市场也没能充分发挥。因此，从这个意义上讲，把产权市场等同于资本市场是不完全准确的，只能说产权市场与资本市场中的私募资本市场存在一定的交叉关系。这种交叉关系，可以理解为企业股权并购市场或资产重组市场。

（5）产权市场的内涵和外延更丰富更广大，涉及面更宽泛，因而决定了它的发展空间和领域更为广泛。未来产权市场的发展趋势，更多地会向下列几个方面发展：第一，向广度发展的趋势。产权市场的交易品种越来越丰富，不仅包括了企业资产交易和资本交易，甚至还包括了不局限于企业的资产和某些特殊商品的交易。产权市场的主要特点是交易品种多种化，交易主体多元化（政府、事业机构、企业、个人等），交易业务多样化，资源聚集能力强（当地政府的政策支持力度大），交易功能得到充分体现，但作为资本市场必须具备的融资功能较弱，再融资功能缺失。第二，向深度发展的趋势。主要指国内某些专业化、市场化程度较高的产权市场，在已有的企业产权交易品种的基础上，着重围绕企业权益资本的交易，按照权益资本市场的特征、要求和运行规则，深化发展成为具有资本市场全部特征的基础性权益资本市场，即私募股权交易市场。主要特征是融资与再融资功能上升成为市场的主要功能，而交易功能只是市场的辅助功能。它所从事的资本交易，更多的是资本的增量交易。

五、总　结

总体上看，国内外有关场外股权交易市场的研究成果十分丰富，已经形成了许多共识，为本书提供了很好的研究基础。

这些共识包括：应该采用多种维度对场外市场的概念和特征进行定义；必须站在多层次资本市场角度研究场外市场的现状和未来；研究过

程中既需要学习国际经验，也应该考虑中国特色，研究中国特有的问题，例如产权市场。本书将在这些共识基础上，一方面对一些必要问题再次论述、总结，另一方面将立足于中国的现实，直面难题，探寻解决之道。

现有研究文献中有一些不同的表述和争议性问题，本书将给予自己的论述。例如，同样是对美国证券交易市场的介绍，有的文献按照区域划分为全国性和区域性市场，有的文献则按照交易品种划分，分为交易上市股票的市场和交易非上市股票的市场，其中非上市股票又分为公众公司股票和限制类债券等。此外，还有很多问题存在争议，并没有定论。例如，全国性场外市场应该如何建立？本书将立足现实，从我国国情出发，针对相关问题和争议给出自己的阐述。

还有一些问题是现有文献很少或没有涉及的，意味着本书仍然存在很大的研究空间。

2012 年以来，我国股权交易市场不论是政策环境还是实践运行都出现了很多新的变化，涌现了很多新的问题。例如，2012 年 8 月，证监会允许证券公司参与区域股权市场；2013 年初，全国中小企业股份转让系统代替中关村股份代办系统，成为国务院批准的新的全国性市场。这些新变化背后反映了何种监管取向？新的市场与原有的市场在运营模式和交易规则方面有何不同？现有文献或者没有涉及，或者只有零星的讨论，而这些新的政策和创新性探索正构成本书研究的重点之一。

第二章

我国场外股权交易市场的发展历史、现状和存在问题

一、场外交易市场的起源、作用与特点

从发达国家（地区）证券市场的发展经验看，场外交易市场的历史都是早于场内市场的。例如，美国在1792年由21个经纪商和3家经纪公司签订《梧桐树协议》（纽约证交所的雏形）之前，人们就在咖啡馆和拍卖行里进行证券交易了。在1773年伦敦证交所设立之前，人们也大多在咖啡馆进行证券交易，因为咖啡馆是当时最容易聚集投资人和筹资人的公共场所。事实上，场外市场是市场交易活动的原生状态和普遍状态。证交所市场则是在场外市场发展到一定程度以后，按照市场的运行规律，将交易活动标准化（包括挂牌标准、报价机制、交易-清算办法、信息披露准则、保证金和融资制度、违规违约行为惩处，等等）进行集中交易的特定场所。证券交易所的兴起并没有替代场外交易市场的发展。由于股份公司的复杂多样性以及交易所自身定位等因素的限制，证券交易所无法解决所有证券的流通与转让问题，也无法满足不同投资者的投资需求。因此场外市场一定会长期存在，与交易所一起共同构成多层次资本市场体系，并在其中发挥重要的基础性作用。

（一）场外股权市场的作用

1. 从企业角度看

场外股权市场对企业发展具有多方面的积极作用。

第一，在未达上市条件、不能在证交所挂牌的情况下，通过场外市场进行公司股票（股权）的交易，可以协助现有股东股票变现和实现投资价值。同时有利于企业调整股权结构，也为企业增添了一条增资扩股的渠道。如果没有场外股权市场，这些不能上市的企业通常只能向熟人筹资。受制于熟人圈子的局限性和缺少股票（股权）的流动性，这种私下筹资的效率是很低的。

第二，在场外股权市场挂牌可以提高公司声誉。因为市场出于保护投资者的考虑，通常会通过某些特定的程序，筛选出同类企业中的优秀者，并会对挂牌企业提出一定的透明度要求。因此尽管场外市场的层级和影响力都低于证交所市场，但在场外市场挂牌同样有助于在本国市场乃至全球市场提高企业形象，获得品牌效益。特别当场外市场的规模足够大、在全球资本市场上具有相当影响力的情况下更是如此。

第三，有利于规范企业行为，改善企业公司治理。对于大量中小企业来说，其公司治理普遍不够健全。突出表现在经营权与所有权没有分离，家长式的集权管理导致未能形成决策和监督之间的制衡关系、缺乏正规的管理制度。这些公司治理的缺陷往往在中小企业越过初创阶段发展到较大规模时显现，并制约其发展速度和质量。由于企业在申请挂牌时都必须符合相关要求，有的场外市场组织者还会对企业进行培训，这种活动本身就是对公司治理的规范。在以后的持续挂牌过程中，企业也会受到市场组织者和投资人的压力，从而有助于约束企业行为，督促企业在商务活动中遵循良好的原则。国内外学者的研究表明，公司治理同企业经营绩效呈现正相关关系，良好的公司治理将有利于企业的长远发展。另一方面，在场外市场挂牌也有助于投资者提前了解企业的价值和特点，为未来在证交所上市打下基础。

第四，在场外市场挂牌交易相当于为企业的经营活动做出一个独立

评估，使股票的价值得到整个市场的认可。这种评估有助于企业家和投资人对企业股票进行准确的估值，从而为下一步决策提供依据

第五，企业可以通过股票期货、期权方案的设计来激励员工，建立起“金手铐”制度。一个拥有真实独立价值的公司股票激励制度将激发员工对企业经营活动的参与性，从长期看有助于提升企业的业绩。相对于现金奖励制度而言，股票奖励制度在吸引和留住人才、发挥高级技术和管理人才积极性方面更为有效。

第六，在有些国家，政府对投资于场外挂牌公司的投资者会提供税收减免的支持政策，相当于政府为投资者开辟了一条低成本的投资渠道。这种鼓励投资者的政策对企业也有间接的支持作用，因为随着投资者数量的增加，企业筹资的便利性会得到改善，成本也可能降低。

2. 从投资者角度看

对投资者来说，场外市场提供了新的投资渠道和更多的选择。如同消费的多样性，投资人的需求也是多样、多层次的。有的人偏好稳健的投资，前提是保住本金；有的人希望投资的高回报，为此不惜承担一定的本金损失风险；有的人喜欢长期投资，有的人则愿意短期炒作。对于专业投资机构来说，则追求资产的合理配置和结构优化，“不要把鸡蛋放在一个篮子里”。一般来说，场外市场的股票数量要远远多于场内市场①，从而给投资者提供了多样化的投资选择，可以更好地满足不同投资者的偏好。

3. 从资本市场发展角度看

对资本市场来说，场外市场是重要的基础性市场。资本市场的本质功能是优化资源配置。其目标，一是要使所有企业面对尽可能均等的融资机会；二是尽可能以最低的成本将大量居民储蓄转化为长期投资。一个好的、有效率的资本市场，可以使全社会资本顺畅流动到最有效率的

---

① 例如，美国 OTCBB 市场有为 2200 多只股票提供实时报价服务，粉单市场近 6000 家公司提供交易信息服务，而纽交所的上市股票只有 3200 只。中国台湾地下股票市场交易的股票数量超过 1 万只，但在台湾证交所上市的股票只有几百只。

部门和企业。但是受交易技术和管理能力的限制，交易所上市公司不可能无限扩张。从各国情况看，一个国际性证交所容纳的上市公司数量大体在3000家左右，只有股份制企业数量的百分之一到千分之一。显然，仅靠证交所场内市场是无法充分实现资本市场使命的。对应于企业和投资人的多层次，资本市场的结构也应该是多层次的。否则必然会限制市场的广度和深度，并带来一系列不良后果。

场外股权市场对一国资本市场的作用主要体现在三个方面：一是丰富了资本市场层次，增加了资本市场的广度和深度，使更多的投资者和企业进入资本市场。特别是为创新型企业和中小企业提供了融资渠道和价值评估平台，是这类很难进入证交所上市的企业得以利用资本市场促进企业的发展。二是作为基础性的市场，场外市场的筛选机制有助于帮助证交所市场培育和发现真正优秀的企业，为其准备一支庞大的上市后备军。打一个比方，场外市场相当于“中小学”，证交所市场相当于“大学”。企业在场外市场受到资本市场知识和规则的初步训练，“中小学”毕业的优秀企业相对于未经培训的企业来说，当然更容易适应“大学”的环境。在这个意义上，场外市场也相当于孵化器，为企业家提高素质、转变观念、创新思维提供了一个良好的平台。在为其提供金融支持的同时，也提升了中小企业的生命力和创造力。三是场外市场的大量交易活动在一定程度上分散了场内市场的风险，有助于整个资本市场的平稳运行。理论上，风险如同能量，既不会无故产生，也不会凭空消失，只能从一种形式转化为另一种形式。所谓风险管控，要么是将分散的风险集中管理，要么是将集中的风险分散化，而究竟是集中管理好还是分散管理好其实并无定论。但是对于一个存在高度金融管制的国家来说，往往存在风险过度集中的现象。大量融资者和投资者集中在少数市场，投融资需求在很大程度上得不到满足，容易导致融资者和投资者都产生非理性行为。这样的市场就好像一个高压容器，而市场监管者又承担着市场稳定和市场发展的双重任务，经常在强化市场纪律和促进市场活跃之间左右为难。在这种情况下，通过发展场外市场释放一部分能量，不失为化解风险的一个有效办法。

（二）场外市场的特点

同证交所市场相比，场外市场具有以下几个明显的特点。

第一，挂牌标准低，更适合中小企业。以美国为例，纽交所要求上市公司的有形资产净值不少于4000万美元。纳斯达克全国市场首次上市对有形净资产的要求为600万~1800万美元，而纳斯达克小型资本市场的要求为400万美元[①]，在OTCBB和粉红单市场挂牌则没有财务要求。再如中国台湾证交所上市、柜台交易中心挂牌的实收资本要求分别为6亿、5000万新台币，在兴柜挂牌则无资本要求。

第二，融资成本低，融资程序便捷。在场外市场挂牌的公司只需要交纳很少的挂牌费用即可挂牌交易，不需花费在证交所上市所必需的各种费用。同时由于监管要求低，企业从申请到实现交易的时间也缩短了很多，例如台湾兴柜市场从申请到挂牌最快只要9个工作日。

第三，交易制度不同。证交所通常采用集合竞价的拍卖制，场外交易通常采用做市商造市的报价制，更低一级的市场则采用一对一的谈判制。在OTCBB、粉红单和台湾兴柜市场，则只提供报价服务而不提供交易服务。

第四，监管要求偏低。对于不同层级的资本市场，监管对象、范围和严格程度也是不同的。例如美国对证交所场内交易的监管最为严格，其监管对象囊括了与上市证券有关的各个方面，包括证券发行人、上市公司及其高级职员和公司董事、证券承销商以及会计师和律师等等。美国监管当局对交易所内交易活动制定了严格的信息披露要求并确保其实施。而在纳斯达克市场，监管重点主要是会员和做市商。尽管近年来针对OTCBB市场买壳交易暴露出来的问题，美证监会对其的监管趋于严格，但相对于纽约证交所和纳斯达克市场而言，对OTCBB市场的监管

① 其实上市标准较本文表述的要复杂得多，为行文简便起见仅择其中之一为例。

要求还是宽松得多。至于粉红单市场，只要在每天交易结束时公布挂牌公司报价即可。信息披露要求少。OTCBB 市场只要求挂牌公司定期向美国证券委员会定期公布财务报告，粉红单市场只在每天交易结束时公布挂牌公司报价。相比之下证券交易所信息披露的要求就要高得多。

第五，投资风险较大。由于场外市场对公司挂牌的要求不高，对挂牌公司治理的要求也不像证交所那样严格，因而投资者的风险相对较高。

二、中国场外市场的曲折发展历程

从中国情况看，资本市场同样起步于场外交易市场。在证券交易所成立前后相当长的时间里，民间的自发交易市场是股票二级市场主要的组成部分。回顾我国场外股权交易市场的发展历程，可以分成五个阶段。

（一）早期起步阶段：1984~1990 年

20 世纪 80 年代初，随着企业股份制改革试点的启动，产生了股票流通的客观需求，场外股票市场由此发端。

1980 年之后我国首先在抚顺、武汉等地开始了股份制改革的早期探索，起初发行对象主要是内部职工，从 1983 年下半年开始，深圳、上海等地的一些股份制企业（如深圳三和、上海飞乐、延中实业等）开始向社会半公开发行股票，此后股份制试点逐步扩大和深入，开始从地方和企业自发状态发展到政府从整个国家层面有组织的规范发展。股票发行之后，必然产生流通的需要。1984 年，飞乐音响股票首次发行后，投资者个人之间的交易自发形成。随着股票发行数量的增加，大量投资者对股票的交易需求催生了我国最早的场外交易，并随着交易量的不断增加与范围的扩大，逐渐形成一定规模的交易市场。

1986 年 9 月，经中国人民银行上海市分行批准，中国工商银行上海信托投资公司静安证券部开设股票交易柜台，公开挂牌代理买卖股票，由此出现了最早的柜台交易。“飞乐”“延中”两只股票在此挂牌交易。1988 年 4 月，深圳出现了股票柜台交易，深圳经济特区证券公司开始代理深圳发展银行的股票买卖。

柜台交易的出现意味着官方组织的场外交易市场诞生。到 1990 年底，沪深两地有 12 只股票在柜台市场挂牌交易，上海有 16 个交易柜台和 40 多个交易代理点承担股票交易的转让、过户与交割清算业务，深圳有 10 个股票交易柜台从事相同业务。然而，由于柜台交易网点少，场地小，无法满足大批投资者的需要，地下交易市场并未就此消失，黑市交易仍然大量存在。80 年代中期，上海、深圳等地的金融机构经政府管理部门批准后开始了股票柜台交易，意味着官方组织的场外市场的诞生。由于柜台交易网点少，场地小，无法满足股份制改造试点过程中产生的大量社会定向募集法人股和企业内部职工个人股的流通需要，地下交易市场并未因官办市场的出现而消失。

（二）快速发展阶段：1990 年底～1996 年底

1990 年 11 月 26 日，经中国人民银行批准，上海证券交易所宣告成立。稍后的 1991 年 7 月 3 日，深圳证券交易所也宣告成立。两所的成立意味着我国场内交易市场的诞生。然而，沪深证券交易所在成立之初，规模较小，远远不能满足大量股份制企业上市的渴望及投资者的需求，反而由于示范效应进一步刺激了场外股权交易市场的蓬勃发展。随着主板市场的市场行情上升，一些股份制企业募集发行的股票、股权证（基本以面值发行）一旦被批准上市，价格上升空间很大，这就更加促使了“黑市”的发展。此外，随着股份制改革的进一步深入，特别是国有企业改制引发的对产权关系明晰与产权流动需求的推动，为场外股权交易市场的蓬勃发展提供了坚实的支撑。

在这一时期，中国证券场外市场呈现出三个板块：中央政府主导的

STAQ 系统和 NET 系统、地方政府主导的区域性市场和民间交易市场。

1. 由中央政府主管部门批准设立的法人股交易市场

沪深证券交易所成立后，只是对于社会个人流通股的流通问题提供了公开交易平台，法人股的流通问题并未得到解决。为促进股份制改造，进一步完善证券市场，解决法人股流通的问题，中国证券业协会、中国人民银行总行先后在北京推出了 STAQ 系统和 NET 系统，利用卫星通讯网络，为市场提供法人股的集中交易、报价、清算等服务，被称为“两网”市场。其中，STAQ 系统于 1992 年 7 月启动，NET 系统于 1993 年 4 月启动。

2. 由地方政府组织设立的区域性场外股权交易市场

1993 年前后，在利益诱导以及沪深两个证券交易所的示范作用驱动下①，全国许多地方在政府的直接支持及参与下，推出带有地方特征的场外交易市场，以分布在各地的证券登记中心、产权交易机构为依托，或者通过新设区域性股票交易中心（交易所或自动报价系统）等形式进行股票场外交易，推动了中国场外交易市场的快速发展。较有代表性的市场如乐山产权交易中心、淄博自动报价系统、武汉证券交易中心等。

3. 民间市场

民间市场即所谓的“黑市”，这类市场通常活跃在地方政府设立的区域性市场或金融机构附近。其中最有名的，当属四川成都“红庙子”市场②。该市场 1992 年底自发形成于当年四川金融市场证券交易中心所在地周边（1992 年，四川省、成都市体改部门和人民银行省、市分行联合在红庙子街上租用 200 平方米写字间，建立了四川金融市场证券交易中心，进行国债、企业债券的交易），主要是买卖内部职工股等未上

---

① 开办证券交易场所能为地方带来较大的利益，包括大量资金的注入支持了地方经济的高速发展，证券交易产生大量的税收与券商手续费收益有助于地方财政收入大幅度增长等。

② 参见陆一，“红庙子的故事”，2011，http://blog.sina.com.cn/s/blog_7f4ccb2e0100zh01.html。

市股票。到次年春节前后开始火爆，每天有数万人次在这个市场交易，几乎所有四川境内的公司所发行的股票、内部股权证，甚至债券、股票认购收据都陆续进入这个市场，交易品种最多时达 70~80 种。红庙子市场设立乃至火爆的背景，是 20 世纪 80 年代开始的企业股份制改造试点。在企业股份制改造过程中，试点企业按照规定向社会定向募集了法人股和企业内部职工个人股，并向股东出具了股权证书。到 1991 年底，成都市已组建各类股份制企业 934 家，其中股份有限公司 25 家，有限责任公司和股份合作制企业 909 家。已公开募股 5600 万元，定向募集 79361 万元，加上四川省批准设立在成都地区的股份制企业，股票和股权证的发行量超过 10 亿元。由于缺少经验和健全的法律法规约束，在股份制改造过程中存在超审批额度和范围向社会公众募集的情形。这些超发的未上市公司股票和企业债券为个人拥有，变现和流动的需求强烈，却没有正规合法的交易场所进行交易。通过自发交易来实现变现，就成了其必然的选择。

随着股份制改造试点的推开和投资者数量的增加，场外证券交易的规模迅速扩大，三个板块的市场活跃度一度超过场内市场，例如淄博证券交易自动报价系统最大的一天交易量甚至超过了深圳证交所。

（三）清理整顿阶段：1997~2000 年

20 世纪 90 年代初期和中期发展起来的前两类区域场外交易市场与沪深两个交易所市场极为类似，是其模拟或复制版本，并非真正意义上的场外交易市场。地方行政力量主导场外股权交易市场的设立与发展，导致市场混乱，良莠不齐，出现了许多不正常事件。由于定位模糊、法制缺失、监管不健全等原因，这三个板块的市场在发展过程中都出现了过度投机炒作的问题。中央行业管理部门主导的“两网”市场两网市场启动后，出现了短暂的繁荣。然而，该市场自开始运行时起价格即出现大幅度波动，风险日益加大，并且入市炒作的资金绝大多数来自个人投资者，与市场设计的初衷相悖。地方政府主导的区域性市场争企业、争入场资金，一些地方即使根本不具备设立市场条件也竞相上马，组织管理混乱。民间市场则投资之风盛行，只有疯狂，没有理性。例如鼎盛时期的红庙子市场，各种权证一概都炒，完全不顾及公司的盈利能力、资产情况、发展趋势、分红情况。个别大户操纵市场、拉抬或打压价格，一些不良分子涂改票据进行欺诈活动。在这种情况下，政府开始出面干预。其做法，一是采取多项措施逐步取缔、关闭民间交易市场。1993 年 5 月，四川省政府、成都市政府采取了措施限制成都“红庙子市场”的发展，如从 1993 年 3 月 19 日起，暂停审批定向募集股份有限公司，已经批准设立、尚未发行股权证的企业停止发行；纪检、监察、体制改革等部门联合发文，禁止党政机关干部参与民间证券交易；对已发行的股票、股权证陆续进行托管，截住交易源头；责成各单位清理用公款、小金库资金参与证券交易行为；将红庙子自发证券交易市场迁址至比较僻静封闭、便于管理的城北体育馆内等。1994 年 1 月 3 日，关闭取缔城北体育馆自发证券交易市场。至此，曾经引起中外媒体关注的成都红庙子街证券交易市场，经历迁址、截源、引导后，平稳关闭。二是着手降低 STAQ 系统和 NET 系统的活跃度，停止新股上市，最终将其关闭。1993 年 5 月 20 日，中国证券业协会向两个系统发出“暂缓审批新的法人股挂牌流通”的通知，6 月 21 日，证监会颁布了正式公告，停止了两网市场的新股募集与上市，“两网”交易量连连下跌，交易极为清淡。1997 年，NET 更名为“中国国债登记结算有限责任公司”，不再进行股票交易。1999 年 9 月，STAQ 和 NET 暂停交易，实质上进入关闭状态。

尽管在行业管理部门和一些地方政府的重视下，部分地方场外市场的混乱局面得到控制，但金融风险并未完全消除。以 1997 年爆发的亚洲金融危机为契机，中央政府开始着手全面整顿场外市场。1997 年 1 月，中央政府召开的第一次全国金融工作会议将场外股票市场明确定义为非法市场并决定关闭。1998 年颁布了更为严厉的《国务院办公厅转发证监会关于清理整顿非法股票交易活动的通知》（国办发〔1998〕10

号）。该文件指出："近年来，一些地区未经国务院批准，擅自设立产权交易所（中心）、证券交易中心和证券交易自动报价系统等机构，从事非上市公司股票、股权证等股权类证券（以下简称"股票"）的场外非法交易活动。这种行为严重违反了《中华人民共和国公司法》、《股票发行与交易管理暂行条例》和国务院的有关规定，扰乱了证券市场的正常秩序，隐藏着很大的金融风险，极易诱发影响社会稳定的事端。为整顿金融秩序，防范金融风险，保持社会安定，促进证券市场健康发展，党中央、国务院决定，彻底清理和纠正各类证券交易中心和报价系统非法进行的股票、基金等上市交易活动，严禁各地产权交易机构变相进行股票上市交易。"文件同时要求各地区要由主要领导同志负责，指定专门机构，彻底清理整顿本地区场外非法股票交易活动，并由证监会对各地清理整顿工作进行检查和验收。

起初，清理整顿工作的重点在于"未经国务院批准擅自设立的产权交易所（中心）、证券交易中心和证券交易自动报价系统等机构所从事的非上市公司股票、股权证等股权类证券的交易活动"，随后，清理工作进一步扩展到与上交所、深交所的联网业务，并且点名列出了需要清理整顿的26家证券交易中心名称。在强大的行政压力之下，曾经盛极一时的淄博证券交易自动报价系统、武汉证券交易中心等场外市场被相继关闭。一些遗留的"问题证券交易中心"的改组工作，实际上一直延续到2000年。直到这些问题证券交易中心，或被清理、或被改组为证券经纪公司、证券营业部或证券服务部，清理整顿工作才告一段落。

尽管遭到严厉禁止，但交易活动仍然顽强存在。公开交易取缔之后私下交易随之兴起，山东济南、海南、四川成都、上海等地都曾出现过私下交易的热潮。山东50个摘牌企业的托管年收入就达到3000万元，由此估算年交易股票约5亿~6亿股。实践表明，流通是股票与生俱来的本能要求，是股份公司发展的客观规律，是无法靠行政手段加以禁止的。

（四）再度探索与创新阶段：2001～2005 年

1999 年前后，在按照 1998 年 10 号文件精神的清理整顿过程中，各地产权交易所或者被关闭，或缩小经营范围，所有拆细和股权交易则一律被停止，交易量极度萎缩。场外交易市场的再度兴起，得益于两个机遇：一是国家支持高新技术产业发展，二是国企改革深化。

1. 技术产权交易所的创立与调整

1999 年第一届科技大会召开以后，为贯彻《中共中央国务院关于加强技术创新发展高科技实现产业化的决定》，中央各有关部门纷纷出台政策扶持科技企业发展，各地方政府也开始注重发展科技产业。在这个过程中，地方政府深切地感到资金不足问题已成为发展科技的严重桎梏，开始寻找新的融资途径。1999 年 12 月，为解决科技与产业资本、金融资本结合之间存在的障碍，探索形成创业（风险）资本的运行和退出机制，上海市政府出资 1000 万元组建上海技术产权交易所。2000 年 5 月，北京市政府决定由北京市科委等 18 家理事牵头，出资 1300 万元成立中关村技术交易中心。2000 年 10 月，由深圳市中国国际高新技术成果交易中心等 9 家机构发起设立了深圳国际高新技术产权交易所。一时间技术产权交易机构在各地纷纷涌现，加上各地设立的产权交易所，数量达到数百家之多。这类机构大多仿照证交所设置了交易大厅、大型电子显示屏幕和电脑交易室，交易制度也仿照证交所采用了会员制、交易商席位制和专业服务机构入场制。

经过几年的运行，地方设立的产权交易和技术产权交易市场出现了诸多问题。表现在以下几个方面。

第一，交易所数量过多，管理混乱。在一些省会城市，设有省级技术产权交易所、市级技术产权交易所、省级产权交易所（或交易中心）、市级产权交易所（或交易中心）。一个城市之内居然有 4、5 家类似交易机构，且均采用交易大厅、电子显示屏，形成极大的资源浪费和低效竞争。同时技术产权交易机构一般挂靠科技部门，产权交易机构一般挂靠财政部门，形成多头管理。在部分省会城市，市与省为两套机制运行，两者之间在工商登记、税收等方面都存在着不协调性，导致省、市之间交易后的工商登记手续办理困难。

第二，交易机构定位定性和职能不清，各地做法差异很大。例如，上海市政府以法规的形式将技术产权交易所定性为“资本市场”、北京命名为“技术交易中心”。前者采用采用国有独资有限责任公司制度，后者为非赢利的事业单位，实行企业化管理和市场化运作。深圳高交所则为股份有限公司，采用董事会下的总裁负责制。有的地方政府为支持技术产权交易所发展，特别赋予交易所资本交易的垄断地位并提供经费支持和税收优惠，有的地方则无此优惠。此外，究竟什么是“技术产权”？技术产权与产权交易有何本质区别？这些问题都无人能够回答。

第三，缺少有效的商业模式，导致部分机构经营困难，难以为继。例如，自某技术交易中心开业到 2002 年初，累计交易项目仅 157 个，实现交易额 30 亿元。到 2002 年 4 月，该中心累计收到市科委拨款 1380 万元，累计实现收入 124 万元（主要是会员缴纳的会费），累计支出 1300 万元，账面余额 200 万元，仅相当于一年的维持费用。由于无法继续收取会费，免费借用的办公地点两年的期限又已到期，中心已经面临资本金耗尽、难以为继的生存困境。某高交所基本上只是一个信息平台而没有成为交易平台，真正由高交所撮合成交的项目不多，交易量不大。在股东的获利压力面前，经营者已经陷入困境。

在这种情况下，各地方政府陆续开始整合产权交易机构，将技术产权交易机构与产权交易机构合并，成立新的综合性产权交易机构。这种整合到 21 世纪第一个十年的中期基本告一段落。

2. 国有经济战略性调整的推进

2002 年以后，国有企业改革加速。大范围置换、重组、并购、职工持股以及管理层收购活动再次诱发了产权经纪机构的市场需求，清淡了一段时间的产权交易市场再度活跃。但由于体制机制的问题并未解决，这类产权交易所的法律地位也不清晰，导致业务活动很不规范。有的交易所在缺少收入来源的情况下，从事了许多与产权中介交易无关的经济活动，如直接接入企业并购活动、开展咨询服务、开展贷款、融资租赁服务，等等。有的交易所则试图突破禁区进行产权拆细交易（标准化）和连续交易，并因触犯法律红线而再次被查处。但是机遇从人们想不到的地方出现了。由于国有企业改制过程中涉及大量产权交易活动，而这种交易又很少受到有效监督，从而导致企业内部人控制交易的腐败案件频发，严重干扰了国企改革。为防止国有资产流转过程中的暗箱操作，减少国有资产流失，2002 年中纪委要求国有资产必须进场交易以实现透明化。2004 年国资委将上海联合产权交易所、天津产权交易中心和北京产权交易所列为国有产权转让试点机构，发布 3 号令规定央企产权交易必须通过京津沪三地产权交易所进行。此举意味着国资委掌控的数万亿中央企业的国有资产只能通过京津沪三个直辖市的产权交易机构流转（以后增加了重庆产权交易所）。随后部分地方国资委也对地方国企的产权交易作出了规定，61 家地方产权交易所成为国有产权的指定转让机构。这种出于反腐败要求而带来的大量业务，在很大程度上解决了产权交易市场的生存问题，并由此衍生出一些新的业务增长点。除了股权以外，产权交易市场还为债权、金融机构资产、有形资产、知识产权等无形资产的交易提供服务平台。

（五）规范发展阶段：2006 年至今

1. 促使场外市场快速发展的原因

这一时期，中国场外市场特别是产权市场得到了快速发展，其原因有三。

首先，国有资产管理委员会接手了国有产权交易机构，并为国有资本的产权交易活动制订了行为规范。时任国资委副主任的李伟同志对资产进场交易提出了“应进必进，能进则进，进则规范、操作透明”的指导方针。2008 年，国资委提出“统一交易平台、统一信息发布、统一交易规则、统一交易凭证、统一收费标准”的“五统一”原则，进一步加强产权市场建设，改善和提升市场的价值发现功能。为规范交易行为，2009 年 6 月国资委颁发了《企业国有产权交易操作规则》，对交易流程的各个关键程序进行了规范。2012 年 5 月，国资委正式开通企业国有产权交易项目信息统一发布系统，将分散在全国各交易所的国有产权交易信息集中到此平台统一发布。上述措施对各地产权市场产生了巨大影响，尽管国资委规范的只是企业的国有产权交易行为，但由于树立了一个行为标准，其制度的影响力持续扩散。

其次，随着中国经济的快速发展和经济关系的调整，出现了新的资产交易需求。例如城市基础设施等公共资源交易、法院审判过程中出现的涉诉资产变现交易、林权承包制度改革之后出现的林权交易、农地和农村物权交易、文化产权交易、碳排放交易，等等。顺应这些新的交易需求，各地产权交易机构积极创新，不断开拓新的经营领域。在巩固发展基础业务（国有产权登记、公共资源交易、股权转让见证以及股权登记托管）外，还开展了企业改制顾问、私募基金交易、拍卖，以及金融机构不良资产处置、政府采购代理、外资兼并收购等增值业务，带来了良好的经济效益和社会效益。以北京产权交易所为例，其交易量呈现出快速持续上升的趋势（参见图 1）

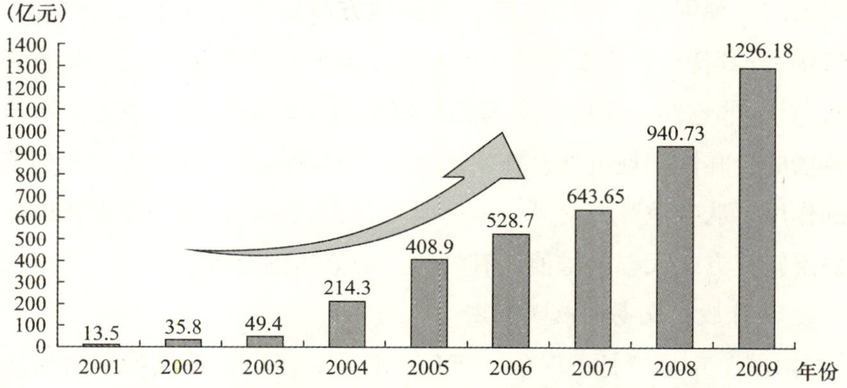

图 1　2001～2009 年间北京产权交易所交易额增长情况

资料来源：北京产权交易所网站。

第三，产权交易市场的地位和作用开始得到政府及有关部门的认可。2006 年 2 月，国资委官员提出："产权市场是中国多层次资本市场的重要组成部分。”2007年国务院颁布《国家中长期科学和技术发展规划纲要》及相关配套政策进一步明确：“有条件的地区，地方政府应通过财政支持等方式，扶持发展区域产权交易市场。”2008年12月，银监会颁布《商业银行并购贷款风险指引》，打开了并购贷款闸门。产权市场作为并购专业服务机构，吸引了众多商业银行与之建立战略合作关系。2009年1月起，四大行及一些全国性股份制商业银行纷纷展开与各产权交易市场的合作，授信额度多在百亿以上。2009年3月，财政部发布《金融企业国有资产转让管理办法》（54号令）。该办法规定“金融企业国有资产转让以通过产权交易机构、证券交易系统交易为主要方式”，“非上市企业国有产权的转让应当在依法设立的省级以上产权交易机构公开进行”。只有特殊情况（限制受让方、控股集团内部重组）下，转让方才可以采取直接协议转让方式转让非上市企业国有产权，且须经国务院批准或者财政部门批准。在除了证券监管部门以外的有关管理部门的支持下，产权交易市场的定位逐渐明朗，其存在的必要性开始得到认可。

笔者认为，中国产权交易市场是在资本市场存在严重管制情况下自下而上的一种创新，其性质是“得到地方政府支持的有组织的公开拍卖市场”。其特点是主要服务于“两非公司”（非上市公司、非公众公司），且为非连续、非拆细交易，投资人也主要是机构投资者。由于产权市场的公开性和规范性，在发现投资人和发现资产价格方面起到了重要的作用。从各地产权交易所的情况看，在交易所挂牌的项目普遍比直接协议转让方式大幅度增值，有的项目增值达到上百倍。

2. 场外股权交易的改革创新

“两网”市场（原STAQ、NET系统）关闭后，其挂牌交易的法人股仍面临流通需要，同时主板退市公司的股票交易问题也需要解决。为此，2001年6月12日，证监会批准了由中国证券业协会拟定的《证券公司代办股份转让服务业务试点办法》，启动了证券公司代办股份转让系统，即所谓的老三板市场，将原STAQ、NET系统挂牌公司和退市公司纳入交易范围。这个被称为“垃圾箱”的市场自设立以后基本没有交投活动，是一个无效率无活力的市场。2006 年 1 月 3 日，证监会在原代办股份转让系统基础上，正式启动“中关村非上市股份有限公司股份报价转让系统”（即所谓新三板市场），主要承接中关村科技园区内中小股份公司的股权转让。2012 年 8 月，中国证监会启动了扩大试点工作，将试点范围从北京中关村扩大到上海张江、武汉东湖、天津滨海。2013 年 1 月，全国中小企业股份转让系统揭牌，是全国场外市场建设从试点走向规范运行的重要转折，标志着非上市公司股份转让的小范围、区域性试点将开始渐次走向面向全国的正式运行。

另一方面，经天津市政府批准，2008 年 8 月天津股权交易所成立。在国务院颁布的《推进滨海新区开发开放有关问题的意见》以及《关于天津滨海新区综合配套改革实验总体方案的批复》等一系列政策支持下，在天津滨海新区先行先试的政策环境下，天交所在市场建设方面进行了积极的探索和创新。截至 2012 年年末，已有 26 个省（市、自治区）的 247 家企业在该所挂牌交易，累计实现各类融资 116.32 亿元，平均每家企业融资 4709 万元，是一个典型的为中小企业直接融资服务的场外交易平台。随后，重庆、上海、杭州、山东淄博等地的非上市公司股权交易场所纷纷成立。上述场外交易市场都以非上市公司的股权转让为主要业务领域，在运营模式和交易制度方面与沪深证券交易所有较为显著的不同，体现了一定的创新性。

3. 过热发展之后的清理整顿

近年来，一些地区为推进权益（如股权、产权等）和商品市场发展，纷纷批准设立一些从事产权交易、文化艺术品交易和大宗商品中远期交易等各种类型的交易场所。由于缺乏规范管理，这些交易场所设立和交易活动中违法违规问题日益突出。一些交易场所未经批准违法开展证券期货交易活动；有的交易场所管理不规范，存在严重投机和价格操纵行为；个别交易场所股东直接参与买卖，甚至发生管理人员侵吞客户资金、经营者卷款逃跑等问题。这些风险的不断暴露，引起了中央政府和社会的关注。

为防范金融风险，国务院于2011年11月发布了《国务院关于清理整顿各类交易场所切实防范金融风险的决定》（国发〔2011〕38号，以下简称“38号文”）。该文件决定，建立由证监会牵头，有关部门参加的“清理整顿各类交易场所部际联席会议”制度，以统筹协调有关部门和省级人民政府清理整顿违法证券期货交易工作，督导建立对各类交易场所和交易产品的规范管理制度。文件规定，除依法设立的证券交易所或国务院批准的从事金融产品交易的交易场所外，任何交易场所均不得将任何权益拆分为均等份额公开发行，不得采取集中竞价、做市商等集中交易方式进行交易；不得将权益按照标准化交易单位持续挂牌交易，任何投资者买入后卖出或卖出后买入同一交易品种的时间间隔不得少于5个交易日（T+5）；除法律、行政法规另有规定外，权益持有人累计不得超过200人。凡使用“交易所”字样的交易场所，除经国务院或国务院金融管理部门批准的外，必须报省级人民政府批准；省级人民政府批准前，应征求联席会议意见。未按上述规定批准设立或违反上述规定在名称中使用“交易所”字样的交易场所，工商部门不得为其办理工商登记。同时文件要求对各类交易场所进行一次集中清理整顿，清理整顿期间不得设立新的开展标准化产品或合约交易的交易场所。文件还规定，金融机构不得为违法证券期货交易活动提供承销、开户、托管、资金划转、代理买卖、投资咨询、保险等服务；已提供服务的金融机构，要及时开展自查自清工作。在清理整顿工作中，各省级人民政府按照“总量控制、合理布局、审慎审批”的原则，对各类交易场所认真排查，合理确定保留的交易场所数量、规模和分布，对存在问题的交易场所，该关闭的关闭，该整顿的整顿，该规范的规范。同时结合本地实际情况，积极研究制定本地区各类交易场所的监督管理制度，明确日常监管、统计监测、违规处理、风险防范和处置等具体规则，建立健全交易场所长效监管机制。

根据38号文的精神，各省级人民政府对各类交易场所组织了检查并积极采取措施，及时处置检查中发现的问题，要求违法违规交易场所停止交易。截至2012年11月初，已有部分省（市、自治区）完成了本辖区的清理整顿工作，其中浙江、湖北、重庆、贵州、西藏、甘肃、青海、深圳八个省（市、自治区）的清理整顿工作率先通过联席会议检查验收。

三、中国场外股权市场的发展现状和存在问题

（一）近年来我国场外市场建设取得的进展

场外市场无疑是我国多层次资本市场体系建设中的短板。然而，随着企业股份制改革的不断推动，呼应于非上市股份公司股权融资和交易需求的日益高涨，再加上国务院相关政策的进一步明确，证监会双层架构场外市场建设理念的逐渐清晰，近年来我国场外市场建设取得了积极进展，突出表现为以下几个方面。

1. 市场格局初步形成

目前我国场外股权交易市场呈现出三大板块共同发展的基本格局，即全国中小企业股份转让系统（一家）、区域性场外股权交易市场（十几家），以及散布在各省市的提供股权托管及股权转让服务的产权交易市场。各个板块均已体现出鲜明的特点，初步搭建起了各自的交易规则和运营模式。各个板块之间也有了初步的分工：全国中小企业股份转让系统重点为“一非”企业（公开发行、非上市，挂牌企业股东数量可以超过200人）服务；区域性股权交易市场为“两非”企业（非公开发行、非公开上市，挂牌企业股东数量不得超过200人）服务，两者均提供连续交易（T+5），采用协议+竞价方式决定价格。地方产权交易市场则除了股份制企业之外，还可为有限责任公司、事业单位、合作制企业、合伙企业等提供资产转让服务，其交易基本为一次性，定价采用拍卖方式。

2. 业务规模和市场功能得到了显著的拓展、增强

如果以2006年启动的中关村股份代办转让系统为新时期我国场外股权市场建设的起点，截至2013年初的七年时间里，我国场外股权市场挂牌企业数量从零跃升到800家左右，改变了以往企业只能通过证交所上市实现股权转让的局面。除了股权融资功能外，场外市场还兼具带动银行间接融资、改善企业公司治理、规范和培育企业成长、信息发布平台等其他功能。挂牌企业已经明显体会到场外市场促进企业发展的积极作用。山东聊城的企业家说，挂牌以后企业职工的积极性大幅提高，连食堂的大厨也在努力节约成本，因为企业改制时投资入了股。在吸引人才、建立海外市场声誉等方面，场外市场对企业也有积极的作用。从现有实践看，我国场外股权市场孕育着巨大的发展潜力，对今后促进经济结构调整和产业转型、破解中小企业融资难、上市难等问题还将继续发挥重要作用。

3. 多层次资本市场体系下的各个子市场之间初步建立起了有机的联系

在我国，已经不宜单纯使用名称或者交易场所这样的简单维度对场外和场内市场进行定义，也不能照搬国外的相关界定。目前中国场外股权市场已经初步表现出与国际趋势类似的动向，即场外股权交易所和主板、创业板市场之间，区域股权市场和产权市场之间初步建立起了有机的联系，包括股权结构上的联系、业务和资源上的联系等。例如上交所入股区域性股权交易市场，成为浙江和上海股权交易中心的第二大股东，这在一定程度上契合了目前国际上资本市场的发展方向。全球各大交易所的竞争日趋激烈，纷纷通过创立自身的初级资本市场板块、向场外市场延伸业务等方式，既增加自身核心竞争力，也为日后储备上市资源。

另一方面，不仅我国资本市场有场内和场外的层次划分，场内市场有主板市场、中小板市场和创业板市场的层次划分，场外市场也表现出了一定程度的层次划分，例如全国性市场和区域性市场。从主板市场到

创业板市场，再到场外市场，存在着明显的递进关系。以上市（挂牌）的门槛为例，交易所市场的标准最高，区域股权市场和全国中小企业股份转让系统次之，产权市场则相对宽松得多。

多层次资本市场体系下的各个子市场之间既有有机联系，又有层级递进和一定区隔，这有利于形成协力，共享资源，为中小企业、成长型企业、创新型企业提供更多更好地资本市场服务。

（二）场外股权市场在快速发展中暴露出来的问题

尽管近几年我国场外股权市场得到了快速发展，但问题和潜在的风险也逐渐暴露，需要引起足够的重视。

1. 缺少顶层设计，缺乏战略性制度规划与政策引导

我国在资本市场发展过程中对场外市场长期不够重视，导致场外股权市场的定位、职能、性质不清，发展几经周折、屡屡受挫。近期区域性股权市场的快速发展主要是地方政府的主动探索，中央政府决策部门对该市场发展的战略构架始终没有提出明确的操作性意见。2004 年之后，在多个政府文件中，明确要建立多层次资本市场，但目前还只是停留在原则意见上，由此导致人们对该市场的未来发展缺乏共识，从而产生一系列问题。

首先，在市场规划至今没有确定的情况下，市场如何发展分歧较大，尤其是中央决策部门意见不统一，这也对承担市场创新建设的地区与部门产生很多的困扰。比如天津滨海新区的金融改革方案中，明确提出建立“OTC”市场的设想，该设想也已获得国务院相关部门的认可，在国家“先行先试”的政策下，天交所在市场运行规则与合规制度等方面也进行了大量的探索尝试。但是，天交所长期不被证券主管部门纳入资本市场体系中进行监管。这种缺乏有效监管的“先行先试”容易引发新的风险点。

再次，由于体制上的封闭性，僵化性，在现有体制内建设场外交易市场面临路径依赖。比如原中关村的股份代办转让系统，与现代规范的

场外交易市场的要求还有相当距离，仅仅是市场模拟，很难跳出现有主板模式的条条框框进行突破性创新。天交所作为体制外的市场化探索，虽然得到了国家的“先行先试”政策的支持，但主要靠自身探索和自律，成果不易被监管部门所认可。

第三，从现状看，不仅存在较大的政策空白，而且有关政策在执行过程中也面临一些矛盾或冲突。近年来，证券监管部门对场外股权市场的态度由只关注其是否违法违规转为兼顾其发展，为此专门出台了一些相关文件，如《关于规范证券公司参与区域性股权交易市场的指导意见（试行）》、《非上市公众公司监督管理办法》、《全国中小企业股份转让系统有限责任公司管理暂行办法》。但是尽管如此，从场外股权市场的整体发展来看，现有的法律法规还远远不够。对于场外股权市场的地位和职能，缺少更高层面的法律规定，概念界定不够清晰，对场外股权市场的结构和发展目标，缺少全面的规划。例如全国中小企业股份转让系统名义上是全国性市场，可以跨区域经营，但目前实际上只允许4个国家级高新技术园区的企业在该市场挂牌。同时一些区域股权市场尽管在政策上受到跨区经营的限制，实际经营中则面向全国拓展业务。再如，地方性产权市场也可以提供非上市公司股权转让以及相关服务，与其他场外股权市场处于并行发展状态。但在概念上，产权市场是否属于多层次资本市场范畴还存有争议，对地方产权机构和股权托管机构的地位和作用缺少法律法规的定义。未来产权市场如何发展？是与区域性股权市场继续并行发展，还是随着股权市场业务量的增加而二者合并，最终形成以股权交易市场为主的市场格局？还有，有关文件将“已经建立规范的会员管理制度”作为券商进入区域性市场前提条件之一，那么是否意味着监管部门只支持会员制交易机构而不支持公司制交易机构？这些问题都很不清晰。此外，38 号文对股权交易场所进行清理整顿，在交易规则上实行严格限制，这与国务院之前针对某一特定经济区域允许金融改革先行先试的相关政策也存在一些不相协调之处。由于缺少顶层设计，现有制度和政策在执行中容易走样，也可能带来新的市场不公。

2. 区域性市场盲目建设的问题逐渐突出

2012 年 8 月证监会发布《关于规范证券公司参与区域性股权交易市场的指导意见（试行）》（以下简称“20 号文”）。其中“区域性市场是为市场所在地省级行政区域内的企业特别是中小微企业提供股权、债券的转让和融资服务的私募市场，接受省级人民政府监管”、“区域性市场原则上不得跨区域设立营业性分支机构，不得接受跨区域公司挂牌”、证券公司可在一定前提条件下参与区域性市场等规定，被误解为“一个省批一个市场”，引发了各地竞相设立股权交易机构的热潮，目前已设立了 21 家各类股权交易场所。一些地方政府不顾本区域经济环境、产业和区位特点、发展现状等现实条件，在缺乏充分准备的情况下一哄而上，并且盲目攀比首批挂牌企业数量等指标。由于地方政府都希望尽可能将本区域股权交易市场“做大”，往往通过财政补贴等手段支持本区域股权市场的建设。这种不顾质量的盲目建设，不仅容易造成重复建设和资源浪费，而且容易导致不公平竞争和市场公信力严重缺失，不利于我国场外交易市场的长期规范和健康发展。

3. 各区域性股权市场运作机制、准入门槛差异较大，加大了日后统一规范的成本和难度

当前我国已设立重庆、武汉、上海、浙江、山东等二十余家区域性股权市场。各个交易机构通常自定市场准入条件、交易规则制度，建立交易登记结算系统。经比较可发现，这类机构在市场运作机制、挂牌企业准入门槛等方面的差异较大，由于缺乏统一有效监管，加之各区域已设立的股权交易市场大多有跨区域经营冲动，纷纷向全国企业开放。在市场功能定位相近的情况下，容易出现盲目降低投资和挂牌门槛、操纵价格等无序竞争，同时客观上也为今后的统一监管、统一规范和实现有序发展设置了障碍。

4. 行政力量过度介入区域性股权交易市场，政府对市场干预越位、错位、缺位，制约了场外市场的成长

问题的突出表现，一是存在对企业资源的争夺。由于各区域股权交

易市场、新三板市场、产权市场等并没有形成全国范围内的统一、有效监管，再加上市场功能定位相近，目前争夺挂牌企业的竞争已经开始。为吸引企业到本地区股权交易市场挂牌，一些地方政府开始采取行政措施或歧视性政策保护本地市场。如将企业到本地设立的市场挂牌纳入政府部门考核指标；对到其他市场挂牌的本地企业，不出具监管备案文件，不给政策优惠、费用补贴和资金奖励；甚至有的政府部门直接出台文件规定企业只能在指定的本地市场挂牌；还有的地方政府文件明确规定："本市非上市股份有限公司在交易场所内的股权托管、登记、转让、融资、结算、过户，均应通过某某中心进行。"

二是地方政府过度介入股权交易市场的经营活动。建设多层次资本市场，应遵循市场规律，按照市场机制运行。但目前某些地方政府直接开办市场，将股权交易管理机构定性为事业单位，参照一定的行政级别配备干部，管理者兼有官员身份。还有一些地方将股权交易市场当成政府形象工程、政绩工程，为了维持市场机构的生存，将部分政府部门行政管理职能转移到市场机构，甚至为此增加审批环节，导致行政权力和市场界限不清。这种依靠政府行政力量而非市场力量推动主导各区域股权交易市场发展的做法，不利于市场规范健康发展。长此以往，很可能出现政府过度补贴和市场分割，不仅加大企业负担，也会导致市场风险积累甚至放大市场风险。

当前区域性股权市场热的背后，是各地方政府强烈的行政意志。政府主导市场建设，必然带来一系列问题，如对本地市场的过度保护，市场功能扭曲失去优化配置资源的作用，破坏市场竞争秩序，等等。对此，必须引起足够的重视。

5. 有效运行的做市商制度尚未建立，市场运行的效率明显偏低

做市商制度也称报价驱动制度，是不同于竞价交易制度的一种证券交易方式。具备一定实力和信誉的证券做市商，通过不断向公众投资者报出特定证券的买卖价格并接受公众投资者的买卖要求，与投资者进行买卖的双向交易来赚取买卖差价，实现经营收益。这种以盈利为目的的

双向报价与交易活动，客观上起到了保证市场流动性、满足公众投资者的投资需求、发现价格、活跃和稳定市场的作用。从国际经验看，场外市场通常采用做市商制度。这是因为场外市场的投资者以机构为主，交易量大而流动性低，同时由于对挂牌企业的信息披露要求远较交易所上市公司为低，需要更加专业性的分析能力。而做市商制度在交易即时性、大宗交易能力以及价格稳定性方面具有优势，能够保证交投活跃，从而给上市企业和投资者带来不断的动力。采用做市商制度的美国纳斯达克市场已经获得了极大成功，同时在交易所市场也部分地移植了做市商制度。

反观我国，成立于 1990 年 12 月的原“全国证券交易自动报价系统”（STAQ）曾经试行做市商制度，但由于市场规则极不规范，做市商制度名存实亡。随着该系统被关闭，做市商制度也不复存在。1993～1995 年，深圳证券交易所和上海证券交易所都曾组织过证券市场引入做市商制度讨论。此后在证券市场出现大幅波动和筹建中小板市场的过程中，都曾多次提出建立做市商制度问题。鉴于中国股市的流动性（以换手率为衡量指标）居全球之冠，客观上不存在对增强流动性的需求。同时因担心做市商成为庄家，滥用其特殊权力甚至和其他做市商合谋串通，产生新的操纵行为。这些考虑使得以旨在制造增强流动性的做市商制度并没有在中国股票市场真正实施起来，而且由于我国场外股权交易市场是在不被监管部门认可、缺乏适宜市场发展的制度和政策基础的环境下逐步发展起来的，证券公司不能参与该市场交易（2012 年 8 月证监会 20 号文发布以后，证券公司方可进入证监会清理整顿验收合格的区域性股权交易市场），导致做市商制度缺少合适的土壤。在少数自己尝试做市商制度的股权交易机构，该制度也很不健全，多数挂牌公司只有一家做市商报价（在 NASDAQ 市场上市的公司股票，最少要有两家以上的做市商为其股票报价，而一些规模较大、交易较为活跃的股票的做市商甚至达到数十家），很难解决市场的信息不对称和市场操纵问题。

有效交易制度的缺失在很大程度上影响了我国场外股权交易市场的流动性和效率。尽管挂牌公司数量增加很快，但市场交投很不活跃。例如2012年全年新三板累计成交仅755笔，日均成交量2笔，日均成交额240万元；天津股权交易所全年累计成交2236笔，日均成交量不足10笔，日均成交量486万元。从其他地区的股权交易市场来看，交投情况更加清淡。如果没有地方政府的支持（如无偿划拨场地或免收租金、减免税收、提供部分运营费用补贴等），相信多数股权交易机构都很难实现可持续经营。

6. 市场机制尚不健全，突出表现在“有进无退”、“有生无死”

目前，无论是“新三板”还是地方性股权交易所，退市制度均不健全，与挂牌数量相比，真正退市的公司占比极低。这种状况在相当程度上纵容了上市公司和券商的违法违规行为，影响了监管的有效性，需要尽快加以改进。

第三章

场外交易市场建设的国际经验

一、部分国家和地区场外交易市场的发展情况

（一）美国场外交易市场概况

美国统一的场外交易市场始于国家报价局 NQB 运作的粉红单市场，1971 年 NASDAQ 成立后，逐步形成了多层次的场外交易市场体系。该体系从高到低依次为 NASDAQ 市场、电子公告板市场（OTCBB）、粉红单市场、第三和第四市场以及地方性场外交易市场。图 1 给出了美国场外交易市场的结构与层次。其中，NASDAQ 市场、OTCBB 市场和粉红单市场是三个不同层次相对独立的报价系统，它们构成了美国场外交易市场的主体。

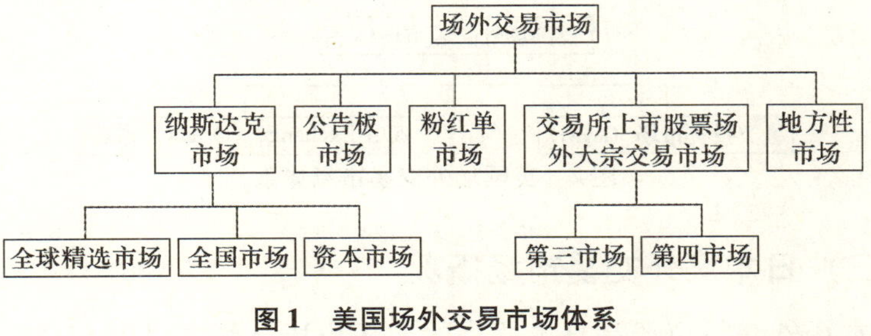

图 1　美国场外交易市场体系

（二）英国场外交易市场概况

1. 伦敦交易所框架内的 AIM 市场

英国的场外交易市场主要指伦敦证券交易所下属的另类投资市场（Alternative Investments Market，AIM）。英国 AIM 市场定位于为所有具有成长性的企业服务，现已成为全球瞩目的中小型企业上市地之一。伦敦证交所运作着四个独立的交易市场（见表 1）：主板市场、另类投资市场（AIM）、专业证券市场（PSM）和专业基金市场（SFM）。

表 1 伦敦证券交易所市场结构

市　场	职能定位
主板市场（MM）	为规模较大资质较高的企业所设立的旗舰市场
另类投资市场（AIM）	专为高增长的中小企业发展所设立的市场
专业证券市场（PSM）	为上市债权与信托提供交易的规范市场
专业基金市场（SFM）	为专业基金发行商所设计的特殊市场

2. 独立运作的 OFEX 市场

Off-Exchange（OFEX）市场，现在也常常被称为 Plus Market，是由在伦敦证券交易所承担做市商职能的一家家族公司 JP Jenkins 创立于 1995 年 10 月，其目的是为那些未进入伦敦证券交易所主板市场或 AIM 挂牌交易的公司股票建立一个可出售其股票、募集资金的市场。

OFEX 与 AIM 非常类似，都是为中小型高成长企业进行股权融资服务的市场，但 OFEX 的市场准入门槛更低、层次更初级。

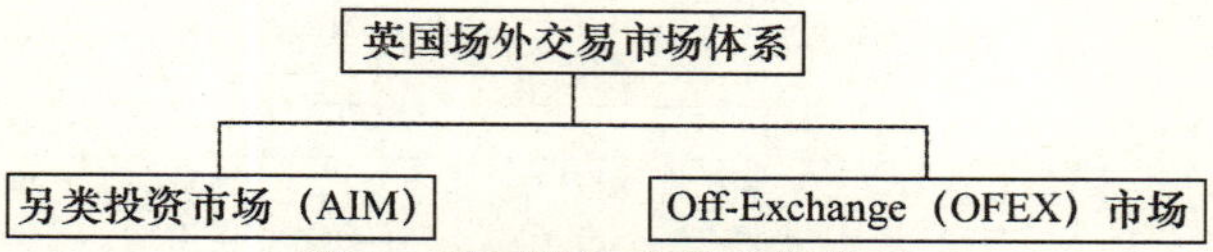

图 2 英国场外交易市场体系

（三）日本场外交易市场概况

日本场外交易市场是日本股市的二板市场，其中以 JASDAQ 市场为典型代表，也称为店头市场、柜台交易市场，同时它也是风险性企业

（Venture Business）筹资的最大市场。

1983 年开始，日本大力推动场外市场发展，为没有达到上市标准的公司创立一个交易场所。于 1990 年 8 月建立日本证券交易自动报价系统（JASDAQ），并引入场外市场。1998 年，日本提升了 JASDAQ 的地位，并与 2004 年核准 JASDAQ 成为正式的交易所。目前，从上市公司数量、市值、交易额三个指标看，JASDAQ 已发展成为日本最大的中小企业市场。

1997 年日本进行金融大改革，废除了证券交易集中在交易所的规定，认可上市企业的场外交易，明确规定了场外交易制度与证券交易所上市制度平行，场外市场的法律地位和功能被强化。同年 7 月绿单市场（Green Sheets Market）规划成立，专为小规模公司以及退市公司提供挂牌转让、小额快速融资的平台。

绿单市场内部又分为四个层次：新兴部、普通部、投资信托/特殊目的公司部和退市公司部。其中，新兴部挂牌公司主要为风险投资公司及有成长潜力的公司普通部挂牌公司则为一般公司。不同层次的市场对挂牌公司的信息披露等要求也有区别。

日本场外交易市场在日本资本市场中占有重要地位。日本场外交易市场以吸引中小公司挂牌为主。有些被交易所摘牌的公司也进入 OTC 市场交易，这部分股票被称为“调查中的股票”。日本 JASDAQ 市场按照美国 NASDAQ 的发展模式运作，是日本风险投资企业最大的融资场所。虽然 JASDAQ 市场在规模上不及集中交易市场，但在近十几年中发展迅速，已成长为日本证券市场体系中最具活力的部门。

（四）中国台湾地区场外交易市场概况

一个完整的证券市场体系，应是集中市场与柜台买卖市场相辅相成。目前中国台湾的证券市场可大致划分为四个层次（见图 3）。第一层次是公司制的中国台湾证券交易所集中交易市场，采取典型的竞价制度和电子交易，不允许场外交易；第二层次是财团法人制的证券柜台买卖中心市场，以竞价制度为主做市商制度为辅；第三层次是兴柜市场，由柜台买卖中心代管，交易采用经纪或自营的议价成交方式；最后一个层次是盘商市场，这是非公开的私人股权交易市场，以盘商为中介进行。

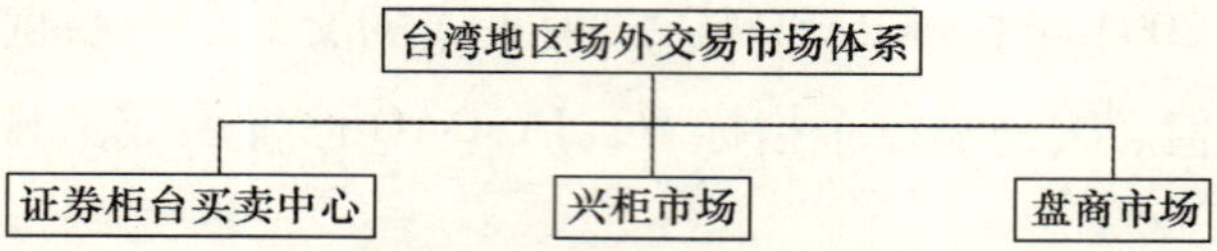

图 3　中国台湾场外交易市场体系

目前，中国台湾合法的场外交易市场主要有两种形式——柜台买卖中心和兴柜股票市场。

第一层次是财团法人制的中国台湾证券柜台买卖中心市场，是中国台湾柜台市场体系的高级形态，服务于规模较小的成长型企业。截至 2009 年底，股票已上柜公司家数为 546 家，此外还有公债、金融债、公司债等多种债券以及可转债、认股权证、衍生产品等交易品种。

中国台湾场外交易市场的第二层次是兴柜股票市场，是柜台市场体系的低级形态，由柜台买卖中心代管。为公开发行但未上市的公司提供交易场所，是上市或上柜的预备交易场所。兴柜股票市场属于新开发的股票市场，设置的主要目的是取代以“盘商”（专门从事未上市股票交易经纪业务的无营业执照的证券商）中介为主的未上市股票交易，将未上市上柜股票纳入制度化管理，为投资者提供一个合法、安全、透明的交易市场。2002 年设立的兴柜股票市场虽然历史很短，但由于它适应了民间资本和中小企业的投、融资需要，且政府制订了专项扶持政策（如新申请上市、上柜的股票都必须先在兴柜股票市场过渡一段时期），故也呈现出良好的发展势头，从 2002 ~ 2012 年 7 月末，兴柜市场累计挂牌 1200 家，累计兴柜转上柜 529 家，累计转上市 153 家。

另外，中国台湾还有一个地下的盘商市场。在兴柜市场成立之前就长期存在，交易是通过盘商为中介进行的，因此也称盘商交易。所谓盘商，是指那些专门从事未上市股票交易经纪业务的机构，由于其获得监管当局的正式许可，这类交易在法律上属于灰色地带，对这类交易长期以来既无监管也无统计。尽管兴柜市场发展之后，盘商市场有所萎缩，但并未禁绝，仍然以各种形式继续存在。盘商市场尽管不是一个合法的、受到监管的市场，但由于中国台湾的股份公司达到15万多家，客观上存在着大量的股票流通需求，因此盘商市场的基数相当大。有人通过互联网检索，发现至少有1万种由盘商买卖的股票，可见该市场远远超过了柜台市场的规模。尽管流动性偏低，但确实满足了部分中小企业的融资需要。

（五）新加坡场外交易市场概况

新加坡自动报价与交易系统——自动报价板股市（Stock Exchange of Singapore Dealing and Automated Quotation System，SESDAQ），1987年2月18日新加坡自动报价与交易系统开始运行，采用电脑无票交易方式。新加坡自动报价市场的建立，目的在于使那些具有良好发展前景的新加坡中小型公司能筹集资金支持其业务的扩展。上市标准较为宽松和灵活，没有具体的公司规模要求，进入成本和年度上市费用也较低。

自动报价系统的成立宗旨是要提供具有发展潜力的中小型企业到资本市场募集资金的一个渠道，且上市的条件较为宽松，主要着重于公司的发展前景。自动报价板成立之初，只开放给新加坡注册公司申请上市。自1997年3月起，新交所进一步将它放给外国公司。所以，现在不论是新加坡本地公司或外国公司都可以申请在主板上市，或在自动报价市场挂牌。在SESDAQ系统上市企业，如果上市后业务扩展，各方面达到主板市场要求，可以申请转为主板上市。1988年3月，自动报价市场与美国的NASDAQ市场联网，使新加坡投资者可以买卖美国场外交易市场的上市股票。

（六）印度的场外交易市场概况

根据区域划分和覆盖的上市公司类型来看，印度证券市场分为全国市场和区域市场两个层次：孟买证交所、国家证交所是全国性市场，两者都位于孟买；21个区域证交所分别在各邦或直辖区（印度有28个邦和7个中央直辖区）。1956年，印度颁布了证券交易管理法，整顿和监管各地股票交易所，这两个层次都是股票公开发行和集中交易的市场。所以，从严格意义上来讲，印度并没有柜台交易体系，也没有针对股票私募发行的制度和监管。但印度的区域证券市场为中小企业的权益资本融资发挥过很大作用，类似于其他国家场外交易市场的功能。班加罗尔证券交易所成立于1963年，在区域证券交易所中，按时间排序是第八家。OTC证交所成立于1989年，位于印度的金融中心孟买。财政部为区域证交所统一规定了上市的资本门槛：3000万卢比（约合人民币600万元）；而孟买证交所和国家证交所的上市门槛是一亿卢比（约合人民币2000万元），这使得区域市场和全国市场出现了明显的层次划分。在相当宽松的市场环境这样一个制度背景下，以券商为主的市场组织模式逐步形成。同其他市场经济国家一样，印度从来没有出现过政府的券商。

印度有23家证券交易所，除了（1993年）最后成立的国家证交所外，其他22个证交所都是市场自发生成的，它们有着大同小异的诞生经历：当地的股票经纪人经常聚在一起交易，日久成市，继而产生了股票和经纪人协会，随后是证交所应运而生，并根据1956年《证券合同监管法》受到确认。其中，孟买证交所由于无可比拟的先发优势，由于位处印度最大的工商业中心，也由于在制度和技术两方面能够不断推陈出新，因而成就了其全国性市场的定位；另外21个证交所或由于成立过晚，或由于其他种种条件约束，只能屈居为区域性市场。“全国性”抑或“区域性”不是政府做出的选择，是市场发展的自然结果。

二、国际比较

（一）监管模式

发达地区场外交易市场监管框架的构建结合了本地区场外交易市场发展的具体情况和行政体系的特点，监管模式呈现多元化趋势。

1. 美国——政府统一指导下的多层次自律监管

美国场外交易市场的监管模式是政府统一指导下的多层次自律监管，即各层次的场外交易市场在 SEC 的监督指导下进行自律监管。美国的这一监管模式一方面可以保证场外交易市场与全国证券市场的协调发展，不会偏离保护投资者利益的目标；另一方面，该模式允许证券商参与制定证券市场监管规则，从而使市场监管更切合实际，对违规行为能较迅速地做出反应，更符合场外交易的特点。

对场外交易市场的监管手段，大体可分为三类：事前的准入控制、事中的过程控制以及事后的惩戒控制。事前的准入控制，主要指报告 NASDAQ 市场明确的上市标准以及对在任何场外交易市场报价的做市商资格的审查。事中的过程控制主要针对 NASDAQ 市场，既包括对交易过程和行为的监管，也包括对上市公司、做市商等的信息披露的要求；对 OTCBB 市场也有一些信息披露要求。事后的惩戒控制，主要指强制不符合要求的公司或证券要从特定市场退出，比如，1999 年《OTCBB 监管规则》通过后，就有 3000 多支证券退回到粉红单市场。

美国场外交易市场监管的最大特点在于具备完整的多层次体系，每一层次都有与之相适应的监管制度和监管标准。美国多层次场外交易市场从高到低分别由 NASDAQ、OTCBB、粉红单市场、第三市场和第四市场构成。

美国多层次场外交易市场体系，能够为不同性质、不同发展阶段的企业提供多元化的融资。同时，有梯度差异的监管标准也符合各个市场参与者的不同特点和要求。

2. 英国——原则导向型监管和终身保荐人制度

英国场外市场呈现出两个显著的特点，即原则导向型监管和独特的终身保荐人制度。

原则导向型的理念体现为两个方面，一是监管者在监管过程中对原则的追求多于对详细规则的依赖；二是监管者关注客户、机构和市场结果多于对机构运营过程的重视。原则导向型监管实践中具体表现为 AIM 管理委员拥有重大的监管权力。伦敦证券交易所设有专门的管理委员会，该委员会统筹 AIM 市场的发展和监管，其下设立 AIM 监管部门而无需直接向伦敦证券交易所董事会汇报。

而 AIM 市场又附属于伦敦证券交易所，伦敦证券交易所也负责对其监管。而伦敦证券交易所则把对 AIM 上市公司的监管交给了保荐人，采取“终身保荐人”制度。终身保荐人制度是指上市企业在上市前和上市后的任何时候都必须聘请一名符合法定资格的公司作为其保荐人，而只有在保荐人名册列明的保荐人方可成为指定保荐人。目前 AIM 共有 85 名保荐人，由英国金融监管局（FSA）审批，由伦敦证券交易所（LSE）监管。保荐人的职责就是保证 AIM 上市公司遵守 AIM 的 40 个规则，而 AIM 的职责就是定期对保荐人进行稽查，确保其履行职责。

必须强调的是，英国场外交易市场监管的重点放在保荐人身上，对保荐人的监管非常严格。由于公司的评价完全信赖发行人所任命的保荐人的保荐意见，因此一旦认定保荐人违犯了相关职责，或者保荐人的行为或判断致使市场的诚信或声誉受损，那么保荐人将会受到严厉的惩处，包括公开谴责，甚至从登记名册中除名。由此可见，通过终身保荐人制度，使对公司的监管转变为对保荐人的监管，整个监管架构变得简约而透明。

由于英国拥有良好的社会诚信状况，保荐人制度也运作多年，保荐人的整体素质较高，声誉体系也已经建立，终身保荐人这一监管方式，运作良好，将促进中小企业上市与最大限度保护投资者利益很好地统一起来。

英国原则导向型监管和终身保荐人制度具有明显的优势。与规则导向型监管相比，原则导向型监管更具有弹性，能够吸引更多的上市资源，保证市场的活力。也正是因为“原则”并非“硬约束”，因此庞大的官方监管机构并不适合，而需要将监管职能交给专业性强、职业操守水平高的金融中介机构。这类保荐机构与企业的联系更为紧密，有能力作出更加准确的判断。同时，保荐人也会为维护自身的信誉和行业地位而更加恪尽职守。

3. 中国台湾——政府集中监管

中国台湾场外交易市场监管强调建立统一的监管体系，属于政府监管模式。2000 年以来，中国台湾地区政府逐步对“财政部”下属的金融局、保险司、证期会，“中央银行”下属的金融业务检查局以及“中央存款保险公司”下属的检查处等机构进行整合，2004 年 7 月正式成立了直属“行政院”的“金融监督管理委员会”，场外交易市场的监管也被纳入其中。

对柜台买卖中心和兴柜股票市场的具体监管制度方面，中国台湾模式与美国模式存在显著差异。较低层次的兴柜股票市场的信息披露等制度比柜台买卖中心更为严格。

4. 印度——良好的监管体系

印度证券交易委员会（SEBI）成立于 1988 年，成立时尚不具有法律地位，至 1992 年国会通过“证券交易委员会法案”后，才成为一个法定团体。印度的证交委不是政府机构，虽则它的主席也由政府任命。

除了国交所外，其他 22 个证交所的设立时间都比证交委早，也就是说当时它们既未经任何行政或法定机构审批，也未受政府监管。由此可以看出，英国式的法制和行业自律机制在印度是有深厚基础的。

SEBI 三大目标是：保护投资者，促进资本市场发展，对资本市场进行监管。权力的来源是几个相关法律。保护投资者的主要举措，一是进行教育培训：一方面与高校合作，提高学生的财务知识；另一方面对超过32万人进行了考评和在线认证工作，其中60%的人通过了考评。不通过考评、认证不能成为从业者。证交委正计划建立国家学院对券商、从业人员、上市公司进行培训。二是建立了投资者协会，这是证交委与投资者协商沟通的组织。三是对于上市公司的申诉有内部纠正机制，处理结果在网站公布。四是设立了投资者保护基金，可以给（因上市公司或券商违规）蒙受损失的投资者以最低限度的补偿。投资者保护基金的来源，包括证交所出资、政府出资、证交委出资，对违规主体的罚款由政府再返回一部分，还有一些企业的捐赠。

（二）交易组织形式

从世界各国资本市场发展的实践看，包括场外交易市场在内的资本市场组织，一般采取两种基本形式：会员制和公司制。从资本市场组织形式的发展和演变趋势来考察，不仅越来越多的新兴资本市场组织采取公司制的组织形式，而且许多原来采用会员制形式的资本市场组织，也在寻求变革，向公司制组织形式转变。究其原因，资本市场发展的实践证明，公司制比会员制更有利于资本市场的活跃和发展。

1. 各国场外交易机构公司化改革

在20世纪90年代之前，全球的证券交易机构几乎都是会员制形式，这种组织模式保持了200多年。1993年瑞典的斯德哥尔摩股票交易所第一个实行股份制改革，并将其母公司OM的股票在斯德哥尔摩交易所上市，开创了证券交易所公司化的先河。在此之后，其他国家纷纷效仿，证券机构的公司化改革和上市形成潮流。2000年，中国香港交易及结算有限公司、伦敦证交所实现组织改制。2001年，德国法兰克福证交所实现改制。在2005~2006年度，印度证交委批复了19家证交所的公司化和非互利化改组计划，成立了专职委员会负责审核区域证交所非互利化改组后的走势。短短十余年间，证券交易机构的公司化浪潮迅速席卷了全球主要发达国家和地区，场外交易机构也紧随其后，纷纷实行公司化改革。其中，美国、英国、日本、中国台湾等地的场外交易市场均进行了公司化改革。

（1）美国场外交易市场的公司制改革。美国纳斯达克（NASDAQ）是1968年美国证券商协会为解决场外交易的分割问题而创建的自动报价系统，1971年，该交易系统正式启动。2000年以前，纳斯达克市场一直是NASD的全资子公司。2000年4月，NASD会员投票通过了对NASDAQ市场重组的建议，计划通过减持，将NASD的持股比例降为20%，建立公司制组织模式。2001年3月15日，NASDAQ向SEC提交申请表，申请注册为全国性交易所，标志着NASDAQ启动了私有化进程。经过几轮的反馈和重新修正，2006年1月13日，SEC批准纳斯达克股票市场有限责任公司（NASDAQ Stock Market LLC）注册为全国性证券交易所。纳斯达克交易所与NASD分离，NASD不再拥有对NASDAQ的控制权。2005年2月，纳斯达克在自己的市场上挂牌交易。2007年5月，纳斯达克以37亿美元收购北欧证券市场OMX公司，联合组建一个跨大西洋的交易平台。新公司命名为纳斯达克OMX集团，总市值高达71亿美元，其中纳斯达克拥有72%的股权，OMX公司股东拥有28%的股权。

（2）英国AIM的公司制改革。作为世界三大证券交易中心之一，伦敦证券交易所是世界上历史最悠久的证券交易所。在20世纪之前，英国伦敦证券交易所的组织形式为会员制，其领导机构为由会员选举产生的理事会，理事会负责经营管理、吸收新成员、指定交易规则、决定手续费比率及仲裁有关纠纷，并监督交易所的业务和阻止投机活动。2000年，伦敦证券交易所经股东投票决定转变为一个股份有限公司，其股东多为交易所成员，每一股东拥有的股票不得超过200股，并于2001年7月在自己的主板上市交易。

为了扶持中小企业与初创企业的发展，伦敦股票交易所于1995年成立了另项投资市场AIM。AIM市场是继美国纳斯达克市场之后在欧洲成立的第一家现代场外交易市场，也称为二板市场。AIM市场以其相对宽松的准入标准和收购条件以及优惠的税务政策，为中小公司的发展提供相对灵活的监管环境，被业内人士认为是比纳斯达克更有包容度和更适合中小企业的市场，已经在欧洲市场占据主导地位。

由于 AIM 是附属于英国伦敦证券交易所的子板块市场，因此在 2000 年也随伦敦证券交易所一起转为公司制体制。

（3）中国台湾地区场外交易市场的公司制改革。根据中国台湾《证券交易所法》第五章的规定，证券交易所组织可以分为会员制和公司制，其组织模式由主管机关斟酌当地情况报请“财政部”审定。实行会员制的证券交易所其会员以证券自营商及证券经纪商为限，会员应依据章程的规定出资，责任也以出资额为限。关于证券交易所的公司治理结构，该法规定交易所至少应设置董事三人，监事一人，由会员选任董事应组织董事会，由董事过半数同意在非会员董事中选任一人为董事长。

早期的中国台湾柜买中心为会员制。1994 年，为活跃中国台湾的场外交易市场，台湾证管会决定将柜台买卖中心进行改制，成立财团法人性质的“中国台湾证券柜台买卖中心”，使其成为一个独立的非盈利性组织，在组织形态上也转变为市场化管理。

2. 场外交易组织形式发展趋势

从历史的角度看，最初的资本市场组织大多采取会员制的组织形式，但最近十多年来，由于信息技术的发展及交易所之间的竞争日益激烈和白热化，传统的会员制组织形式失去竞争优势，并导致了资本市场组织形式向公司制转变的明显趋势。公司制不但增强了交易机构的筹资能力，而且打破了会员对交易的垄断权，使符合资格的证券商都能拥有交易权，促进了竞争，从而有效地提高了服务质量、降低了佣金率；对证券商和市场投资者及交易活动进行监督和管理，更显效率和公平；同时，以盈利为目的公司制交易机构也会积极地进行设备更新和产品创新。

然而，全球范围的交易机构公司制改革在为其确立竞争优势的同时，也面临着一系列的问题，其中商业利益与公众利益的冲突是最为突出的问题。虽然同是采取公司制的治理结构，但是证券交易机构不同于一般的商业公司，而是具有一定公共属性的机构。交易机构的治理组织应当注重对利益相关者的保护，尤其是对会员之外的投资大众的保护。

（三）上市门槛

从表2可以看出，OTCBB、Off-Exchange、印度OTC市场在公司上市门槛方面没有限制或基本没有限制；印度OTC市场和新加坡SESDAQ对企业有一定的限制，但要求较低；而KOSDAQ、中国台湾证券柜台买卖中心和JASDAQ在公司上市门槛方面设置了相对严格的标准。一方面，这表明各个场外交易市场对其挂牌公司没有一致的规定，其为挂牌企业设置的门槛具体高低有赖于其自身在整个场外交易市场中的层级和功能定位，同时也会受到本国或本地区具体经济和企业发展状况的影响；另一方面，虽然有些场外交易市场为其挂牌公司设置了相对较高的门槛限制，但这些标准与当地场内市场（交易所市场）相比而言，却要低很多。

表2　　公司上市门槛特征指标

	公司上市门槛
OTCBB	基本上对公司的净资产、利润没有要求；只需定期向SEC和其他监管机构报送相关资料信息即可
GTSM	最低市值：一般类公司1亿元新台币；创新成长型公司5000万元新台币。获利能力：个别及依财务会计准则公报第七号规定编制之合并财务报表之决算营业利益及税前纯益占实收资本额之比率最近1年度达4%以上，且其最近1会计年度决算无累积亏损者，最近2年度均达2%以上者，最近2年度平均达2%以上，且最近1年度之获利能力较前一年度为佳者；前述合并财务报表之获利能力不予考虑少数股权纯（损）益对其影响；但前者决算营业利益及税前净利润，于最近一会计年度不得低于新台币400万元。设立年限：依《公司法》设立登记满2个完整会计年度。股权分散限制：持有股份1000~50000股的记名股东人数不少于300人，且其所持股份总额合计占发行股份总额10%以上或逾500万股

续表

	公司上市门槛
Off-Exchange	没有最低上市标准，没有规模、经营年限以及公众持股量的要求
KOSDAQ	最低市值：新兴公司无限制；一般企业与外国公司，资本额5亿韩元以上；负债与股东权益比率不超过100 %或同类股票平均比率的1.5倍。获利能力：新兴公司无限制；一般企业与外国公司最近1个年度净利润为正值。设立年限：新兴企业无限制；一般企业与外国公司要求设立3年以上。股权分散限制：新兴事业要求公司股份总数30%以上或公司股份总数10%以上且不低于100万股应由500人以上之小股东所持有；一般企业与外国公司无限制
OTCEI	资本额达到3000万卢比（约合人民币600万元）的公司
JASDAQ	最低市值：登记股票，最近一营业年度年底净资产不少于200万日元；特则股票，净资产达2亿日元以上。获利能力：登记股票最近一营业年度每股税前盈余不少于10日元；特殊股票无要求。股权分散限制：登记股票流通在外发行股数少于2000万股者，股东人数不少于200人，大于2000万股者，股东人数不少于400人；特殊股票无限制
SESDAQ	要求公司有3年以上的经营记录，没有营业记录的公司必须证明其募集资金是用于项目或产品开发，该项目或产品必须已进行充分研发；公众持股数至少为50万股或15%（以较高者为准）；上市计划并不强制要求包括盈利预测数字；公司股票必须至少有一个证券自营商经营

总之，通过对场外市场上市门槛这一特征比较分析，我们发现，市场融资主体的资质水平是界定市场类别的重要特征之一。同时，上述分析比较也表明，公司上市门槛的设定应结合各国和各地区自身的具体情况来确定。

（四）交易制度

迄今为止，各国证券市场中的交易制度总体上可分为协议交易制度、竞价交易机制和做市商制度。从资本市场发展的实践看，如果以市场价格发现的充分性、市场流动性和稳定性作为资本市场效率的基本指标的话，那么，在不同的市场条件下，各种交易制度也具有不同的效率优势。而做市商制度，不仅在理论上已经被证明，其具有与交易主体数量较少、信息对称程度较低、市场流动性较差的场外交易市场更强的适应性，而且其所具有的相对效率优势也为世界各国场外交易市场发展的实践所证明。

一般来讲，做市商交易模式包括传统型做市商交易模式（如图4）和混合型做市商交易模式（如图5）。

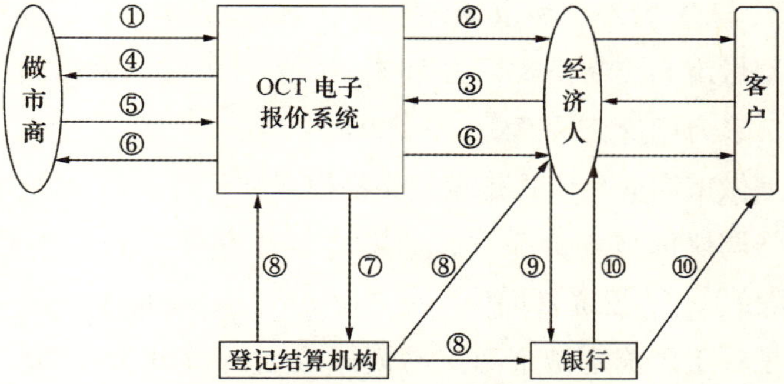

图4 传统型做市商交易模式流程图

注：①做市商双向报价；②报价信息传递；③投资者委托；④委托信息传递；⑤按照交易规则成交；⑥成交信息传递；⑦成交结果传递；⑧结算公司进行一级清算，并传递数据；⑨经纪人进行二级清算，并传递数据；⑩银行对数据进行核对、记账、交割。

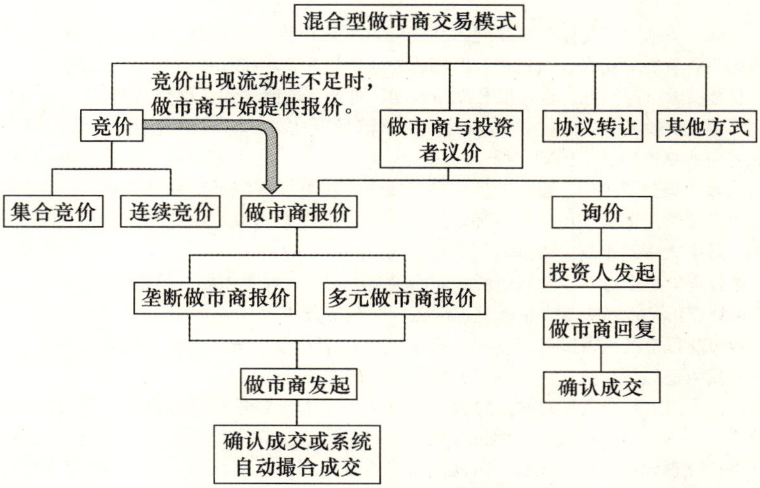

图5 混合型做市商交易模式

传统做市商制度在经历了几个阶段的发展之后，已经成为一种较为成熟的交易制度，但是由于其自身存在的缺陷及市场发展的要求，推动其继续进行变革。同时，采用单一竞价交易制度[①]的场外市场，也面临着流动性不足、大宗交易不便捷等各种弊端。在此背景下，20 世纪 90 年代以后，混合型做市商制度[②]开始出现，并逐渐被各国场外交易市场普遍采用。

通过对 22 家场外交易市场[③]交易模式调查表明，我们发现有 11 家采用混合型做市商交易模式，占 50%；4 家为传统型做市商交易模式，占 18%；7 家为竞价交易模式，占 32%。

混合型做市商交易模式是竞价交易模式和传统型做市商交易模式的融合。其强调议价与竞价并举，是集"集合竞价"[④]、"连续竞价"[⑤]、"做市商报价"[⑥]、"投资者询价"[⑦]、"投资者协议定价"[⑧] 于一体的交易模式，也是对于传统型做市商交易模式的创新。20 世纪 90 年代以后，由于传统型做市商交易模式成本较高的缺点日益暴露，一些传统的证券市场开始实行混合做市商交易模式以增加市场交易价格的公允性。

究其原因，一方面是因为传统做市商交易模式虽具有其独特优势，

---

① 竞价交易制度又委托驱动制度，其特征是：开市价格由集合竞价形成，随后交易系统对不断进入的投资者交易指令，按价格与时间优先原则排序，将买卖指令配对竞价成交。

② 混合型做市商制度，也称混合交易制度，是做市商制度和竞价交易制度的相结合。

③ 22 家场外交易市场为美国纳斯达克、欧洲易斯达克、法国新市场、加拿大风险交易所、马来西亚麦斯达克市场、德国新市场、阿姆斯特单新市场、香港创业板、韩国科斯达克、比利时新市场、伦敦另类投资市场、意大利新市场、瑞士新市场、挪威奥斯陆证交所、芬兰赫尔辛基证交所、瑞典斯德哥尔摩证交所、日本加斯达克、新加坡希斯达克、中国台湾兴柜市场、东京证交所新市场、日本大阪新市场、吉隆坡创业板市场。

④ 集合竞价是指对一段时间内所接受的买卖申报一次性集中撮合的竞价方式。

⑤ 连续竞价是指对买卖申报逐笔连续撮合的竞价方式。

⑥ 做市商报价是指由做市商发起，报价内容包括券种代码、价格、数量，并且是确定性报价，一旦投资人已该价格进行成交确认必须成交。

⑦ 询价是指由投资人发起的，向做市商询问一定的价格进行磋商成交，询价内容包括券种代码、价格、买卖方向、数量。但询价往往有限制，比如在规定时间内只能向有限的做市商进行询价，在询价过程中一旦出现任意一条询价指令失败，则询价被认定无效。例如上交所固定收益平台规定每次询价的全过程要求在 20 分钟完成，未及时达成交易的询价，针对该询价的所有恢复都被自动拒绝，且该询价本身备撤销。

⑧ 协议定价是指投资人通过协商后，双方按照约定的价格和数量成交。

但随着信息技术的发展和信息公开化程度的提高，其交易成本较高的劣势开始显现，而能够有效增强信息对称性的优势则逐步减弱；另一方面则是因为，混合型做市商交易模式作为将传统做市商、集合竞价、连续竞价、协议转让等交易方式结合，而形成的一种交易制度创新模式，具有一种新的综合效率优势。

（五）证券市场的转板制度

1. 美国证券市场的转板制度

美国交易所市场之间的转板制度。2006 年以前，纽约证券交易所是美国最高层次的一个市场，每年都有一些公司离开纳斯达克转板到纽交所。据统计，仅在 2001 ~ 2003 年，每年自纳斯达克转入纽交所的公司家数分别达到 32 家、43 家、20 家。2004 年，纽交所陷于场内专家违规与格拉索薪酬丑闻之中，转板势头逆转，当年无公司转板。2005 年也仅有 5 家公司转板。

当然，纽交所中的部分上市公司也有转到纳斯达克的，仅 2005 ~ 2007 年期间有 8 家公司自纽交所转到纳斯达克上市。据纳斯达克统计，截至 2009 年底，自纽交所转板到纳斯达克的公司总市值超过 2000 亿美元，其中包括芝加哥期货交易所、沃达丰、新闻集团、梦工厂等知名企业。这可能与 2006 年纳斯达克在证券交易委员会注册为全国性交易所后宣布成立的全球精选市场有关，因为这一市场板块的财务指标是全世界最高的。

美国的电子公告板柜台市场与纳斯达克、美国证券交易所之间实行非常明确的转板制度。首先，按照相关规定，OTCBB 市场报价公司满足下列条件可申请升入 NASDAQ：①净资产达到 500 万美元或年税后利润超过 75 万美元或市值达 5000 万美元；②流通股 100 万股；③最低股价为 4 美元；④股东超过 300 人；⑤有三个以上的做市商。此为“升板规则”。其次，纳斯达克小型市场上连续 30 日交易价格低于 1 美元，警告后 3 个月未能使股价升至 1 美元以上，则将其摘牌降低至 OTCBB 报价系统，在 OTCBB 摘牌的公司将退至粉红单市场（Pink Sheets）进行交易。此为“降板规则”。严格的转板制度和退市通过优胜劣汰的方式确保了各层次市场企业的质量。

表 3　　OTCBB 转板到 NASDAQ 公司数量

年　份	2003	2004	2005	2006	2007	2008	2009
公司家数	43	39	60	47	75	45	47

数据来源：NASDAQ 网站。

2. 日本的转板制度

绿单市场与交易所之间可以转板。绿单挂牌公司如符合交易所上市标准的，可以到交易所上市交易。据统计，2003 年 2 月 ~2007 年 10 月，共有 9 只绿单股票升板到交易所上市。

绿单市场内部的四个层次：新兴部、普通部、投资信托/特殊目的公司部、退市公司部也存在转板机制。其中，新兴部、普通部的挂牌公司转板较多。如果管理券商认为新兴部哪家挂牌公司不再符合板块要求，或其经营业绩未达到预期业绩的 50%，则随时可向日本证券业协会申请转板到普通部。

当然，绿单市场的挂牌公司也可彻底摘牌。当管理券商不再愿意为挂牌证券提供报价服务，或者公司自身不愿挂牌时，可以向证券业协会申请自绿单市场摘牌。

在 JASDAQ 市场挂牌的两类上市公司股票，即标准型公司股票和成长型公司股票由于利润及净资产额有差别，两类股票之间可以转板。

3. 中国台湾和新加坡等新兴市场的转板制度

中国台湾证券市场的转板，主要包括柜台买卖中心交易的股票申请转向台交所上市，兴柜市场股票转往柜台买卖中心或者台交所两类情形。由于盘商市场未获监管当局认可，不存在转板问题。

（1）柜台买卖中心股票转向中国台湾证券交易所。2000 年，台交所颁发《上柜公司转申请上市审查准则》，制定了专门的转板条件和审查程序。一段时间内，由柜台买卖市场申请移转至交易所上市的公司远比直接申请上市的公司要多。

2005 年 4 月，《上柜公司转申请上市审查准则》废止。上柜公司转上市的条件与审核程序与一般企业上市基本趋同。但在审核程序的实践操作上，较之初次申请上市企业，转上市程序中台交所对于之前柜台中心审核过的内容将不再重复审查，因此程序较为简便，时间缩短。截至 2012 年 7 月末，上柜公司累计转上市 304 家。

（2）兴柜市场股票转往柜台买卖中心或台交所。由于兴柜市场是台交所和柜台买卖中心的预备市场，在兴柜交易的公司申请上市或上柜，必须按照交易所、柜台买卖中心的上市或上柜审核程序进行，无优惠政策措施。截至 2012 年 7 月末，中国台湾上柜挂牌股票 623 家①，兴柜挂牌股票 271 家。柜台买卖市场自 1994 年创办以来，累计上柜 1075 家，其中从上柜股票转为中国台湾证交所上市股票累计 304 家。兴柜市场自 2002 年开办以来，累计挂牌 1200 家，累计兴柜转上柜 529 家，累计转上市 153 家。

在新加坡 SESDAQ 上市的企业，如果上市后业务扩展，各方面达到主板市场要求，可以申请转为主板上市。

（六）风险防范

场外交易市场风险大，各国在发展过程中都建立了一系列制度来规避风险。

1. 美国利用做市商制度来防范风险

在美国，较低层级的场外交易市场 OTCBB 市场和粉红单市场没有进入标准，只是在 1999 年《OTCBB 监管规则》通过后，所有在 OTCBB 上市的公司必须定期向 SEC 公布其财务季报和年报，凡是不能按要求提供报告的公司，将有一个月的警告期，警告期满尚不能提交

① 数据来源于中国台湾柜台买卖中心。

者，需要从 OTCBB 市场退出。

由于低进入门槛，在 OTCBB 和粉红单市场报价的股票大多数是股价低于 5 美元的分值股票（Penny Stock）。导致 OTCBB 和粉红单市场都是一个风险较高的市场，主要包括：流动性风险；价格波动风险；市场透明度风险，指市场信息不完全所带来的风险；做市商合谋风险，指做市商合谋限制竞争带来的风险。

上述风险的存在，虽然可以通过严格的监管使各种风险尽可能降到最低，但监管本身是有成本的。比如，如果对粉红单市场的监管标准提高到现在 OTCBB 市场的标准，那么粉红单市场就不会存在下去。对 OTCBB 市场和粉红单市场的监管，实际上是要在促进分值股票流动性和市场风险之间寻找平衡。

目前，除了对 OTCBB 市场的监管增加了对上市公司财务方面的信息披露要求外，对 OTCBB 和粉红单两个市场的主要监管是由做市商来完成的。通过采用多元做市商制度并严格地监管做市商行为，避免做市商合谋的同时，利用做市商规范的行为促进低流动证券在两个市场的流通，同时通过监管做市商的报价和要求做市商在证券交易后 90 秒报告交易信息，尽可能降低价格波动风险和市场透明度风险。

2. 英国采用“终生保荐人”制度来防范风险

在防范市场风险方面，英国 AIM 市场的“终身保荐人”制度可以作为一个较成功的经验加以借鉴。AIM 上市公司必须始终聘请一家保荐人。保荐人通过指派保荐代表人对上市公司进行指导，使这些上市公司的行为能够符合 AIM 市场的各项规则制度，防范损害 AIM 市场声誉、稳定和完整的违规行为。一旦保荐人辞去某家 AIM 上市公司的保荐人，该上市公司的证券将被暂停交易；如果 1 个月内仍然无法聘请到保荐人，则被退市。这种制度的精髓就在于能够充分发挥保荐人在上市审核和上市公司监管中的积极作用，确保上市公司遵守上市规则，维护市场声誉，这也是 AIM 市场能有效防范风险、稳步前进的关键因素之一。

3. 中国台湾地区采用多种措施控制市场风险

中国台湾地区场外交易市场中的兴柜股票市场，是柜台市场体系的初级形态，其当初设置的主要目的是取代以“盘商”（专门从事未上市股票交易经纪业务的无营业执照的证券商）中介为主的未上市股票交易，因此奠定了兴柜股票市场几乎无门槛的进入标准。

由于兴柜股票的发行公司是处于成长期的高科技中小企业，经营的不确定性较高，因此中国台湾地区监管层对兴柜股票市场上的监管措施比柜台买卖中心更为严格。除了严格的信息披露要求外，还要求做市商双向报价、履行成交义务，并对违规做市行为进行监管。按照规定，推荐证券商在每个营业日开始交易以前，必须为其推荐股票进行双向报价，买进卖出申报数量不得少于两个交易单位，最低买入价和最高卖出价差距不得超过7%，在交易时间内的连续报价阶段，最低买入价和最高卖出价差距不得超过卖出价的15%，一旦报价差距超出规定的范围，电脑议价点选系统将提示警讯信号，要求推荐证券商重新报价。

此外，中国台湾场外交易市场还有比较完善的退市制度。无论对上市公司还是券商而言，程式化的退市制度都是最有效的行为约束。中国台湾证券柜台买卖中心在设立之初就建立了退市制度，上柜公司和兴柜公司累计退市的占比分别达到13.8%和20.6%①。

三、国外场外交易市场发展的经验

（一）场外交易市场是资本市场的重要组成部分，对促进经济发展起到了重要作用

各个国家的场外交易市场无统一的发展模式，一个国家或地区选择何种模式通常是由其历史、社会、经济、文化等因素综合决定的。尽管

① 兴柜市场因挂牌门槛低，企业素质较差，退市率明显高于柜台市场。

对场外交易市场的内涵和外延尚无统一的定论，但都达成共识，即场外交易市场，是多层次资本市场体系中一个重要的组成部分，其在完善资本市场功能方面起着关键性的作用，使资本市场体系更具弹性和活力，对一国经济发展起着巨大的推动作用。一个成熟的证券市场应该包括场内和场外交易市场，以使其满足不同证券的流通要求和不同企业的融资要求。正因为如此，一些主要国家纷纷设立股票场外市场，对促进本国经济发展发挥了重要作用。

以美国为例，目前美国证券市场上的证券种类约为 5.5 万种。其中，约 4000 多种在各证券交易所上市，其余的均在场外交易市场交易，场外交易市场的证券交易数量约占全美证券交易量的 75%。实践证明，美国完善、多层次的场外交易市场体系能够为不同规模、不同需求的企业提供便利的产权交易和融资，从而推动美国企业抓住发展机会，提升企业的市场竞争力。显而易见，场外交易市场在美国多层次证券市场体系中不可或缺。

美国成熟完善的资本市场体系对经济增长起到了积极地促进作用，而 NASDAQ 又在三大证券市场（NYSE、NASDAQ、AMEX）中占有举足轻重的位置。1995 年以来，除 2006 年外，NASDAQ 股票年交易量在三大证券市场总量中所占比重都高于 40%，部分年份甚至超出 50%。从证券市场发展为企业提供融资从而促进带动实体经济发展的角度来考虑，美国证券市场尤其是场外交易市场高度支持了美国的经济增长。

（二）完善的法律法规是场外交易市场健康发展的前提

国际成熟证券市场发展经验表明，场外交易市场的健康发展和有效监管必须建立在有法可依的基础上。而肯定场外交易市场的合法地位，是促进场外交易市场快速健康发展的前提。国际上主要发达国家和地区都对场外交易市场做出了明确的法律规范。美国于 1938 年对《1934 年证券交易法》进行首次修正，美国国会还通过了《玛隆尼法》（Maloney Act），使原来只适用于证券交易所的《证券交易法》的管辖范围延伸到 OTC 市场，对场外交易证券的登记注册、经纪人和买卖商的资格和行为规范、交易证券等问题都做出了具体规定。

日本早在 1963 年就设立了 OTC 店头市场，但发展缓慢，1964～1983 年只有 35 家企业上市，直到 1983 年着手进行了完善法律规范等一系列改革之后，店头市场才有了转机。1998 年 12 月，店头市场正式改名为 JASDAQ，并对《证券交易法》做出修改，进一步强化 JASDAQ 的法律地位，将其明确定位为《证券交易法》规范下的店头市场，即与集中交易市场平行的并与其竞争的独立市场。由此可见，法律规范不仅赋予场外交易市场合法地位，也进一步规范和促进了场外交易市场的发展。

制度先行是中国台湾场外交易市场发展与创新的一条重要经验。为了充分适应场外交易市场管理的具体要求，中国台湾地区政府先后制订了约 60 部相关的法律法规，而且对每一部法规都进行过多次修订，为当地政府依法治市奠定了基础。同时加以建立了统一的监管体系，集中统一对场外交易市场进行监管，大大减少了监管漏洞和各层次资本市场之间的摩擦，使中国台湾整个资本市场的运行和监管效率明显提高。

从世界各国（地区）的做法来看，场内和场外交易市场都是证券市场必不可少的组成部分，《证券法》将场内、场外交易市场纳入其调整范围是顺理成章的事。

（三）场外交易市场的入市门槛远较场内市场低，需要加强风险控制

场外交易市场本身就是为达不到上市条件的企业而设，因此各国场外市场的入市门槛很低甚至基本没有门槛，通常程序也比较简便，周期较短。为控制市场风险，特别设计出不是依靠信息披露（场内市场风险控制的支柱是信息披露），而是将企业辅导、行为规范、风险控制的工作交给做市商承担。英国甚至要求保荐人一旦推荐股票挂牌，就对该股票负有终生责任。做市商不仅在挂牌之初有认购股份义务（且不得

与挂牌公司或其关联人私下约定将其所认购的股份在未来由公司或其关联人等买回），而且有连续报价和应买应卖义务。在做市商报价后，如有投资者的委托落在其报价范围内，做市商必须成交。

此外，有些国家对投资者也有一定门槛要求。例如参与美国 PORTAL 市场的投资者必须拥有超过 1 亿美元的资产，且股东数不能超过 499 个；英国 PLUS 私人配售市场的投资者不能超过 100 人等。这种合格投资人的制度设计，也是为了将没有能力识别和承担风险的中小投资者排除在高风险市场之外，从而起到保护中小投资人的作用。

从中国内地的情况看，早期场外交易市场的建设过程中对于风险控制把握不够，导致当时市场建设中发生了许多波折，使社会各界对场外交易市场产生了畏惧情绪，这也是我国场外交易市场到目前发展比较滞后的原因之一。各国（地区）的发展经验表明，不能用场内市场的建设方法来建设场外市场，不能把场内市场的相关制度照搬到场外市场，显然适合于优质大企业的交易所市场制度是无法适应以中小企业为主的场外市场的。必须针对场外市场的交易特点，进行一系列制度创新。

（四）场外市场的发展与政府引导密切相关

从各国（地区）的证券场外交市场的发展路径来看，证券场外交易市场的发展与政府力量的引导密切相关。即使在高度市场化的美国，其场外市场的发展也不是完全的市场自发演变而来，政府在适当时候也进行了一定的介入和引导，主要表现为国会通过低价股修正法，即《1990 年芬尼股票改革法》，授权证券交易委员会建立统一的电子场外市场，而证券交易委员会责成全美证券商协会建立了电子公告板柜台市场（OTCBB）；日本政府则通过发布大量有利于 OTC 市场的法规和措施，来推动这一市场发展；我国台湾地区证券市场则是典型的政府推动。

（五）场外交易市场与交易所市场应建立有机联系，形成互相融合的关系

从美国场外交易市场与以 NYSE 为代表的主板市场的关系来看，经历了一个从替代到互补再到融合的动态演变过程。在 NASDAQ 形成前，证券市场的发展是为了尽可能地将符合条件的企业吸引到主板上市，从而以主板市场的发展替代其他市场。NASDAQ 成立后，作为创业板市场，相对主板市场成为二板市场，与主板市场形成了互补关系，为达不到主板市场上市条件的企业提供上市和融资的平台。NASDAQ 市场本身由于其先进的交易方式和竞争力，其发展速度超过了主板市场。

随着 NASDAQ 的快速发展，场外交易市场与主板市场的关系渐渐已不再仅仅是一种补充，而是在互动中走向了融合。1990 年 NASDAQ 的管理者成立了 OTCBB，是创业板的一部分。而 NASDAQ 则与主板市场的界限逐渐模糊，无论从上市公司的数量、规模，还是市场的年交易量和市值总额，NASDAQ 都是 NYSE 强有力的竞争者，其竞争力已越来越超越其作为创业板的发展空间。2001 年 3 月，NASDAQ 开始申请成为全国性交易所，并于 2006 年 1 月获得 SEC 的批准，这标志着 NASDAQ 最终融入主板市场。

AIM 市场与英国的主板市场之间是一种从低级到高级的提升关系。AIM 市场是一个在现有证券交易所内设立的独立的为中小企业服务的交易市场，其特点是上市标准低。具体表现在，上市公司除须有健全的会计制度及会计、法律、券商顾问和经纪人保荐外，并无其他限制性标准，而企业如果在加入 AIM 市场的两年后没有出现问题，那么就可以申请在伦敦股票交易所进行挂牌。

中国台湾场外交易市场与证交所市场实际上是一个整体，不同市场之间分工明确，相互连通。中国台湾法律设有强制登陆要求，除公营事业以外，企业在上市、上柜前均需在兴柜市场挂牌交易满 6 个月。目前在大陆股票市场，这种不同层级市场之间的联系尚未建立起来。在场外市场与主板市场之间建立有机联系，明确不同层级市场之间的关系，可

以使场外交易市场的功能能够顺畅发挥。

（六）主板与场外交易市场、场外交易市场之间的转板制度十分重要

纵观国际资本市场发展史，多层次资本市场的构建是适应企业发展的不同阶段和投资者不同的收益风险偏好而自然演进形成的，具有逻辑的层次性和统一性。各个层次市场标准的不同设置虽然表现出内在逻辑的层次性，但没有体现逻辑的深层统一，所以必须在各个市场之间架设起流通渠道，使企业能够在各个市场之间自由流动，这个流通渠道就是有升有降的转板机制。主板市场与场外市场、场外市场各层级之间得以相互流通。

转板制度融通了各层级资本市场，有两方面益处：第一，从企业的角度看，当发展到一定阶段，符合进入高一层次市场的条件时选择转板，可以扩大投资者基础，这对于提高股票流通量，吸引投资资金，提高企业知名度等将有很大帮助。第二，从资本市场建设的角度看，通过转板机制可以使多层次资本市场成为有机整体，有利于调整产业布局，扶植优质企业，淘汰落后企业，提高整个社会的资源配置效率。

（七）做市商制度需要不断创新

从发达国家（地区）场外交易市场做市商制度的发展演进的过程可以发现：在做市商制度实施早期，由于交易股票的报价完全由做市商提供，做市商集体合谋，加大买卖差价，获取非法利润的问题难以避免。而且由于做市商利益的约束，仅依靠证券商协会的自律并不能解决此类问题。直到电子报价系统的出现，才增强了市场价格反馈的能力。表面上看是将投资者和做市商的报价通过计算机同时显示出来，但其本质是竞争报价机制的引进，以致做市商不得不降低买卖报价差价，来提高自身的竞争力，结果大大降低了投资者的交易成本。

做市商制度发展演进历程表明：①混合型做市商制度由于兼具竞价

交易制度和做市商制度的优点，已经成为场外交易市场发展的一种趋势，一方面通过竞价机制可以抑制传统做市商制度对投资者权益的侵害，同时，通过做市商制度又可以弥补竞价交易制度在对流动性市场可能发生的流动性不足、大宗交易不便等缺陷。②做市商制度在场外交易市场具有相当重要的地位。由于做市场制度具有创造市场、吸引投资者的优点，因此对低流动性的场外交易市场具有普遍的适应性。

需要指出的是，混合型做市商交易制度虽然是将传统的做市商、集合竞价、连续竞价及协议转让相结合，而形成的一种新的交易制度，但并不是各种交易方式的简单堆积，其中，各种交易制度的具体结合方式及其组合，不仅依不同国家（地区）的具体国情及资本市场发展的程度而不同，而且不同的组合方式也会在实践中显示出不同的效率水平。

四、证券交易所市场与中小企业融资：国际现状及发展新动向

我国正致力于建设以场内和场外为主的多层次资本市场体系。有一种观点认为，目前场内市场建设已基本完成，今后应以场外市场建设为主[①]。然而，必须强调的是，场外市场建设固然重要，但绝不能由此忽视场内市场的制度完善。一方面多层次资本市场体系需要场内和场外市场的协调发展。另一方面我国当前的场内市场，即证券交易所市场，其自身建设远未完成。其中，突出表现在为中小企业提供融资服务的功能明显不足。

即使在英美等资本市场高度发达的国家（地区），在利用证券交易所为中小企业提供融资服务方面也存在很多问题，所幸相关的尝试和探索一直未曾停止。2008 年全球金融危机爆发后，一些新的因素驱使许

---

① 如《中国场外交易市场发展报告（2010～2011）》即持此观点。

多国家加大了改革力度，服务中小企业融资成为证券交易所普遍确立的战略重点，由此也衍生出一些新的发展动向。有鉴于此，本报告拟对当前发达国家（地区）证券交易所服务中小企业融资的现状和新动向进行深入分析，目的在于检讨我国现状，并从国际经验中获取有益的启示。毕竟，在全球各国逐渐对"金融必须服务于实体经济"这一根本目标达成共识的背景下，证券交易所如何更好地服务于中小企业融资，是我国与多数经济体面临的共同挑战。

（一）现状

1. 在广泛存在着融资缺口的情况下，证券交易所市场与银行等其他融资渠道相比更少为中小企业所依赖

中小企业融资难是全球各国普遍遭遇的难题。面对规模小、收入和现金流有限、信息不对称严重的小企业而言，各类融资渠道似乎都丧失了用武之地，因此存在着广泛和巨大的中小企业融资缺口。不过，就各类外部融资渠道的比较而言，一般情况下，中小企业更加依赖银行贷款或者风险投资/私募股权（VC/PE），证券交易所则相对更加非主流。最新的数据支持来自英国中小企业的调查结果①。在2011年寻求外部资金的中小企业中，银行仍然是最主要的融资渠道，而利用债券和股票市场的极少。对于那些具有高增长潜力的创新型企业而言，则较多使用私人VC、PE融资，同样很少采用公开市场融资②。

2. 证券交易所市场自身及监管环境存在很多问题，使其未能为中小企业提供优质的金融服务

证券交易所在中小企业融资结构中的分量极低，除了来自中小企业的原因之外，证券交易所自身和监管也难辞其咎。

---

① "SME access to external finance", BIS paper, Jan. 2012。

② 理论上的一种解释是，由于存在很高的信息不对称以及代理成本，中小企业融资服务更适合由私人的VC、PE来处理，因为他们专业的经验和技能有利于对企业进行扶持和监督，而公开证券市场则缺乏这类特殊投资者。

（1）对利润最大化的追求使得交易所更倾向于大企业。从20世纪90年代起，多数地区的交易所出现了一股由会员制转制为股份制的浪潮。组织形式的转变使得交易所成为追求利润最大化的机构，规模经济效应更为显著的大公司自然成为交易所的宠儿，中小企业则相对缺乏吸引力。

（2）监管环境并不利于中小企业通过股票市场进行融资。全球范围的一个普遍现象是：有关证券交易的各种监管和法律法规主要是为蓝筹股、大公司量身定做的，对于小公司来说，往往显得限制过严，监管负担过重。这样使得小企业在公开市场上市和股份交易的成本往往超过了受益，投资者对中小企业股票的投资回报也偏低。

3. 证券交易所服务中小企业的相关探索并没有中断，已有越来越多的国家建立起了专门面向中小企业的股票市场

尽管整体上证券交易所更倾向于大企业，但值得庆幸的是，中小企业并没有被完全抛在脑后。早在20世纪80年代，欧美地区已经出现了所谓“初级市场”（junior market）这一概念，是指主板市场（main market）之外的，专为小公司建立的股票交易平台。许多股票交易所都建立了自己的初级市场。不过多数经历了短期繁荣之后，因遭遇业务稀少和流动性等问题，纷纷关闭。20世纪90年代中后期，伴随着高科技公司的兴起，欧洲又出现了新的一轮初级市场建立热潮。然而，随着2000～2001年互联网泡沫的破灭，多数市场又宣告失败。著名的失败例子包括1992年由“美国股票交易所”（AMEX）发起建立的“新兴公司市场（ECM）”，于1995年关闭；伦敦股票交易所则于1996年关闭了其初级市场——“未上市证券市场”（USM）。

不过，尽管许多尝试纷纷失败，但证券交易所并没有停止通过建立初级市场为中小企业提供融资服务的努力和探索。近年来，出于自身产业结构调整和经济发展的考虑，越来越多国家的政府出面支持初级股票市场的建立，以试图填补新兴成长企业的股权融资缺口。相应的，专门面向中小企业的股票交易所纷纷成立。表4显示了世界交易所联合会（WFE）的统计结果。可以看出，相比2006年，2011年专门针对中小

企业的股票交易所，从数量、市值以及上市公司数量等指标来衡量均有显著发展。

表4 全球中小企业交易所状况

年　份	2006	2011
交易所数量（个）	28	34
市值（百万美元）	491482	759582
上市公司数量（个）	7271	9070

资料来源：World Federation of Exchanges，annual reports。

（二）改变的驱动力

在不断变化的世界中，一些背景因素正驱动着证券交易所为中小企业融资服务的格局酝酿着新的发展动向。

1. 与金融危机相关的多种因素推动着证券交易所将服务中小企业作为新的战略重点

以往，专门针对中小企业的初级股票市场往往只是作为主板市场的附属物而存在，虽然重要，但还不足以上升到战略高度。然而，金融危机后，上述情况发生了变化。

（1）危机爆发后，由于大企业纷纷受创、经济复苏缓慢、失业率居高不下等原因，小企业因在创新和就业等方面的独特作用而普遍受到了空前重视。

（2）由于金融危机和相应的针对银行的新监管要求，使得银行降低了对中小企业的融资支持，对银行以外资金的需求显著提高。

（3）金融危机对资本市场形成重大打击，使其声誉受损，迫切需要重新回到支持实体经济发展的轨道上来。

2. 风险投资出于建立有效退出通道的需要，不断推动证券市场向中小企业倾斜

在欧美，证券交易所向中小企业倾斜，背后的主要推手来自风险投资者。2004年，欧洲私募股权和风险投资协会发表报告称，尽管之前很多中小企业交易所都宣告失败，但风险投资协会仍然会不断推动这一

市场向前发展（EVCA，2004）。风险投资家之所以成为股票市场面向中小企业发展的一个重要推动力，根本原因在于他们需要股票市场为自身提供一个有效的退出通道。在交易所 IPO 上市，往往成为 VC 最终成功的标志。

然而，近十几年来，特别是在美国，由 VC 提供融资支持的企业能够以 IPO 作为退出通道的越来越少，只能大量依靠并购通道（见图 6）。这显然限制了 VC 行业的发展。正因为如此，在美国，2012 年新颁布的旨在恢复中小企业 IPO 市场活力的《乔布斯法》，背后的主要推动者是一个由风险投资家主导的工作小组。

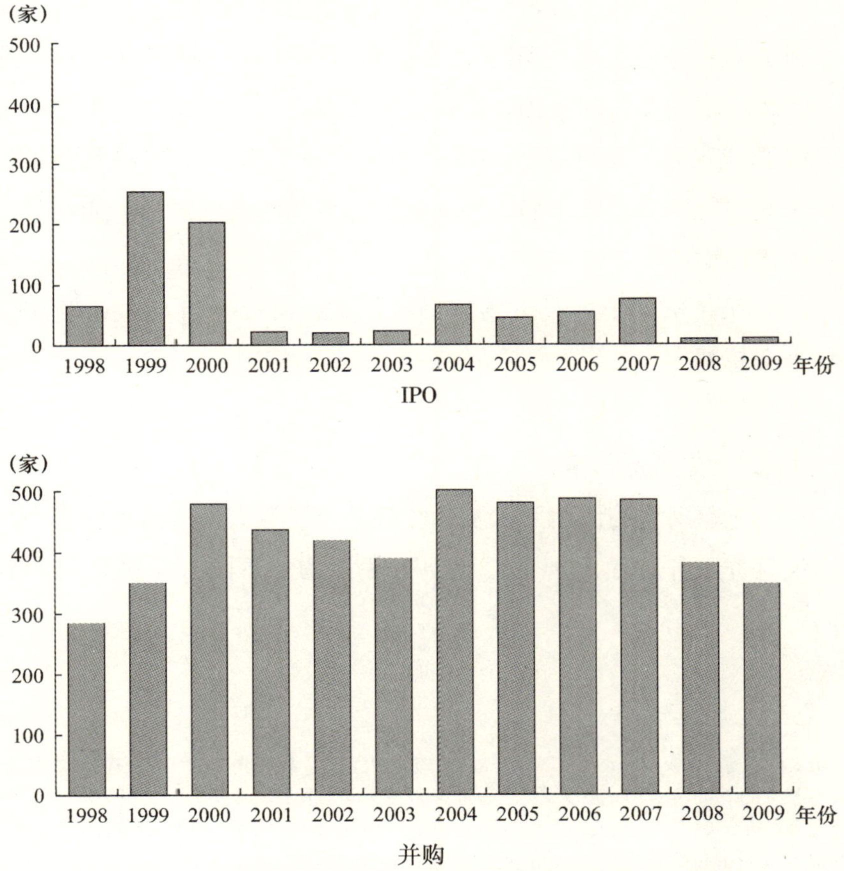

图 6 美国 VC 支持的企业通过 IPO 和并购退出的数量对比

资料来源：转引自 Ritter，2012。

3. 市场积累的经验教训为中小企业股票市场的进一步制度完善奠定了深厚基础

20世纪80年代以来，在多数初级股票市场失败的同时，也有少数生存下来并大获成功的案例，例如美国的NASDAQ、日本的JASDAQ等。与此同时，在失败案例基础上也衍生了一些新的有益尝试。例如，1995年由伦敦股票交易所建立的AIM市场，被公认为是相当成功的中小企业股票市场①，就是建立在之前“未上市证券市场”（USM）失败的基础上的。由此，经过数十年的发展，市场已经积累了宝贵的经验教训，足以为证券市场更好地服务中小企业融资提供借鉴。

简单来说，这些经验教训主要可以总结为以下几点。

（1）面向中小企业的证券交易平台应与主板市场独立运行，拥有独立的运作规则和管理机构，以便更好地服务客户。

（2）应正确处理好初级市场与主板市场的关系，激励更多成功企业更长时间地留在初级市场，实现企业与市场的共同发展，而不是一味向主板市场输送②。

（3）采用不同于主板市场的交易模式，例如竞价与做市商相结合的混合交易制度。

（三）发展新动向

在上述驱动力的作用下，发达经济体的证券交易所市场在为中小企业提供融资服务方面出现了一些引人关注的、不同于危机之前的发展动向。

---

① 自启动以来，AIM市场对英国经济做出了很大贡献。根据其2012年发布的评估报告，从1995年成立到2009年，AIM市场支持了超过3100家公司的发展，筹资680亿英镑资本。2009年，AIM上市公司对英国GDP的直接贡献达到120亿英镑，并雇佣25万员工（全日制）。通过供应链和其他渠道，间接贡献了94亿英镑的GDP以及32万个全日制工作机会。

② 以前很多失败的初级市场都面临着严重的逆选择问题。成功的企业“毕业”去了高级市场，留下的都是不成功的企业，影响了初级市场的名声，降低了吸引力。

1. 以监管法律环境的改善为基础，直接针对中小企业融资服务推出系统性的改革措施

以 2012 年 4 月美国正式颁布的《乔布斯法》为代表，一些发达国家（地区）开始着手改善监管法律环境，以便利化中小企业融资为目标，简化发行程序，减轻监管负担，降低上市成本[①]。《乔布斯法》涉及对 1934 年《证券交易法》、2002 年《萨班斯—奥克斯利法案》、2010 年《多德—弗兰克法》等美国重要证券法律的诸多修改，其改善中小企业融资服务的力度之大、内容之全面是前所未见的。

正是出于对《乔布斯法》的响应，2012 年 7 月，纽约泛欧证券交易所（Nyse Euronext）发布一份战略规划报告，提出要尽快建立一个创新企业家交易所（Entrepreneurial Exchange），专门应对中小企业和创新成长型企业的融资需求，为其提供简便的、个性化的资本市场融资渠道，并为长期投资者增加更加多样化的投资选择。纽约泛欧证券交易所雄心勃勃地宣称将把创新企业家交易所办成"后危机时代新一代交易所的起点"，其规划的很多业务特征也确实与以往的交易所有所不同，例如：①拒绝高频交易[②]，强调把实体经济的融资需求和长期投资结合起来。②创新融资产品，如提出"直接公开上市"（DPO）的概念，不通过中介机构而直接向公众出售股份。③重视债券融资，如将首次债券发行（IBO）提到与首次股票公开发行（IPO）并重的地位。许多类似的改革措施在其他国家也多有所见[③]。

2. 在现有政府支持措施基础上，呼吁进一步加大财税激励力度，以增加中小企业股票市场的吸引力

信息不对称严重、资产缺乏流动性等问题是限制中小企业利用资本市场融资的最大障碍。这是单纯依靠市场机制所无法解决的，因此有政府干预的必要。英国初级资本市场 AIM，背后拥有政府的多项财税支

① 详见作者调研报告《美国乔布斯法（JOBS ACT）分析及对中国的启示》。
② 这与危机前高频交易在美国证券市场占据主流地位形成鲜明对比。
③ 如许多欧洲的股票交易所最近开发了以中小企业为目标的债券平台。

持，构成其成功的不可或缺因素之一。

英国政府对 AIM 市场的最重要支持有两项：①对风险资本信托基金（VCTs）的支持。VCT 是在伦敦股票交易所主板市场上市的集合性投资工具。政府通过资本利得税、所得税和红利等税收减免政策，要求 VCT 必须要把其筹资的至少 70% 投资于新发行的中小企业股票中。税收优惠一定程度上抵消了投资于小市值成长性股票的较高风险。自从 1995 年引入以来，到 2009 年末，VCT 计划已经筹集了 36 亿英镑资金，其中，超过 8 亿英镑是投资于 AIM 市场。除了资本以外，接受 VCT 投资的公司还可以从 VCT 管理人处获得专业技能以及相关行业的知识。②企业投资计划（EIS）。EIS 提供了一系列的所得税和资本利得税的减免，鼓励个人投资者直接投资于小市值股票。该项目自 1993 ~ 1994 年启动以来，直到 2007 ~ 2008 年的 15 年间，共有超过 1.5 万家公司通过 EIS 首次获得了资金注入，筹资金额超过 70 亿英镑。

2012 年 9 月，AIM 发布报告，呼吁英国政府进一步改善财政激励手段。主要诉求包括：①允许 VCT 参与二级市场投资，以提高市场流动性；②扩大受惠于 VCTs 投资的中小企业的参与面；③降低投资微型公司的资本利得税。

3. 以服务中小企业融资为目标，重新反思交易所市场的“去相互制”和合并浪潮

前面提到，自 20 世纪 90 年代起，全球证券交易所出现了一股“去相互制”的浪潮。与此相呼应的则是交易所合并浪潮。因为在利润最大化目标驱动下，通讯和计算机技术的发展使得集中化的市场变得更有效率、交易更为廉价。合并浪潮的顶点是 2007 年 Euronext 与 NYS 的合并、OMX 与 NASDAQ 的合并。

然而，随着 2008 年全球金融危机的爆发，越来越多的国家开始对交易所市场的“去相互制”和合并行为进行反思。其中一个重要考虑就是中小企业融资问题。因为在股份公司制和合并带来的集中化管理及庞大规模下，交易所的管理和运营体系很可能离本地的大量中小企业越

来越远，无法满足其特定以及小规模筹资的需求。这种疑虑反映在现实中，有些国家已经在考虑重新引入交易所的早期组织形式——相互制，而且几宗重要的交易所合并申请都被否决。例如，2011 年澳大利亚政府否决了新加坡证交所（SGX）与澳大利亚证交所（ASX）的合并申请；2012 年 2 月欧盟委员会否决了德意志交易所与纽约泛欧交易所集团的合并申请。

（四）对我国的启示

我国正通过多层次资本市场的建设来鼓励中小企业和创新型企业利用资本市场融资。在场内市场方面，2004 年启动深圳中小板、2009 年启动深圳创业板。在场外市场建设方面，正推进新三板扩容、搭建统一监管框架等。此外，还采取一些措施推动风险投资、私募股权的发展。这些都是很好的努力方向。在此背景下对比国际状况和发展新动向，带来以下几点有益的启示。

1. 应加强研究，澄清一些认识误区

我国在相关议题上仍存在很多认识上的误区，例如对场外市场和场内市场的区分、初级资本市场与场外市场的区分等还缺乏清晰的认识。一个例子是，NASDAQ 经过多年发展，已经从 OTC 市场衍变为场内市场，但当前我国很多研究仍将之视为场外市场。

2. 认真借鉴和吸收国际经验教训

比如，多层次资本市场建设的一个关键环节是转板制度，那么如何看待转板制度？目前的主流论调多是强调其建立的必要性，很少考虑负面影响。但国际上许多中小企业股票交易所失败的经验表明，如果处理不当，主板市场可能成为初级市场的抽水机，影响后者发展。因此必须要通盘考虑市场的布局，在转板制度建立的同时，应加强初级市场自身建设，增加其吸引力，使之成为高级资本市场的有益补充，而不是单纯的优质企业输送管道。

3. 从国际新动向中把握我国未来改革措施的总基调

在金融服务于实体经济的总目标下，相关的证券市场改革措施应该考虑国际发展的新动向。例如不引入高频交易；对交易所合并和组织形式的变更持谨慎态度；尽快研究出台政府对创业板市场的财税激励措施等。

第四章

我国场外股权交易市场的运营模式和交易制度比较

一、我国场外股权交易市场概况

（一）我国场外股权交易市场由三大板块构成

对我国场外股权交易市场进行定义，应该把握如下要点：①它是指在沪深证券交易所以外进行的证券交易活动；②属于我国多层次资本市场体系中较低的层级；③服务的企业对象不是上市公众公司，而是非上市公众公司或非上市非公众公司；④交易制度和运营模式存在一些明显不同于场内市场的特征，例如以协议转让为主，而非集中竞价交易；⑤具有多种市场功能，不仅具有有序的融资以及股份转让机制，而且还具有规范企业法人治理结构、股权托管、企业培育、信息发布等功能。

依据上述要点不难判断，当前我国场外股权交易市场的基本格局是三大板块并存。具体来说包括：①全国中小企业股份转让系统，原为试点性质的中关村代办股份转让系统，2013 年经国务院批准成为全国性市场，俗称为“新三板市场”；②各地由省级人民政府批准和监管的区域性场外股权交易市场，俗称为“四板市场”；③提供股权转让及股权托管服务的产权交易市场。

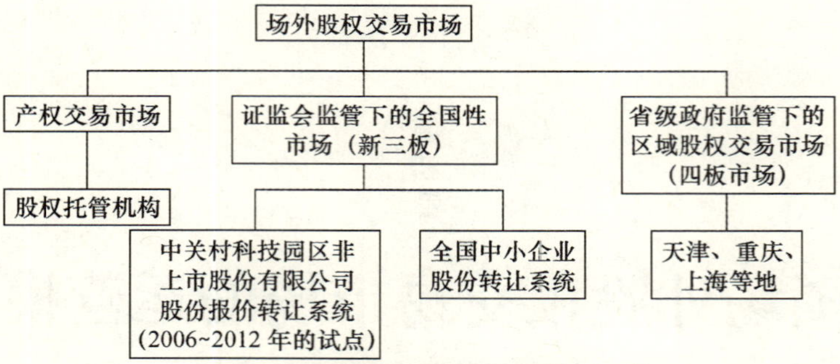

图 1　当前我国场外股权交易市场结构

（二）场外股权交易市场三大板块发展概述

1. 全国中小企业股份转让系统

证券公司代办股份转让系统，成立于 2001 年，依托深圳证券交易所和登记结算公司的技术系统运行，当时主要为了解决两网系统（中国证券交易自动报价系统、人民银行发起的报价系统）挂牌公司流通股份的流通问题，之后也成为主板终止上市公司的股份交易场所。2006 年，中关村科技园区非上市股份有限公司进入代办股份转让系统进行股份报价转让试点，以探索场外市场的建设模式，至此有了“新三板市场”的说法。

2005 年新修订的《公司法》与《证券法》为非上市公众公司的股份流通预留了空间。2006 年 1 月 3 日，经国务院批准，证监会在原代办股份转让系统基础上，正式启动“中关村科技园区非上市股份有限公司股份报价转让系统”，即所谓新三板市场，主要承接中关村科技园区内中小股份公司的股权转让。之所以称为“新三板”，是因为挂牌企业均为高科技企业，而不同于原股份转让系统内的退市企业和原 STAQ、NET 系统挂牌公司（被称为“老三板”），其股票转让主要采取协商配对的方式进行成交。

作为我国多层次资本市场建设的一个重要创新举措，中关村市场在建立之后的相当一段时间内却并不为企业和投资者认知。2008 年 6 月中国证监会宣布，中央机构编制委员会办公室批复中国证监会，同意设立非上市公众公司监管部。证监会市场部、证券业协会、中关村管委会于2009年底，对中关村代办股份转让系统试点运行4年来的情况进行了摸底和总结，并在此基础上，在证监会领导下开始对其原有交易制度进行改进，并筹备、建立公司制的运作交易平台。2009年7月，经中国证券监督管理委员会批准，证券业协会发布修订的《证券公司代办股份转让系统中关村科技园区非上市股份有限公司股份报价转让试点办法（暂行）》成为新的交易规则。新规则实施后，中关村代办股份转让系统完成了降低挂牌条件、公开市场行情、交易结算电子化、规范信息披露等系列改革，使得市场发展有所加快。

2011年初，证监会确定，“十二五”期间，场外交易市场（“新三板市场”）建设将分两步推进。一是鉴于国家级高新技术产业开发区相关基础准备工作相对成熟，将首先允许国家级高新技术产业开发区内具备条件的未上市股份公司进入证券公司代办股份转让系统进行股份公开转让，进一步探索场外交易系统运行规律和管理经验；二是在制度体系和工作机制基本形成并稳定运行后，将市场服务范围扩大到全国具备条件的股份有限公司。2011年底，“新三板”挂牌企业突破100家。

2012年8月，中国证监会启动了扩大试点工作，将试点范围从北京中关村扩大到上海张江、武汉东湖、天津滨海。2012年9月20日，新三板交易平台—全国中小企业股份转让系统有限责任公司在北京注册成立。2013年1月1日，《非上市公众公司监督管理办法》正式实施。2013年1月16日，全国中小企业股份转让系统揭牌，标志着依托该系统的非上市公司股份转让从小范围、区域性试点开始渐次走向面向全国的正式运行。其后，相关的管理办法和业务规则相继出台。

从2006年1月中关村科技园区非上市股份有限公司股份报价转让试点工作启动到2012年底，全国股份转让系统挂牌公司已达200家，挂牌公司总股本为55.27亿股，年度交易量为1145.5万股，成交金额为5.84亿元。挂牌公司中，具有高新技术企业资格的占90%。43家挂牌公司完成52次定向增资，累计募集资金22.82亿元，平均增资市盈率22倍。

表1　　新三板市场大事记

时　间	重大事项
2006年1月	“中关村非上市股份有限公司股份报价转让系统”正式启动
2009年7月	《中关村报价转让试点办法》正式实施
2011年初	“新三板”规则制度设计初步完成
2011年12月	“新三板”挂牌企业突破100家
2012年8月3日	证监会称“新三板”扩容获国务院批准，首批扩大试点
2013年1月1日	《非上市公众公司监督管理办法》正式实施
2013年1月16日	“全国中小企业股份转让系统”在金融街正式揭牌
2013年2月2日	《全国中小企业股份转让系统有限责任公司管理暂行办法》出台
2013年2月8日	《全国中小企业股份转让系统投资者适当性管理细则（试行）》出台

2. 区域性场外股权交易市场

区域股权交易市场，是近年来兴起的专门进行非上市公司股权交易的平台，有的脱胎于所在地区的产权交易机构，但业务范围小于前者，名称直接冠上“股权交易”或者“股份转让”等字样，设立背景或者与国家有关区域金融改革的先行先试政策直接相关，或者受到2011年以后新政策出台的刺激。目前，较为著名的区域股权交易市场包括天津股权交易所、重庆股份转让中心、上海股权托管交易中心、齐鲁股权托管交易中心、浙江股权交易中心、广州股权交易中心等。这些区域股权交易市场体现了我国在场外市场建设中的创新型探索。在已经建立的十数家区域股权交易市场中，天津股权交易所作为区域股权市场的代表，不仅建立时间最早，而且业务量排在全国前列。

2006年国务院发布了《推进滨海新区开发开放有关问题的意见》（国发〔2006〕20号），鼓励天津滨海新区进行金融改革和创新，明确在金融企业、金融业务、金融市场和金融开放等方面的重大改革，原则上可安排在天津滨海新区先行先试。2008 年 3 月在国务院对《天津滨海新区综合配套改革试验总体方案的批复》中，明确提出：天津要以金融体制改革为重点，办好全国金融改革创新基地，加快健全资本市场体系和金融服务功能，为在天津滨海新区设立全国性非上市公众公司股权交易市场创造条件。在国务院鼓励天津滨海新区金融改革创新先行先试的背景下，天津市政府于2008 年 5 月 4 日以津政办函〔2008〕19 号文正式批准天津股权交易所在天津股权托管交易市场的基础上改建设立，开展“两高两非”公司股权和私募股权投资基金交易，同月，纳入天津市政府金融改革创新 20 项重点工作之一。其后的市政府会议上，又将这一市场的建设作为天津金融改革创新的十项工程的重中之重。在 2009 年 10 月国家发改委批复的《天津滨海新区综合配套改革试验金融创新专项方案》中，指出“支持天津股权交易所不断完善运作机制，规范交易程序，健全服务网络，拓展业务范围，扩大市场规模。充分发挥市场功能，为中小企业和成长性企业提供高效便捷的股权投融资服务”。

天津股权交易所的主要业务范围是为“两高两非”公司提供股权融资、交易服务，并为私募基金提供融资和基金份额的交易。“两高两非”指的是国家级高新技术产业园区内的高新技术企业和非上市非公众股份有限公司；私募股权基金指的是合伙型基金、信托型基金和公司制的创业风险投资基金等。天交所自 2008 年 9 月成立并在天津滨海新区注册营业以来，坚持走市场化的建设和发展道路，不断加快股权交易市场模式创新，不仅取得了稳步而迅速的发展，建立并日益完善了混合型交易制度与全电子化交易系统，形成了“双层递进式市场体系”建设思路，而且取得了较好的发展与经营绩效。截至 2012 年年末，已有 26 个省（市、自治区）的 247 家企业在天交所挂牌交易，累计实现各类融资 116.32 亿元，平均每家企业融资 4709 万元。不管是交易量还是挂牌企业数量，天津股权交易所都超过同时期的中关村新三板试点。

2011 年以后，我国许多地方兴起了一股区域股权交易市场的创设热潮，武汉、甘肃、广州、深圳前海、辽宁等地纷纷搭建各自的股权交易平台。这主要受到以下两个重要的里程碑式文件的影响。

一是2011年11月底颁布的《国务院关于清理整顿各类交易场所切实防范金融风险的决定》（国发〔2011〕38号）（简称38号文）。该文件针对近年来各地区域性股权交易市场在快速发展同时中的管理不规范、专业服务能力不足等问题而出台，要求对包括区域性市场在内的各类交易场所进行清理整顿。2012年7月，国务院办公厅印发了《关于清理整顿各类交易场所的实施意见》（国办发〔2012〕37号，简称37号文）进一步明确了清理整顿工作要求。38号文、37号文要求各类交易场所不得将任何权益拆分为均等份额公开发行，不得采取集中交易方式进行交易，不得将权益按照标准化交易单位持续挂牌交易，权益持有人累计不得超过200人，不得以集中交易方式进行标准化合约交易，未经国务院相关金融管理部门批准不得从事保险、信贷、黄金等金融产品交易。根据这两个文件，各地已按统一部署开展清理整顿工作，清理整顿各类交易场所部际联席会议则负责对各地清理整顿工作进行验收。

二是2012年8月证监会颁行的《关于规范证券公司参与区域性股权交易市场的指导意见（试行）》（以下简称20号文）。20号文定义区域性市场为“多层次资本市场的重要组成部分，对于促进企业特别是中小微企业股权交易和融资、鼓励科技创新和激活民间资本、加强对实体经济薄弱环节的支持等，具有不可替代的作用”。区域性市场按照38号文和37号文完成清理整顿后，具备条件的证券公司可以参与区域性市场相关业务。20号文还规定了证券公司参与的区域性市场应当符合的条件，这实际上是从证监会角度对区域性股权市场的建设提出了明确要求。在20号文的推动下，2012年8月以后，各地兴起了证券公司参与区域股权交易市场建设的热潮，深圳、浙江、广州、江苏、福建、新疆等地的股权交易中心陆续出现，并且多有券商参股。区域性股权交易市场往往被业界称为“四板市场”，用来区别于全国中小企业股份转让系统代表的“新三板市场”。与之前的区域股权市场不同，此次券商在其中扮演了重要的角色。

3. 产权市场

产权市场是我国特有的一种制度创新。2000 年以后，随着经济发展的全面提速、国企股份制改革的不断深化以及中小企业发展中资金缺口的压力日益增强等因素的影响，我国产权交易市场不断开展各类探索创新，其中就包括与股权交易相关的各种活动。

产权交易机构是各地普遍建立的一种以产权为标的的市场交易平台，往往是由省级或地市级政府审批或直接组建，其称谓不尽统一，如“产权交易所”、“产权交易中心”、“产权交易有限责任公司”等。据统计，目前全国有 200 多家产权交易机构。2003 年国资委三号令的颁布，使得依托产权交易市场实现国有企业的股权流动与并购重组成为最主要的市场方式。这也就形成了我国场外股权交易市场的一大特色：即大量非上市公司股权转让行为（特别是国有企业）都是依托产权交易市场而完成的。尽管产权市场的交易品种包括股权、债权、物权、知识产权等多个领域，但股权相关的交易往往占据优势地位。以多年排名全国交易规模前列的上海产权市场为例。2008 年，上海联合产权交易所成交金额为 1073.52 亿元人民币，成为全国首家交易规模突破千亿元的产权市场。在全部成交额中，各类企业股权类并购项目占全部成交宗数的 93.5%，这些项目累计成交金额占全部成交金额的 72.49%。2008 年产权市场的规模与中国股市 IPO 的数据已经十分接近。即使在受到金融危机严重影响的 2009 年，我国产权市场仍然保持了 13% 的增长速度。根据《中国产权市场发展报告（2009～2010）》披露的数据，2009 年我国产权交易市场成交金额超过了 5000 亿元人民币，而同口径的沪深两所的 IPO 规模只有 2000 亿元。如果按照 IPO 的口径兑算，产权市场融资额大大超过了沪深两市的融资额。

除了股权转让活动以外，近年来，产权交易机构最重要的创新点之一是探索开展非上市公司股权登记托管业务。所谓股权托管有两个层面的含义，一个是对股权登记的托管，即有限责任公司或股份有限公司将股份登记的义务委托第三方机构履行的一种行为。包括对企业股东名册以及其他有关企业股东、股份变动、股份权益变更等事项的登记和相关档案管理，其衍生业务涉及查询、冻结、质押、过户、代理分红派息、信息咨询等。第二层含义是公司的股东将其拥有的股权委托给受托人管理行使，委托人根据委托合同的授权范围行使股权管理行为。我国的股权托管体系主要由三个部分组成，即有限责任公司的托管、上市公司的托管、非上市股份有限公司的托管①。早在20世纪90年代我国股份制试点期间，证券经营机构就开始对各地非上市股份有限公司股权进行集中托管。2001年7月，中国证监会出台了《关于未上市股份公司股票托管问题的意见》（〔2001〕5号），对未上市公司股权托管提出原则性指导意见。根据该意见中“未上市公司股份托管问题，成因复杂，涉及面广，清理规范工作应主要由地方政府负责”的精神，大多数省级地方政府成立了专业性股权托管机构，制定了地方非上市公司股权登记托管政策，出台了股权登记托管规则，接替证券经营机构办理非上市股份公司股权集中托管业务②。其中大多数股权登记托管机构是依托产权交易机构设立的独立法人组织，也有设在产权交易机构内，作为一个业务部门存在。各地政府部门普遍支持产权交易机构通过股权登记托管制度安排对非上市公司股权变动进行管理。

本章其余部分将主要针对我国场外股权交易市场的三大板块进行横向和纵向的比较，主要包括：①场外市场和场内市场的比较；②全国性场外市场和区域性场外市场的比较；③不同区域性市场之间的比较；④区域性股权市场和产权市场的比较。比较的维度包括以下几点。

---

① 股权托管对企业而言，具有三点重要意义，一可以加强及有效提升公司治理结构，特别是对大股东行为进行约束，使信息更加公开，这将有利于规范企业行为，提高社会公信度；二可以扩大融资渠道，通过股权质押解决企业特别是中小企业的部分融资问题；三可以对希望上市的企业进行培育，并通过股权登记与业务指导，解决股权明晰及股权结构的优化，为其股票公开发行、上市创造条件。

② 根据中国场外交易市场发展报告（2010～2011）的初步统计，截止2011年全国共有24个省、直辖市、自治区、计划单列市设立了非上市公司股权登记托管机构。

第一，设立背景比较，包括在资本市场整体框架中的地位、设立的政策依据等。

第二，发展概况比较，包括业务规模、经营地域等。

第三，交易制度比较，包括企业挂牌标准、投资者门槛、转让规则等。

第四，运营模式比较，包括营运机构的组成形式、监管体制等。

二、场外市场和场内市场比较

作为多层次资本市场体系的组成部分，场外市场和场内市场本身也有内部高低层次的划分。我国场内股权市场主要指沪深证券交易所，由主板、中小板和创业板组成；场外股权市场则由全国中小企业股份转让系统（新三板市场）、区域性股权市场和产权市场（部分相关业务）组成。从主板市场到创业板市场，再到场外市场，存在着明显的递进关系。本部分先讨论场外市场和场内市场的有机联系，然后对场外市场和场内市场的发展概况、交易制度和运营模式逐一进行比较。

（一）场内市场和场外市场的有机联系

尽管场内和场外股权市场在产品、交易制度等方面存在很大的区别，不过，场内市场中的创业板市场却常常与场外市场混淆。二者都定位于中小企业的融资平台，都是多层次资本市场体系中的初级市场，不论在研究者还是业界定义中，两者的界限似乎并不清晰。一个典型的例子是，由伦敦证交所主办的 AIM 市场，定位于为具有成长性的企业服务。在国内许多研究中，常将 AIM 市场划归为英国场外证券交易市场的一部分。但在世界交易所联合会的统计中，AIM 市场则与深圳创业板市场一样，归属于交易所市场中的“另类和中小企业市场”。

上述例子充分显示出世界范围内存在的一个愈加鲜明的趋势，即面向中小企业这一服务群体，场内股权市场和场外股权市场的有机联系正在加强，二者的界限日益模糊。具体表现为以下几点。

（1）发展成熟的场外交易市场可以转化为场内交易市场。例如，世界上曾经最典型的场外交易市场——美国的 NASDAQ 在于 2002 年成功地转变成为一家以营利为目的的股份制私人公司以后，于 2006 年 1 月 13 日正式获得美国证监会授予的证券交易所牌照。

（2）越来越多的交易所建立起自己的初级资本市场，为中小企业服务。根据世界交易所联合会（World Federation of Exchanges，WFE）的统计结果，从 2006～2011 年，全球范围内专门针对中小企业的股票交易所由 28 家增长为 34 家。事实上，世界交易所联合会一般将由交易所创办的各类初级资本市场归类为“另类和中小企业市场”（Alternative & SME），而并没有将美国的 OTCBB、粉红单市场、英国的普乐士（PLUS）市场等列入其间。这些“另类和中小企业市场”与本书所讨论的场外市场一样，都将中小企业和创新企业作为服务对象，而且市场门槛显著低于传统的主板市场。

表 2　世界交易所联合会统计的全球“另类和中小企业市场”市值

交易所		市场名称	市值 2011（百万美元）	市值 2010（百万美元）	2011/2010（%）
美洲	巴西证券交易所	OTC	29766.4	24201.7	23.0
	布宜诺斯艾利斯证券交易所	Pyme	27.9	2.7	928.8
	加拿大 TMX 证券交易所	TSX 创业板	48115.5	72509.9	-33.6
	地区合计		77909.8	96714.4	-19.4
亚太	马来西亚交易所	ACE	2023.8	1868.3	8.3
	香港证券交易所	创业板	10891.4	17324.3	-37.1
	韩国证券交易所	Kosdaq	92008.3	84441.3	9.0
	大阪证券交易所	JASDAQ	110298.6	117124.4	-5.8
	菲律宾证券交易所	中小企业板	16.3	12.5	29.8
	深圳证券交易所	深圳创业板	118109.2	111768.7	5.7
	新加坡证券交易所	凯利板	4123.7	5087.1	-18.9

续表

交易所		市场名称	市值 2011（百万美元）	市值 2010（百万美元）	2011/2010（%）
亚太	泰国证券交易所	MAI	2354.3	1774.7	32.7
	东京证券交易所	Mothers	15844.8	16167.6	-2.0
	地区合计		355670.4	355568.9	0.0
欧洲—非洲—中东	雅典证券交易所	创业板	213.8	251.0	-14.8
	西班牙证券交易所	MAB	552.7	383.3	44.2
	意大利证券交易所	AIM	452.8	478.4	-5.4
	意大利证券交易所	MAC	340.2	355.6	-4.3
	塞浦路斯证券交易所	新兴企业市场	663.0	603.3	9.9
	荷兰证券交易所	中小企业板	15007.0	17419.5	-13.8
	埃及证券交易所	NILEX	167.5	175.4	-4.5
	爱尔兰证券交易所	创业板	49217.9	2880.7	1608.5
	伊斯坦布尔证券交易所	中小企业板	4405.4	4123.5	6.8
	约翰内斯堡证券交易所	另类市场	1416.5	1402.3	1.0
	约翰内斯堡证券交易所	发展资本市场	7.3	11.2	-34.5
	约翰内斯堡证券交易所	风险资本市场	12.6	26.0	-51.4
	伦敦证券交易所	AIM	101690.1	123498.5	-17.7
	卢森堡证券交易所	MTF	418.9	1053.3	-60.2
	马耳他证券交易所	另类市场	6.6	8.6	-22.6
	毛里求斯证券交易所	创业板	1178.2	1122.7	4.9
	NASDAQ OMX Nordic 证券交易所	第一北方	2972.3	3401.8	-12.6
	纽约泛欧证券交易所	创业板	7163.	6735.1	6.4
	奥斯陆证券交易所	创业板	1905.2	1517.6	25.5
	俄罗斯证券交易系统	RTS	134466.7	111675.9	20.4
	华沙证券交易所	新联通	2475.7	1854.7	33.5
	维也纳证券交易所	MTF	1268.7	1532.1	-17.2
	地区合计		326001.9	280510.3	16.2
总　计			759582.2	732793.5	3.7

资料来源：WFE2011 年报。

在我国，交易所与各类场外市场的联系日益紧密。主要表现为以下几点。

其一，目前许多场外股权市场的英文名称中都使用了“股权交易所”（Equity Exchange）这样的字样。如全国中小企业股份转让系统英文为National Equities Exchange and Quotations（NEEQ），上海股权托管交易中心英文名称为Shanghai Equity Exchange（SEE）。天津股权交易所更是在中文名称中直接使用了“交易所”的字样。

其二，一些场外股权市场与交易所市场一样，一方面依托网上电子交易平台进行交易，但另一方面也配置交易大厅，为投资者提供行情和信息发布等服务。

其三，证券交易所持有场外市场的股份。例如，全国中小企业股份转让系统有限责任公司是新三板市场的运营管理机构，上海证券交易所、深圳证券交易所均为其持股股东。此外，上海证交所还积极入股区域性股权交易市场，是浙江和上海股权交易中心的第二大股东。

由此可见，在我国，已经不能单纯使用名称或者交易场所这样的简单维度对场外和场内市场进行定义，也不能照搬国外的相关界定。也许，如何定义和称呼并不那么重要，重要的是如何从完善多层次资本市场体系角度，进一步界定场外市场的拾遗补缺功能，使其与场内市场，特别是创业板市场一起，更好地为广大中小企业服务。

（二）发展概况比较

1. 挂牌/上市企业数量

截至2012年末，新三板市场挂牌企业数量在200家左右，各区域性市场挂牌企业数量估计在600家以内（业务规模最大的天津股权交易所挂牌企业247家），二者合计场外市场挂牌企业数量少于800家。相比之下，沪深证券交易所合计上市公司达到2500家左右，其中，在创业板上市的企业数量为355家。显然，在场内市场上市的公司数量远远多于在场外市场挂牌的公司的数量（前者是后者的3倍），我国整个资本市场体系呈现倒金字塔结构①。

2. 市值

截至2012年末，新三板市场总市值在307亿元左右，各区域性市场总市值在700亿元左右（业务规模最大的天津股权交易所市值230亿元），二者合计场外市场挂牌企业总市值在1000亿元左右。相比之下，2012年沪深交易所市场总市值为23.04万亿元，其中，仅仅创业板市场的总市值就超过8700亿元。

3. 融资额

截至2012年末，新三板市场7年累计的直接私募股权融资金额仅为20亿元左右（2012年当年为8亿元左右），各区域市场累计的直接私募股权融资金额估计不超过80亿元②（业务规模最大的天津股权交易所5年来的累计直接私募股权融资金额为46.58亿元，2012年当年为17亿元），二者合计场外市场历年私募股权融资总额不超过100亿元。相比之下，2012年沪深股市新股融资与再融资总额为4263.9亿元，其中深交所创业板2012年全年完成74家企业IPO融资351.49亿元，其他各类筹资总额达370.41亿元。

表3　　　　2012年场外市场和场内市场发展概况比较

	场外市场		场内市场	
	新三板	天交所	沪深交易所合计	深圳创业板
挂牌/上市企业数量（家）	200	247	2494	355
总市值（亿元）	307	230	230400	8731
平均每家公司市值（亿元）	1.5	0.9	92.4	24.6
直接股权融资额（亿元）	8.5	16.6	4263.9	721.9

由此可见，无论从挂牌公司/上市公司数量、融资总额和市值规模

① 这与美国经验正好相反。在美国，场外市场是整个资本市场的基石，构成多层次资本市场的关键组成部分，整个资本市场呈金字塔结构：处于塔尖的纽交所，上市公司数量约2800家；中间的纳斯达克约5000家；塔底的场外市场（OTCBB和粉单市场）有8000家以上。

② 该数据不包括股权质押贷款等间接融资。

来看，当前我国场外股权交易市场的发展态势都要显著弱于场内股票市场，场外市场确实成为我国多层次资本市场体系中的短板。以山东市场为例。2013 年初，山东省规模以上的中小企业约有 3.6 万家，境内外上市公司约有 240 家，齐鲁股权托管交易中心正式挂牌企业为 116 家。场内市场和场外市场的有限容量，将大量中小企业挡在了资本市场之外，其融资、股权交易等多种需求未能获得满足。场外市场的潜力远未得到充分开发。

（三）场外市场和场内市场的交易制度比较

本部分以 2013 年之前中关村试点时期的新三板市场作为我国场外市场的代表，与主板市场和创业板市场进行交易制度的比较。之所以选择中关村试点，理由在于：①2006 年启动，是我国存续时间最长的场外股权市场；②2013 年以后，中关村试点变为全国中小企业股份转让系统，与交易所一样都纳入证监会的统一监管范畴之内。

1. 总体制度体系比较

表 4 列示了中关村新三板试点与创业板制度体系比较。相比创业板市场，中关村新三板试点无论是从主体资格、交易规则和市场监管等方面都较为宽松，运作流程也相对简单。

表 4　　　　中关村新三板试点与创业板制度体系比较

	中关村新三板试点	创业板
市场属性	场外交易市场一部分	场内交易市场一部分
市场定位	试点高科技园区内的高科技创新型企业，挂牌企业	两高六新企业，高技术、高成长、新经济、新服务、新材料、新能源、新农业、新商业模式，上市企业
挂牌与发行条件	硬性指标：股份制企业存续期满两年，取得试点资格。无其他量化指标	在股本、销售收入及净利润等方面均有量化硬性指标
挂牌与发行制度	主办券商推荐，证券业协会备案之	保荐人推荐，证监会核准制

续表

	中关村新三板试点	创业板
信息披露制度	标准较低，挂牌后仅对半年报、年报及重大信息等要求进行公告	凡是对投资人做出投资决策有重大影响的信息，均应当予以披露
交易制度	协商议价的委托报价制度	集合竞价和连续竞价的系统撮合制度
投资者准入制度	机构投资人及限定自然人	无限制
股份限售制度	对原始股东、董事、监事以及高管团队均有限定，与创业板类似	对原始股东、董事、监事以及高管团队均有限定

资料来源：根据《中关村新三板市场试点内部资料》整理，转引自：林安霁、林洲钰，“‘新三板’市场的发展模式与对策研究”，《经济体制改革》，2012年第5期。

2. 挂牌/上市企业资格要求比较

表5列示了中关村新三板试点和主板市场、创业板市场挂牌企业的资格要求比较。

表5　　场内和场外市场挂牌企业的资格要求比较

项　目	中关村新三板	创业板	主　板
经营年限	存续满2年	持续经营时间在3年以上	持续经营时间在3年以上
盈利要求	具有持续经营能力	最近两年连续盈利，最近两年净利润累计不少于1000万元且持续增长。或最近1年盈利，且净利润不少于500万元，最近1年营业收入不少于5000万元，最近2年营业收入增长率均不低于30%	最近三个会计年度净利润均为正数且累计超过3000万元
资产要求	无限制	最近一期净资产额不少于2000万元，且不存在未弥补亏损	最近一期末无形资产（扣除土地使用权、水面养殖权和采矿权等后）占净资产的比例不高于20%

续表

项　目	中关村新三板	创业板	主　板
股本要求	无限制	发行后股本总额不少于3000万元	发行后股本总额不少于3000万元
主营业务	主营业务突出	最近2年内没有发生重大变化	最近3年内没有发生重大变化
实际控制人、董事及管理层	无限制	最近2年内没有发生重大变化	最近3年内没有发生重大变化

在挂牌/上市企业的主要资格要求方面，创业板和主板在盈利能力、资产和股本等诸多方面的资格要求比新三板严格得多，多数中小企业永远不可能满足场内交易所的上市要求。2013年在中关村试点转变为全国中小企业股份转让系统之后，新的交易规则更是取消了对挂牌企业的财务数据要求，而是注重持续经营能力，进入门槛进一步放松。交易制度的上述对比说明，尽管场内交易市场并不排斥中小型和科技型企业上市，但由于容量有限，门槛较高，大量的中小企业是不可能通过场内交易所的途径实现发行上市融资的。而潜在容量更大、资格要求相对较低的场外股权交易市场显然更符合中小企业的现实，是未来的发展方向。

3. 交易效率比较

2012年中关村新三板试点实现累计成交755笔，实现股权流转1.15亿股，成交金额为5.84亿元，市场全年换手率为8.09%。作为场内公开市场的深交所创业板，2012年全年累计成交138262640笔，成交量为1478.14亿股，成交金额达23304.63亿元，市场全年换手率为610.18%。显然，创业板的交易流动性远远高于新三板市场。

表6　　2012年中关村新三板试点和创业板交易情况比较

	中关村新三板试点	创业板
成交量（亿股）	1.15	1478.14
成交笔数（笔）	638	138262640

续表

	中关村新三板试点	创业板
成交金额（亿元）	5.84	23304.63
换手率（%）	8.09	610.18
平均市盈率（倍）	22	32

（四）场外市场和场内市场的运营模式比较

1. 组织形式

我国场外股权交易市场的运营机构多采用公司制的组织形式。例如，新三板的运营机构为全国中小企业股份转让系统有限责任公司，上海、天津、浙江等地的区域股权市场也采用有限责任公司的组织形式。

相比之下，沪深股票交易所目前都是会员制，证监会与交易所之间存在监管权责重叠、界限不清等情况。交易所权限过小，市场化程度也不高，影响了运行效率。

2. 业务流程

以中关村新三板市场为例，企业挂牌项目的主要流程主要包括五个阶段。

（1）在准备阶段，企业和机构签订相关协议并完成改制和尽职调查工作。

（2）中介机构完成推荐挂牌所需材料。

（3）券商完成内核，拟挂牌公司申请试点企业资格并上报协会以及之后的反馈和回复工作。

（4）中国证券业协会备案确认后，进行股份登记和信息披露。

（5）企业正式挂牌，并由主办券商持续督导。

相比之下，创业板企业上市项目要复杂得多，耗费的时间要长很多，涉及的问题也更为广泛，至少要经过改制、辅导、材料制作及申报阶段。按照中国证监会有关规定，拟公开发行股票的股份有限公司在向中国证监会提出股票发行申请前，均须由具有主承销资格的证券公司进行至少一年的辅导期。在2012年，创业板发审委共审核公司115家，其中19家企业上会申请被否，4家被取消上会，最终仅74家公司在创业板发行上市。

三、全国性和区域性股权交易市场比较

（一）证监会的双层架构场外市场建设理念

2012年之前，证监会基于非上市公众公司的监管逻辑，只将新三板市场纳入场外市场建设范畴之内，以中关村试点形式的代办股份转让系统为基础来推进全国性场外交易市场的建设，对其他形式的场外股权交易市场基本上不置一词。进入2012年，这种情况发生了变化。2012年5月，中国证监会下发了《关于规范区域性股权交易市场的指导意见（试行）》（征求意见稿），首次明确指出，“区域性股权交易市场（以下简称区域性市场）是多层次资本市场的重要组成部分，对于促进中小微企业股权交易和融资，鼓励科技创新和激活民间资本，加强实体经济的薄弱环节，具有不可替代的作用”。8月，《关于规范证券公司参与区域性股权交易市场的指导意见（试行）》（简称20号文）正式发布。在该文件中，区域性市场被定义为是“为市场所在地省级行政区域内的企业特别是中小微企业提供股权、债券的转让和融资服务的私募市场，接受省级人民政府监管”，允许具备条件的证券公司可以参与区域性市场相关业务。与此同时，证监会大力推进新三板市场建设，明确了将扩大非上市股份公司股份转让扩大试点，按照“总体规划、分步推进、稳妥实施”的原则，设立全国中小企业股份转让系统，逐步将条件成熟的科技园区纳入试点范围，为试点园区非上市股份公司提供服务。首先的步骤即是：2012年8月，经国务院批准决定新三板正式扩容，首批试点除中关村科技园区外，扩大到上海张江、武汉东湖和天津滨海三大高新区。2013年1月16日，全国中小企业股份转让系统揭牌。

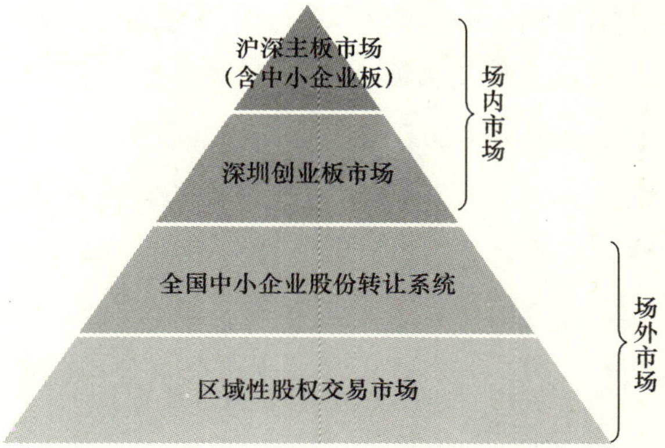

图2　我国经政策层面确认的多层次资本市场体系

上述简要的政策和实践历程表明，2012 年以后，证监会对我国场外市场的建设思路有所变化，从原先的单一建构理念逐渐转向了双层架构理念，并逐步付诸实践。具体来说，目前政策层面上对我国资本市场有四个层次的确认（见图 2）：第一层次为沪深主板市场（含中小板），常被称为“一板”；第二层次为深市创业板市场，即“二板”；第三层次是原为中关村试点，2013 年后转变为“全国中小企业股份转让系统”的新三板市场；第四层次为区域性股权交易市场，有时也被称为“四板”或“新四板”。证监会双层架构下的场外股权交易市场由两部分组成，即全国性、较高层次的全国中小企业股份转让系统和区域性、较低层次的区域股权交易市场。其中，经证监会定义的区域股权市场有两个要件：①按照 38 号文和 37 号文完成清理整顿；②有证券公司参与。

本部分拟对全国性市场（新三板）和区域性股权交易市场进行比较。首先进行发展概况和设立背景等整体框架和规则的比较；然后选择一个最具代表性、发展最早的区域市场——天津股权交易所与新三板市场进行运营模式和交易制度的具体比较。由于新三板市场分为 2013 年之前的中关村试点和 2013 年以后的全国性市场两个发展阶段，新的规则刚刚发布，许多还未进入实施状态，因此在比较过程中视行文情况选择不同的比较阶段，并且附加相关说明。

（二）全国性和区域性市场的整体框架比较

1. 定位、审批机构及相关政策文件

全国中小企业股份转让系统，是在代办股份转让系统的基础上演进过来，经国务院批准，于2013年正式设立的全国性证券交易场所。其挂牌的公司纳入了证监会的非上市公众公司监管范围（一非公司）。相关政策文件包括《全国中小企业股份转让系统有限责任公司管理暂行办法》（证监会〔2013〕89号）、《非上市公众公司监督管理办法》（证监会〔2012〕85号）等。

区域性股权市场的设立时间则从2008～2013年不等，截至2013年3月底，约有20家的区域市场经所在地省级人民政府批准设立。其名称多为“股权托管交易中心”①，其挂牌公司为非上市非公众公司（两非公司），市场定位是“省级行政区划内中小微企业提供股权、债权转让和融资服务的私募市场”。相关政策文件包括《国务院关于清理整顿各类交易场所切实防范金融风险的决定》（国发〔2011〕38号）、《国务院办公厅关于清理整顿各类交易场所的实施意见》（国办发〔2012〕37号），证监会《关于规范证券公司参与区域性股权交易市场的指导意见（试行）》（证监会〔2012〕20号）等。此外，天津、上海等地的股权市场，其设立还有国务院相关的金融改革先行先试文件②。

2. 经营区域

全国中小企业股份转让系统是经国务院批准设立的全国性证券交易场所，经营范围自然面向全国。根据设想，未来扩容将分两步走，第一步是将中关村试点扩大到88个全国性的高新技术园区；第二步是取消区域限制，全国的股份公司都可以进入这个市场。目前已经完成了第一

---

① 根据相关文件，使用“交易所”字样的区域性市场，省级人民政府批准前要征求联席会议意见。所谓联席会议制度是2011年由证监会牵头，有关部门参加的“清理整顿各类交易场所部际联席会议”的简称。联席会议的主要任务是，统筹协调有关部门和省级人民政府清理整顿违法证券期货交易工作，督导建立对各类交易场所和交易产品的规范管理制度，完成国务院交办的其他事项。联席会议日常办事机构设在证监会。

② 有关区域股权市场的具体论述，请详见本章第四节。

步的首次扩容，主要在4个国家级高新技术园区，即北京中关村、上海张江、武汉东湖和天津滨海新。

相比之下，根据证监会20号文件的界定，区域股权交易市场有严格的经营地域，“原则上不得跨区域设立营业性分支机构，不得接受跨区域公司挂牌。确有必要跨区域开展业务的，应当按照37号文要求分别经区域性市场所在地省级人民政府及拟跨区域的省级人民政府批准，并由市场所在地省级人民政府负责监管。”然而实践中，多数已经设立并运转良好的区域股权市场都在进行跨区域经营。特别是天津、重庆等先行者无不希望建设全国性场外交易市场，不仅能满足当地企业的融资需求，更能吸引各路资金源源不断流入，为当地发展提供金融支持。例如，截至2013年3月，天津股权交易所累计挂牌企业数量265家，挂牌企业分布在全国26个省、直辖市和自治区，覆盖87个市（包括地级市及以上）。天交所已与全国31个省144个地市建立业务联系；与21个省、50个地市地方政府签署监管备忘录与战略合作框架协议共计66份；已在10个省市设立11家分支机构；已有全国11个省21个地市政府出台政策鼓励支持本地企业到天交所挂牌。只有少数市场，如山东齐鲁股权托管交易中心，现阶段的挂牌对象全部是本省企业。

3. 组织形式和监管机构

根据2013年初颁布的《全国中小企业股份转让系统有限责任公司管理暂行办法》，组织“新三板”交易的机构实行公司制。全国中小企业股份转让系统有限责任公司是全国性场外市场的运营机构，负责组织和监督挂牌公司的股票转让及相关活动，实行自律管理。2012年9月20日，公司在国家工商总局注册成立，注册资本30亿元。上海证券交易所、深圳证券交易所、中国证券登记结算有限责任公司、上海期货交易所、中国金融期货交易所、郑州商品交易所、大连商品交易所为公司股东单位。全国股份转让系统公司除了作为有限责任公司，应当遵守《公司法》等法律、行政法规等规定外，更重要的是要遵守中国证监会的相关规定，制定公司章程，明确股东会、董事会、监事会和经理层之间的职责划分，建立健全内部组织机构，完善公司治理。例如，全国股份转让系统公司章程的制定和修改，应当经中国证监会批准；新增股东或原股东转让所持股份的，应当报中国证监会批准；董事长、副董事长、监事会主席及高级管理人员由中国证监会提名。

相比之下，多数区域性股权市场实行公司制，少数则是事业单位编制。例如，天津股权交易所有限公司于2008年9月在天津滨海新区重新注册设立，有天津产权交易中心、天津开创投资有限公司等10家出资人持有股份。重庆股份转让中心于2009年12月27日挂牌成立，是经重庆市人民政府批准设立的副厅局级事业法人。区域股权市场由省级人民政府监管，具体履行监管职能的机构一般是省金融管理办公室。

4. 挂牌企业类型

股票在全国股份转让系统挂牌的公司为非上市公众公司，股东人数可以超过200人，接受中国证券监督管理委员会的统一监督管理。相比之下，由于在区域市场申请挂牌的公司的权益持有人累计不得超过200人，则意味着挂牌公司不可能是公众公司①，而只能是非上市非公众的股份有限公司。

另一方面，企业不管是在全国性市场还是在区域性市场申请挂牌，都需要满足一定的资格要求。这种要求不一定是财务数据上的，但有一些共通性，例如要求企业业务独立，治理结构健全，运作规范，并承诺履行相关信息披露义务等。这些要求体现了不论是全国性还是区域性市场，都着重强化市场自身的企业培育、孵化等市场功能。

5. 投资者管理

根据相关规定，区域性市场应该建立投资者适当性管理制度，要求参与区域性市场的投资者为具备一定风险承受能力的合格投资者，明确合格的机构投资者和个人投资者的标准并予以公示。其中，区域性市场

---

① 具体而言，除法律、行政法规另有规定外，任何权益在其存续期间，无论在发行还是转让环节，其实际持有人累计不得超过200人，以信托、委托代理等方式代持的，按实际持有人数计算。

合格机构投资者可以是具备一定条件的法人、私募股权投资基金、合伙企业，或经监管部门许可或备案的、金融机构面向特定投资者发行的理财产品。有关法律法规或监管部门对机构投资者投资区域性市场有限制性规定的，应当遵照其规定。区域性市场合格个人投资者应当具备较强的风险承受能力，接受区域性市场会员的风险测评，并承诺自担投资风险。

类似的，全国股份转让系统实行投资者适当性管理制度。参与股票转让的投资者应当具备一定的证券投资经验和相应的风险识别和承担能力，了解熟悉相关业务规则。

6. 交易方式

根据最新规则，全国中小企业股份转让系统的挂牌股票转让可以采取做市方式、协议方式、竞价方式或证监会批准的其他转让方式。

相比之下，区域性市场为投资者提供网上或柜台报价、转让等服务时必须遵守38号文、37号文的规定，并定期在其营业场所或以其他形式公布成交信息。区域性市场探索其他交易方式的，应当符合38号文、37号文及相关配套政策规定，并能有效控制风险。38号文对交易方式的规定是："除依法设立的证券交易所或国务院批准的从事金融产品交易的交易场所外，任何交易场所均不得将任何权益拆分为均等份额公开发行，不得采取集中竞价、做市商等集中交易方式进行交易；不得将权益按照标准化交易单位持续挂牌交易，任何投资者买入后卖出或卖出后买入同一交易品种的时间间隔不得少于5个交易日；除法律、行政法规另有规定外，权益持有人累计不得超过200人。"①

① 其中，任何交易场所利用其服务与设施，将权益拆分为均等份额后发售给投资者，即属于"均等份额公开发行"。"集中交易方式"包括集合竞价、连续竞价、电子撮合、匿名交易、做市商等交易方式，但协议转让、依法进行的拍卖不在此列。"标准化交易单位"是指将股权以外的其他权益设定最小交易单位，并以最小交易单位或其整数倍进行交易。"持续挂牌交易"是指在买入后5个交易日内挂牌卖出同一交易品种或在卖出后5个交易日内挂牌买入同一交易品种。"标准化合约"包括两种情形：一种是由交易场所统一制定，除价格外其他条款固定，规定在将来某一时间和地点交割一定数量标的物的合约；另一种是由交易场所统一制定，规定买方有权在将来某一时间以特定价格买入或者卖出约定标的物的合约。

7. 金融中介

全国中小企业股份转让系统实行主办券商制度。主办券商为核心参与者，负责联系管理机构、挂牌公司、登记结算服务机构等，业务包括推荐股份公司股票挂牌，对挂牌公司进行持续督导，代理投资者买卖挂牌公司股票，为股票转让提供做市服务及其他规定的业务①。公司的挂牌基本由主办券商决定，有主办券商推荐并持续督导是公司挂牌的条件之一。由此可见，在全国性市场中，证券公司的作用非常关键。根据中国证券业协会统计，截至2013年1月9日，已有66家券商获得新三板相关业务资格，包括所有上市券商，超过了全国券商总数的一半。2013年3月，已备案的主办券商达到72家。

相比之下，在区域股权交易市场建设初期，VC/PE等专业投资机构是参与的主体，主要职能包括财务顾问、股权投资（参与已挂牌企业的定向增发或股权转让，挂牌前私募融资等）和推荐挂牌（做市），券商几乎没有参与。例如，根据赵成、赵湘鄂（2012）统计，天津股权交易所93家做市商几乎清一色为VC/PE，而上海、重庆、齐鲁市场则分别占据85%、72%和95%，新近成立的广州市场也达53%。不过，随着《关于规范证券公司参与区域性股权交易市场的指导意见（试行）》正式发布，券商对区域性市场的参与程度必将大大提高，而VC/PE的作用将有所下滑。

根据上述文件，证券公司参与区域性市场，可以有两种方式：一是仅作为区域性市场会员开展相关业务；二是作为区域性市场的股东参与市场管理并开展相关业务。证券公司参与区域性市场不设定行政审批事

① 主办券商是指在全国股份转让系统从事下列部分或全部业务的证券公司。推荐业务：推荐申请挂牌公司股票挂牌，持续督导挂牌公司，为挂牌公司定向发行、并购重组等提供相关服务；经纪业务：代理开立证券账户、代理买卖股票等业务；做市业务；全国股份转让系统公司规定的其他业务。主办券商应持续督导所推荐挂牌公司诚实守信、规范履行信息披露义务、完善公司治理机制。主办券商应当建立健全投资者适当性管理工作制度和业务流程，严格执行全国股份转让系统投资者适当性管理各项要求。

项。证券公司在参与区域性市场前，应对区域性市场进行评估，并按程序在中国证券业协会备案。证券公司参与区域性市场，可以开展挂牌公司推荐、挂牌公司股权代理买卖服务，并为区域性市场挂牌公司提供股权转让、定向股权融资、私募债券融资、投资咨询及其他有关服务；证券公司还可以为区域7性市场的挂牌公司提供转板服务（见表7）。

表7　　全国性市场和区域性市场整体框架比较

	区域股权交易市场	全国中小企业股份转让系统
定　位	省级行政区划内中小微企业提供股权、债权转让和融资服务的私募市场	全国性证券交易场所
批准机构	经所在地省级人民政府批准设立	经国务院批准设立
监管机构	省级人民政府，一般由省金融办履行监管职能	证监会
政策文件上的经营区域	以行政区划为界，限于本省范围，原则上不得跨区域设立营业性分支机构，不得接受跨区域公司挂牌	全国性市场，原则上可以跨区经营
实际中的经营区域	部分先行的区域股权交易市场已经实现跨区经营，而且经营范围分布很广	仅限于4个国家级高新技术园区
组织形式	多数是公司制，少数非公司制	公司制
投资者	投资者适当性管理制度	投资者适当性管理制度
挂牌企业类型	有一定的资格要求，为非上市非公众公司，股东人数不能超过200人	有一定的资格要求，为非上市公众公司，股东人数可以超过200人
交易制度	不得将任何权益拆分为均等份额公开发行，不得采取集中竞价、做市商等集中交易方式进行交易；不得将权益按照标准化交易单位持续挂牌交易，任何投资者买入后卖出或卖出后买入同一交易品种的时间间隔不得少于5个交易日；除法律、行政法规另有规定外，权益持有人累计不得超过200人	不受前述规则限制
金融中介	目前以PE/VC为主，未来券商参与将显著增加	主办券商制度

（三）新三板市场和天津股权交易所交易制度和发展概况比较

本部分以全国股份转让系统（原为“中关村科技园区非上市股份有限公司股份报价转让系统”，2013 年后转变为“全国中小企业股份转让系统”，以下简称“新三板”）和天津股权交易所（以下简称“天交所”）为比较对象，旨在对当前我国场外股权交易市场的运营模式、交易制度和发展概况进行更为详细的描述和分析。之所以以新三板和天交所作为当前我国场外股权交易市场的代表，主要基于如下考虑。

（1）新三板和天交所代表了当前我国场外股权交易市场发展的两种不同路径。

（2）与重庆、上海等地的区域市场相比，天津股权交易所的运营时间相对较长，积累了相对较多的数据，便于比较分析。

（3）由于新三板市场分为 2013 年之前的中关村试点和 2013 年以后的全国性市场两个发展阶段，新的规则刚刚发布，许多还未实施，在比较的过程中同时考虑两个不同阶段下的规则变化。

1. 运作机制

原先的中关村市场由证券业协会、科技部、主办券商、深交所多方参与，共同管理，没有搭建交易所的架构，既不是会员制，又不是公司制，其整体架构比较像初建时的纳斯达克。具体来说，证券公司以其自有或租用的业务设施，为非上市股份公司提供股份转让服务。主办券商依据委托代办股份转让协议，对股份转让公司信息披露行为进行监督，指导、督促股份转让公司依法及时、准确地披露信息。中国证券业协会委托深圳证券交易所对股份转让行为进行实时监控。中国证券业协会履行自律性管理职责，对证券公司代办股份转让业务实施监督管理。2013 年初，全国中小企业股份转让系统正式揭牌后，由公司制的全国股份转让系统公司负责组织和监督挂牌公司的股票转让及相关活动。

相比之下，天交所自建立之日起就采取公司制架构，市场化运作，在公司制架构内整合了股权托管系统、交易系统、信息披露系统、监管系统、融资系统，在市场化激励机制推动下，不断地开拓市场业务，提高服务，改善功能，完善系统。

2. 挂牌企业

（1）企业类型。新三板市场起初主要面向中关村科技园区内的高新技术企业，在扩容后，也首先以国家级高新技术产业开发区内具备条件的未上市股份公司为主要挂牌对象，为非上市公众公司。相比之下，天交所尽管最初的定位是两高型企业，即国家级高新技术产业园区内的高新技术企业，但在实际运行中，则主要面向全国范围内的成长型中小企业，以传统行业为主，为非上市非公众公司。

（2）挂牌企业资质要求。中关村新三板试点时期，要求企业存续期满两年，属于获得认证的中关村科技园区内的高新技术企业，主营业务突出，并具有持续经营能力。2013 年新规则下，进一步放宽了挂牌企业资质要求。具体而言，股份有限公司申请股票在全国股份转让系统挂牌，不受股东所有制性质的限制，不限于高新技术企业，应当符合下列条件。

①依法设立且存续满两年。有限责任公司按原账面净资产值折股整体变更为股份有限公司的，存续时间可以从有限责任公司成立之日起计算。

②业务明确，具有持续经营能力。

③公司治理机制健全，合法规范经营。

④股权明晰，股票发行和转让行为合法合规。

⑤主办券商推荐并持续督导。

⑥全国股份转让系统公司要求的其他条件。

相比之下，天交所要求企业存续期满 2 年，具有较高成长性，对挂牌企业的资质有具体而详细的财务标准要求。目前主要有两大类、四小类财务标准（见表 8）。

3. 投资者

新三板和天交所都采取合格投资人制度。原有中关村试点的规则不

表 8 天交所挂牌企业财务标准要求

全国市场	最近两年连续盈利
	最近两年净利润累计不少于 1000 万元；或最近一年净利润不少于 500 万元，营业收入不少于 5000 万元
	最近一期末净资产不少于 2000 万元，且不存在未弥补亏损
	公司股本总额不少于 1000 万元
区域市场	最近两年连续盈利
	最近两年净利润累计不少于 500 万元；或最近一年净利润不少于 300 万元，营业收入不少于 3000 万元
	最近一期末净资产不少于 1000 万元，且不存在未弥补亏损
	公司股本总额不少于 1000 万元
科技创新板全国板	公司股本总额、净资产均不少于 1000 万元
	最近一年营业收入增长率不低于 20%
	最近两年连续盈利
	最近两年税后净利润累计不少于 500 万元
	或最近一年税后净利润不少于 300 万元，营业收入不少于 2000 万元
	战略投资者对企业投资额不少于 500 万元
科技创新板区域板	公司股本总额、净资产均不少于 500 万元
	最近一年主要产品毛利率不低于 40%，最近两年营业收入累计不少于 1000 万元，并且持续增长；或最近一年税后净利润不少于 100 万元，净资产收益率不低于 15%；或最近两年连续盈利，税后净利润增长率不低于 30%
	公司经营管理计划显示，未来两年公司营业收入与净利润将持续增长
	战略投资者对企业投资额不少于 100 万元

允许自然人投资。在全国股份转让系统下，新规定允许自然人投资，但对其准入设定了较高的门槛。具体而言，自然人资产须达到 300 万元，机构投资者注册资本须达到 500 万元。此外，2013 年以后，股票在全国股份转让系统挂牌的公司为非上市公众公司，股东人数可以超过 200 人。

另一方面，天交所面向符合合格投资人条件的所有机构和自然人。不过，成为天交所注册合格的机构投资人和自然投资人的条件要低于新三板。具体而言，法人企业实缴注册资金不得低于人民币 100 万元；合伙企业及其他经济组织自有净资产总额不得低于 100 万元；自然人投资者或者属于公司挂牌交易前，已经在公司投资入股成为原始股东的，或要求个人金融资产在 10 万元以上。

4. 交易机制

原来的中关村市场采取一对一议价制度，委托方式有意向委托、确认委托、定价委托。在结算制度方面，中关村采取两级结算制，即主办券商同中登进行结算，而投资人再跟主办券商进行结算，投资者需要向主办券商支付佣金。在交易基本单位上，委托的股份数量以“股”为单位，每笔委托股份数量应为 3 万股以上。3 万股以下以撤单处理。

2013 年 2 月发布的《全国中小企业股份转让系统业务规则（试行)》进行了交易制度的创新。突出表现为：在保留协议转让方式的基础上，规定可并行实施竞争性传统做市商制度。挂牌公司股份可以采用协议方式、做市方式、竞价方式等进行转让，并可以转换转让方式。不过，目前这些新制度尚未实施，交易制度仍处于过渡阶段。

相比之下，天交所采取做市商双向报价为主、兼有集合竞价与协商定价的混合型交易制度。在结算制度方面，天交所不进行两级结算，而是由投资者直接同系统进行结算，无须支持经纪人佣金。

5. 监管模式

原有的中关村试点中，市场的监管模式为行业协会主导下的自律监管，即在中国证券业协会主导下，由北京市政府和深圳证券交易所分别提供行政和技术层面支持的“一体两翼”式自律监管模式。具体来说，由北京市政府对企业进行挂牌试点资格的确认和挂牌后的持续督导工作；由中国证券业协会制定运行规则，监督证券公司代办股份转让业务活动和信息披露等事项，并通过审查文件、备案登记等制度，对企业在该系统挂牌和股份的报价转让进行直接监管；由深圳证券交易所对技术层面进行监管。在全国股权转让系统的新规则下，一是突出强调了主办券商应当对所推荐的挂牌公司履行持续督导义务；二是将相关技术支持由深交所转移给新成立的全国股份转让系统公司，并强调其对市场的自律监管职能。

相比之下，天交所自建立起就采取统一制度下分层次、多主体共同参与监管的自律监管模式（见图3）。监管的第一层级是天津市政府对于天交所的行政监管，目前主要由天津市政府金融工作办公室（简称“金融办”）来具体执行。金融办负责对天交所进行监督管理，同时对于在天交所挂牌交易的企业进行备案管理。第二层级是天交所通过制定规章制度对该市场的自律监管和专家审核委员会对该市场的上市审查，以及挂牌企业所在地政府协助天交所对挂牌企业进行的监管。换句话说，天交所依托地方政府支持，与兄弟机构紧密合作，努力探索建立以自律为主、多主体共同参与的市场监管体系。一方面，通过专家审核制度、挂牌备案制度发挥外部专家、地方政府监管部门的监管功能；另一方面，通过严格的信息披露、交易实时监控、保荐人持续督导、做市商报告制度发挥交易所、保荐人、做市商等市场主体的自律监管功能，强调通过与市场参与者缔结契约的方式，对市场参与各方的行为进行自律

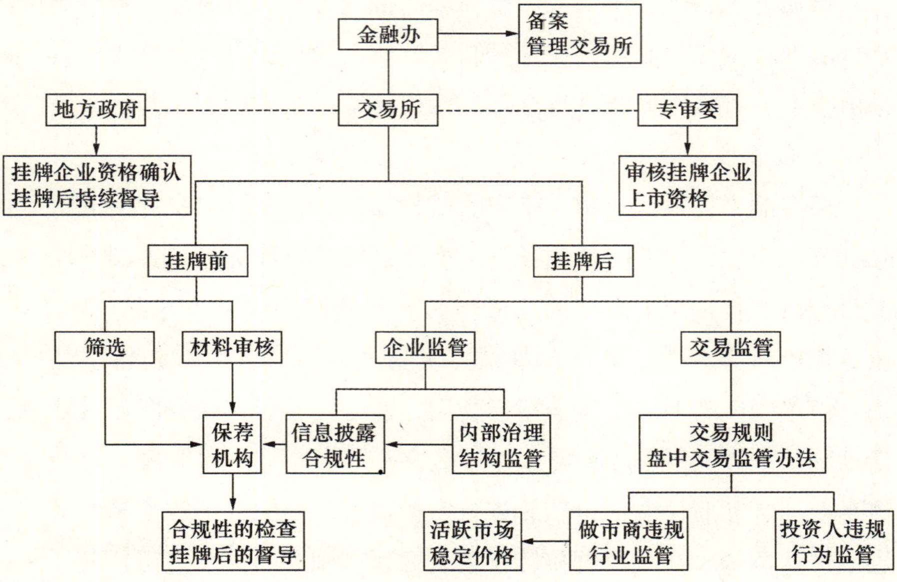

图3 天交所监管架构

监管。

6. 与证监会的关系

新三板市场属于证监会监管范畴之内，证监会对新三板的扩容工作进行统一规划，并明确以代办股份转让系统为基础来建设全国性场外交易市场。此外，新三板市场的主要利益相关方，包括全国中小企业股份转让公司、中国证券业协会、主办券商、深交所等都直接受证监会监管。

相比之下，天交所是经天津市政府批准设立的，没有被纳入证监会的监管范围（见表9）。

表9　新三板和天交所运营模式和交易制度比较

	天津股权交易所（天交所）	新三板（原先的中关村代办股份转让报价系统，后来的全国中小企业股份转让系统）
启动时间	2008年9月	2006年1月
主要政策依据	2008年3月，国务院《关于天津滨海新区综合配套改革试验总体方案的批复》和2009年10月国家发改委批复的《天津滨海新区综合配套改革试验金融创新专项方案》	中国证券业协会文件（2006年发布，2009年修订）；2012年10月证监会《非上市公众公司监督管理办法》；2012年国务院批准设立全国中小企业股份转让系统
运作机制	公司制架构，市场化运作	原来由证券业协会、科技部、主办券商、深交所多方参与，共同管理；逐渐过渡到由公司制的全国中小企业股份有限责任公司管理
挂牌制度（发行机制）		
挂牌企业类型	面向全国范围内的成长型中小企业	面向全国科技园区内的高新技术企业
挂牌资质	存续期满2年，具有较高成长性的企业。目前主要有两大类、四小类财务标准	存续期满2年；没有利润与净资产、股本等的具体指标要求

续表

	天津股权交易所（天交所）	新三板（原先的中关村代办股份转让报价系统，后来的全国中小企业股份转让系统）
交易机制	做市商双向报价为主、兼有集合竞价与协商定价的混合型交易制度	一对一议价制度，委托方式有意向委托、确认委托、定价委托，未来将引入做市商制度，但还未实施
合格投资人	面向符合合格投资人条件的所有机构和自然人，合格投资人资质要求较低，股东人数受限于200人	合格投资人资质较高，股东人数可以超过200人
市场中介	企业推荐人为经天交所认定的保荐机构	企业推荐人为主办券商
监管	地方政府主导下的、分层次、多主体共同参与的自律监管模式	行业协会主导下的自律监管模式，新规则强化了主办券商和全国中小企业股份转让公司的自律监管职责
已实现转板的企业	无	8家
与证监会的关系	没有被纳入证监会正致力构建的全国性场外市场范畴内，未纳入证监会监管范围	直接接受证监会监管

7. 市场发展概况

（1）挂牌企业数量。天交所和新三板市场挂牌企业数量都呈加快发展态势。截至2012年末，天交所市场挂牌企业数量为247家，高于新三板市场的200家。

（2）市场融资功能。截至2012年底，天交所累计为挂牌企业实现各类融资总额达111.69亿元，其中直接融资46.58亿元（包含挂牌前首次定向私募27.08亿元，挂牌后增发19.50亿元）；推动企业融资环境改善和银行授信增加，带动实现间接融资65.11亿元（其中股权质押融资12.84亿元）。仅2012年，天交所直接帮助挂牌企业实现融资26.60亿元（其中挂牌前首次定向私募9.57亿元，挂牌后增发7.06亿

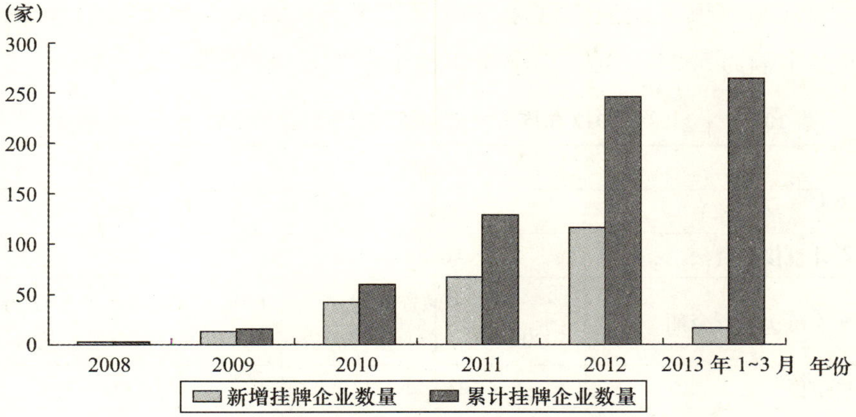

图4 天交所市场挂牌企业逐年增长情况

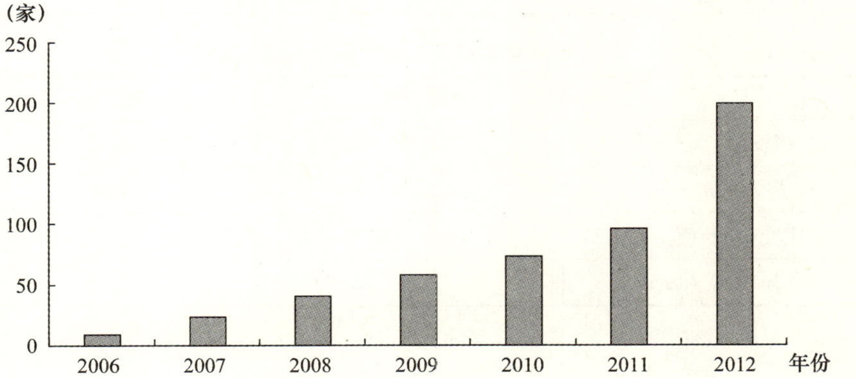

图5 新三板市场挂牌企业逐年增长情况

元，股权质押融资9.97亿元）。而相比之下，新三板市场截至2012年底累计为49家企业完成57次定向增发，实现直接融资22.5亿元，其中在2012年全年完成定向增资8.47亿元①。

（3）股权流动与交易效率。截至2012年底，天交所市场全年累计成交2236笔，合计实现股权流转5.55亿股，成交总金额达11.81亿元，市场全年换手率为28.35%②。而相比之下，中关村代办股份转让

① 2013年1月17日，《证券日报》"'新三板'展现中国速度 5年内挂牌企业将达2800家"。

② 《天津股权交易所市场交易数据年报（2012）》。

系统（新三板）同期实现累计成交755笔，实现股权流转1.15亿股，成交金额为5.84亿元，市场全年换手率为8.09%①。

表10　　2012年底天交所和新三板市场数据比较　　单位：亿元

	天交所	新三板
企业数量（家）	247	200
累计直接融资额	46.58	22.5
平均每次融资金额	一般每次融资不超过5000万元，企业按需融资	平均每次融资金额3947万元，与天交所市场较接近
总市值	230.25	307
平均每家公司市值	0.93	1.54
平均市盈率（倍）	8.38	22

表11　　2012年天交所和新三板市场交易情况比较

	天交所	新三板
成交量（亿股）	5.55	1.15
成交笔数（笔）	2236	638
成交金额（亿元）	11.81	5.97
换手率（%）	28.35	8.09

四、不同区域性股权交易市场的比较

2012年以来，受相关政策进一步明晰、中小企业融资和股份转让需求高涨等因素的影响，各地区域性股权交易市场呈现出蓬勃发展的态势。据相关统计，截至2013年3月，全国各省级行政单位的区域股权交易中心数量已达21家，场外市场的规模正处在不断扩容之中②。本部分拟对主要区域性市场的成立背景、发展概况、运作模式、交易规则

① 前瞻网行业数据。

② “甘肃股交中心完成组建　区域股权市场准入标准各异”，《21世纪经济报道》，2013.3.19，http：//www.21cbh.com/HTML/2013－3－19/wNMzE2XzY0MjAwNw.html。

等进行较为全面和详细的比较。

（一）成立背景比较

1. 成立时间

在区域股权交易市场发展过程中，有两个重要的里程碑式文件。一是2011年11月底颁布的《国务院关于清理整顿各类交易场所切实防范金融风险的决定》（国发〔2011〕38号）（简称38号文）。根据38号文，“各省级人民政府要在清理整顿工作基本完成后，对清理整顿工作过程、政策措施、验收结果、日常监管和风险处置等情况进行全面总结，并书面报告清理整顿各类交易场所部际联席会议”。二是2012年8月，证监会颁行了《关于规范证券公司参与区域性股权交易市场的指导意见（试行）》（简称20号文）。根据20号文，“区域性市场按照38号文和37号文完成清理整顿后，具备条件的证券公司可以参与区域性市场相关业务”。各地区域性股权市场由于成立时间不同，不仅面临着不同的清理整顿任务，而且经营环境也有所不同。

在主要的区域市场中，天津股权交易所、重庆股份转让中心和齐鲁股权托管交易中心都是在清理整顿之前成立的，这就意味着其交易制度可能存在与38号文不相符合之处，面临着清理整顿的任务。以齐鲁股权托管交易中心为例，2012年11月以后按照38号文件清理整顿，改变了原有的一些交易规则，如由T+1改成T+5，由混合交易制度改为协议转让。清理整顿完成后，于2013年2月正式通过国务院部级联席会议备案验收。相比之下，上海股权托管交易中心、广州股权交易中心、浙江股权交易中心、前海股权交易中心（深圳）、辽宁股权交易中心、甘肃股权交易中心等都是在38号文颁布之后启动的，这也就意味着其制度规则一开始就能够遵照38号文的相关规定而设计建设。

2. 政策文件依据

2012年8月，证监会颁行《关于规范证券公司参与区域性股权交易市场的指导意见（试行）》之后，部分地区纷纷尝试建立或重新定位

表12　　部分区域市场的启动时间

区域性股权交易市场	启动时间	在38号文颁布之前/之后启动
天津股权交易所	2008.9	之前
重庆股份转让中心	2010.10	之前
齐鲁股权托管交易中心	2010.12	之前
上海股权托管交易中心	2012.2	之后
广州股权交易中心	2012.8	之后
浙江股权交易中心	2012.9	之后
甘肃股权交易中心	2013.2	之后

省级政府批准的区域性股权交易市场。这类区域市场建立的主要政策依据即是20号文以及省政府相关文件。例如，齐鲁股交中心是依据国家“蓝黄”两大经济区发展战略规划，按照山东省委、省政府（鲁发〔2010〕10号）“完善发展全省性股权交易市场”战略部署和省金融办“立足山东，辐射黄河中下游地区”，开展全省性股权交易市场建设试点要求，于2010年12月正式成立。2012年11月，山东省政府正式下发《山东省人民政府关于公布保留的权益类交易场所名单的通知》（鲁政字〔2012〕262号），公布了经省政府研究确定的10家权益类交易场所，其中正式确定齐鲁股交中心为全省唯一保留的股权类交易场所。

还有一类区域市场除了依据38号文和20号文经所在地省级人民政府批准设立之外，其设立经营的政策依据还包括国务院相关先行先试的文件。主要包括如下几个。

（1）天津股权交易所。2006年国务院发布了《推进滨海新区开发开放有关问题的意见》（国发〔2006〕20号），鼓励天津滨海新区进行金融改革和创新，明确在金融企业、金融业务、金融市场和金融开放等方面的重大改革，原则上可安排在天津滨海新区先行先试。2008年3月在国务院对《天津滨海新区综合配套改革试验总体方案的批复》中，明确提出：天津要以金融体制改革为重点，办好全国金融改革创新基地，加快健全资本市场体系和金融服务功能，为在天津滨海新区设立全国性非上市公众公司股权交易市场创造条件。在国务院鼓励天津滨海新区金融改革创新先行先试的背景下，天津市政府于2008年5月4日以津政办函〔2008〕19号文正式批准天津股权交易所在天津股权托管交易市场的基础上改建设立，开展“两高两非”公司股权和私募股权投资基金交易。2009年10月，经国务院同意国家发改委批复的《天津滨海新区综合配套改革实验金融创新专项方案》（发改经体〔2009〕2680号）进一步明确：“支持天津股权交易所不断完善运作机制，规范交易程序，健全服务网络，拓展业务范围，扩大市场规模。充分发挥市场功能，为中小企业和成长型企业提供高效便捷的股权投融资服务。”

（2）上海股权托管交易中心。根据《国务院关于推进上海加快发展现代服务业和先进制造业建设国际金融中心和国际航运中心的意见》（国发〔2009〕19号）：“研究探索推进上海服务长三角地区非上市公众公司股份转让的有效途径。”国家发展改革委员会《关于印发“十二五”时期上海国际金融中心建设规划的通知》（发改财金〔2011〕2991号）明确指出：“以上海股权托管交易中心建设为载体，积极探索非上市公司股权托管和非公开转让市场建设。”上海市人民政府《关于本市推进股权托管交易市场建设的若干意见（沪府发〔2011〕99号）》[①] 进一步明确了上海股交中心作为“省内唯一性”的地位：“除法律、法规、规章明确应在其他交易场所进行托管交易的，本市非上市股份有限公司在交易场所内的股权托管、登记、转让、融资、结算、过户，以及国内其他地区非上市股份有限公司在本市交易场所内的股权托管、登记、转让、融资、结算、过户，均应通过上海股权托管交易中心进行。除国家另有规定外，未经市政府认可，任何单位或个人不得以任何形式在本市设立为非上市股份有限公司提供股权托管、登记、转让、融资、结算、过户的市场组织。”

此外，重庆股份转让中心成立的政策文件，主要依据2008年12

① 2012年1月30日起施行，有效期5年。

月，国务院常务会议审议通过《国务院关于推进重庆市统筹城乡改革和发展的若干意见》（国发3号文），其中明确指出“加快发展多层次的资本市场，适时将重庆纳入全国场外交易市场体系”。

（二）发展概况比较

1. 业务规模

受成立时间、经济发展水平等因素的影响，各区域性股权交易市场业务规模差异很大，但总体上呈现市场发展速度不断加快的局面。

成立最早的天津股权交易所，其规模现已位居各区域性市场首位。天交所挂牌企业数量在2008年市场起步时只有3家，在2009～2012年每年依次新增挂牌企业14家、44家、68家和118家，市场呈加快发展态势。2012年，天交所市场新增挂牌企业118家，累计达到247家；市场市值规模由169.68亿元增加到230.25亿元，增长35.7%；累计实现各类融资116.32亿元，平均每家企业融资4709万元。截至2013年3月，天交所市场累计挂牌企业数量265家。

同样成立时间较长的重庆股份转让中心成绩也不俗，2010年10月27日正式开业，首批挂牌交易企业7家。截至2011年12月31日，重庆股份转让中心挂牌企业达50家，涵盖制造业、农业、通信技术业、社会服务业、建筑业、房地产、运输业、传播与文化产业、批发与零售贸易等行业，总股本22.45亿股，总资产72.92亿元，总市值68.13亿元。2011年，重庆股份中心交易金额达24.74亿元。2012年10月底，挂牌企业达到65家。2013年3月底，重庆股份转让中心挂牌企业已达94家，总股本35.87亿股，总市值98.8亿元，累计融资超过80亿元，交易额达60.3亿元，实现了对全市非上市股份有限公司全面托管，托管企业432家，实现股权质押融资76.59亿元，已有27家企业达到新三板或交易所上市条件。

齐鲁股权托管交易中心2010年底启动，截至2013年3月底，挂牌企业140家，市值100亿元，托管企业240家，托管总股本89亿股。

上海股权托管交易中心 2012 年 2 月 15 日启动，首批 19 家企业挂牌。截至 2013 年初，上海股交中心挂牌企业 54 家，其中 22 家挂牌公司股份可交易，挂牌企业总股本 11.45 亿股，储备项目 235 家（已签约 109 家），股权融资 8.28 亿元；投资者开户数共计 1915 户，累计成交 4019.82 万股，累计交易额约 1.56 亿元。浙江股权交易中心于 2012 年 9 月 3 日注册成立。2012 年 11 月，虽然正式运营时间只有 2 个月，但已经拥有 55 家挂牌企业，总股本 38.53 亿元，总市值达 153.9 亿元；另有托管企业 156 家，私募债备案企业 1 家。

根据赵成、赵湘鄂（2012）① 测算，由于区域经济水平、金融环境等差异巨大，少数几家区域性市场将占据大多数份额。他们以区域经济实力（GDP）和金融发展水平两个指标维度，遴选出广东、江苏、浙江、山东、上海、天津、重庆等七个省市，认为这七个地区将成为未来区域股权市场的重镇。不过，需要说明的是，在“区域试点、券商主导”模式下，跨区域股权交易中心的先发优势将被弱化。假设广东、江苏、浙江和山东等主要市场每年挂牌约 100 家，天津、上海、重庆三市每年挂牌 50 家，那么，未来 5 年，主要区域市场挂牌公司将突破 3000 家，总市值突破 4000 亿元。在赵成、赵湘鄂看来，相比各地方政府表态，他们对各区域市场未来发展规模的预测尚属保守②。事实确实如此。以齐鲁股权托管交易中心的“十二五”总体目标来看，“挂牌企

---

① 赵成、赵湘鄂：“区域性股权交易市场”，《新财富》，2012 年第 12 期。根据他们的测算，在合理假设下，未来 5 年，区域市场挂牌企业将达 7800 家，市值近万亿元，累计私募股权融资近 1000 亿元。假设基于当前现实，包括：假设 2013～2016 年分别是 15 家、20 家、25 家、31 家；假设 2013～2017 年每家市场新增挂牌企业分别是 80 家、70 家、60 家、50 家、50 家（由发达区域向欠发达区域推进）；假设 2012 年平均市值 1 亿元，并按每年 5% 递增；假设每年 20% 的企业融资，融资额 2000 万元（一次定向私募融资额为 1000 万～3000 万元左右）。这一结论并不夸张，按照“原则上每个省一家区域市场”的文件精神，未来区域市场至少有 31 家（实际数字可能超过此数，如广东有 2 家），按每个市场挂牌 300 家企业测算，区域市场挂牌公司数量将达万家，以 1 亿元平均市值计，总市值达万亿元。

② 如重庆市金融办副主任、重庆股份转让中心理事长阮路在 2012 年 6 月表示，重庆 OTC 力争在“十二五”末实现挂牌企业 300 家，总市值 1000 亿元；广州市副市长欧阳卫民则表示，争取 2012 年底在广州股权交易中心挂牌的企业达到 100 家，2013 年时达到 300 家。

业总数达到500家；总市值达到1000亿元；实现直接及间接融资500亿元；将齐鲁股权托管交易中心建设成为运作规范、功能健全、服务一流、风险可控，在全国有重大影响力的区域性股权交易市场，继续走在全国同类市场的最前列”。区域市场自身制订的发展目标显然更为雄心勃勃。

表13　　部分区域股权交易市场的挂牌企业数量

区域性市场	首批挂牌企业数量（家）	2013年3月底挂牌企业数量（家）
天津股权交易所	3	265
重庆股份转让中心	7	94
齐鲁股权托管交易中心	—	140
上海股权托管交易中心	19	54
浙江股权交易中心	55	68

2. 经营区域

根据20号文的相关规定，“区域性市场是为市场所在地省级行政区域内的企业特别是中小微企业提供股权、债券的转让和融资服务的私募市场，接受省级人民政府监管。区域性市场原则上不得跨区域设立营业性分支机构，不得接受跨区域公司挂牌。确有必要跨区域开展业务的，应当按照37号文要求分别经区域性市场所在地省级人民政府及拟跨区域的省级人民政府批准，并由市场所在地省级人民政府负责监管。”

在实践中，一类区域性市场的业务范围主要局限在本省。以齐鲁股权托管交易中心为代表。2013年3月底，齐鲁股权托管交易中心挂牌企业140家，托管企业240家，是国内服务本省企业最多的区域性市场。省内各市及县（市）区设立工作机构32个，开户网点10个。挂牌企业已覆盖16个市，全省后备资源企业近300家，基本形成了全省性股权交易市场。

另一类区域性市场的业务范围则延伸到全国各地。以天津股权交易所为代表。与齐鲁股交中心不同，天交所主要的挂牌与托管企业大部分来自于天津市以外。截至2013年3月，天交所市场累计挂牌企业数量

265家，挂牌企业分布在全国26个省、直辖市和自治区，覆盖87个市（包括地级市及以上），市场总市值超过240亿元。天交所已与全国31个省144个地市建立业务联系；与21个省、50个地市地方政府签署监管备忘录与战略合作框架协议共计66份；已在10个省市设立11家分支机构；已有全国11个省21个地市政府出台政策鼓励支持本地企业到天交所挂牌。

此外，上海股交中心的挂牌企业中，既有本地企业，也有外省企业。重庆股份转让中心的定位是立足重庆、辐射西南、面向全国的区域性场外交易市场。

3. 市场功能

各区域股权市场在启动之初，都为自己设定了多样化的市场功能。举例如下。

（1）浙江股权交易中心。其运作主要面对的是未上市股份公司和其他有股权托管转让需求的企业，主要提供四大类产品服务，一是通过为挂牌企业提供股权转让、定向增资等多种股权融资方式，帮助企业提高直接融资能力，有效改善企业的资本结构和股权结构；二是在条件成熟时，支持符合条件的挂牌企业发行、转让私募债、集合债等各类债权融资产品，着力拓宽企业中长期债权融资渠道；三是为非上市公司股权的确权、登记、变更、转让等提供标准化管理，促进企业完善公司治理；四是提供包括股权质押融资及各类私募融资产品、金融衍生产品等在内的其他金融产品，特别具有发展潜力的中小企业，将优先得到中心的扶持开展股权融资、债权融资和股权转让等业务。

（2）齐鲁股权托管交易中心。强调服务中小企业的各项市场功能，包括融资服务平台、股权托管平台、信息发布平台、上市孵化平台、企业规范平台、挂牌交易平台。

（3）上海股权托管交易中心。根据上海市政府《关于本市推进股权托管交易市场建设的若干意见》（沪府发〔2011〕19号）部署，上海股权托管交易中心职能主要包括：为非上市股份有限公司的股权托管、登记、转让、融资、结算、过户等提供场所、设施和服务；组织和监督股权托管交易活动；发布市场交易信息；代理股权买卖服务；为非上市股份有限公司进场挂牌提供咨询等综合服务；为多层次资本市场储备上市或挂牌企业资源，协助落实本市扶持企业上市发展的政策措施，并向有关职能部门提供政策参考。

（4）重庆股份转让中心。主要职责是负责培育、推荐符合条件的重庆企业到代办股份转让系统挂牌交易，并办理挂牌企业摘牌后的有关事宜；为企业提供股权或产权的登记、托管和转让平台及清算服务；接受证券挂牌转让申请、安排证券挂牌转让；承担市政府交办或市政府有关部门依法委托的其他事项。

在区域性市场的各项功能中，融资无疑是重中之重。区域市场的融资功能体现为多种形式，主要包括：①直接权益融资，包括挂牌前定向私募融资和挂牌后多次再融资（配股、定向增发）。②间接银行融资，例如股权质押融资、银行信贷倾斜等。③私募债券等其他创新型融资。实践中，各区域市场融资功能的实现程度和实现方式差异很大。

例如，齐鲁股交中心提供多种具体的融资服务，包括：①与 18 家银行开展战略合作，提供协议授信额度 86.3 亿元。②实现股权质押融资 6.8 亿元，淄博市出台 5 部门股权质押政策。山东省金融办与省工商局将出台股权质押管理办法。③设立了首期 1 亿元的齐鲁股权投资基金。滨州、济宁、东营等的区域市场政府引导基金正在筹备中。④推出了国内首个区域市场信托理财计划。⑤2 家公司私募债正在发行。截至 2013 年 3 月底，为 86 家挂牌企业实现 95 批次私募融资，实现股权私募融资 16.3 亿元，信贷倾斜等间接融资 48 亿元，平均每家企业可获得 4000 万元左右资金，基本满足企业发展需要。

天津股权交易所针对小型微型企业、科技创新企业规模小、信用低、发展快的特点，建立了以商业信用为基础的“小额、多次、低成本”股权私募融资模式。一是规范直接融资。对融资企业的组织形式、股权结构、公司治理、运营方式、财务核算、内部控制和信息披露等做出严格规定，支持企业采用股权私募方式直接融资。二是小额多次融资。每次融资额为1000万~3000万元。包括挂牌前股权私募融资、挂牌后股权增发再融资、股权质押融资、增信贷款融资等，一年可以进行多次。三是快捷低成本融资。每次融资一般在3个月左右完成。严格控制企业融资成本，不超过企业承受能力，约为企业挂牌融资成本的四分之一。从2009~2012年，天交所每年直接为挂牌企业实现融资依次达到1.85亿元、10.44亿元、20.53亿元和26.6亿元，市场融资功能不断增强。在2012年底时，天交所市场累计为138家企业实现股权融资17.18亿元，其中，118家企业挂牌前首次股权融资95728万元，分别比上一年增加73.53%、33.29%；为20家挂牌企业完成增发融资23次，分别比上一年增加33.3%和35.29%，实现新增融资76035.55万元。股权直接融资带动银行间接融资作用进一步发挥，天交所与全国20家银行30个分行建立合作关系，促进挂牌企业累计实现银行授信贷款43.74亿元；新增股权质押贷款9.82亿元，是上年同期数据的4.2倍。截至2013年3月，天交所市场为挂牌企业实现各类融资合计119.52亿元。其中，挂牌企业通过首次定向私募和挂牌后增发实现直接融资48.95亿元。天交所与19家银行的29家分行签约和建立战略合作关系，利用直接融资带动间接融资70.57亿元：45家挂牌企业完成78次股权质押融资合计14.14亿元；86家银行170家分支行为90家挂牌企业提供345次授信贷款共56.43亿元。

还有一些区域性市场着重在融资功能方面进行各类创新。例如，浙江股交中心于2012年10月发布《浙江股权交易中心私募债券业务管理暂行办法》，面对有限责任公司或股份有限公司，以非公开方式发行和交易私募债，向合格投资者发售，每期投资者数量不超过200人。对企业发行私募债券的条件很宽松，只要是限责任公司或股份有限公司，发行利率不得超过同期银行贷款基准利率的3倍，对还本付息的资金安排有明确方案就可以发行。有关法律法规或监管部门对特殊行业的发行人有限制性规定的，遵照其规定，承销机构必须为证券公司、银行或符合中心认定的符合条件的投资管理机构，例如注册资本和净资产原则上不少于2000万元人民币。合格投资者为：①商业银行、证券公司、基金管理公司、信托公司和保险公司等金融机构，包括银行理财产品、信托产品、投连险产品、基金产品、证券公司资产管理产品等，可以参与认购私募债和交易。②注册资本不低于100万元的企业法人。③合伙人认缴出资额不低于人民币1000万元，实缴出资总额不低于人民币500万元的合伙企业。④经本中心认定的其他合格机构投资者。个人合格投资者为：①个人名下的各类金融资产总额不低于人民币200万元。②理解并接受私募债券风险，通过私募债券投资基础知识测试。③与会员书面签署《债券市场专业投资者风险揭示书》，作出相关承诺。④本中心规定的其他条件。

相比之下，截至2013年3月底，上海股交中心还没有开展私募债业务，而是着力发展直接权益融资。有些新设立市场则至今还没有实现融资功能。

（三）交易制度比较

1. 企业挂牌条件

各个区域股权市场建立了不同的企业挂牌条件。其中，有的与场内市场类似，有财务指标方面的要求，但要求相对宽松（如天津股权交易所）；有的则没有财务指标的具体要求（如上海股权托管交易中心）。

（1）天津股权交易所。

①传统板块。天交所传统板块针对传统行业中的中小成长性企业，根据企业规模和盈利水平不同分为全国市场和区域市场。

全国市场的挂牌条件：依法设立且持续经营两年以上的股份有限公司；最近两年连续盈利；最近两年净利润累计不少于1000万元（或最近一年净利润不少于500万元，最近一年营业收入不少于5000万元）；最近一期末净资产不少于2000万元，且不存在未弥补亏损；公司股本总额不少于1000万元。

区域市场的挂牌条件：依法注册的股份有限公司，经营时间不少于1年；最近两年净利润累计不少于500万元；最近一期末净资产不少于500万元；公司股本总额不少于500万元。

②科技创新板。科技创新板是天交所与浙江清华长三角研究院共同建设的针对“两高六新”企业的市场板块。“两高”是指高科技、高成长企业，“六新”是指新材料、新能源、新节能环保、新农业、新型服务业、新商业模式。科技创新板也有全国市场和区域市场之分。

全国市场的挂牌条件：持续经营时间应在2年以上；高科技或创新型企业；管理团队及核心技术人员中，应有3名以上具有丰富的行业从业经历；股本总额、净资产均不少于1000万元；最近一年营业收入增长率不低于20%；最近两年连续盈利，最近两年税后净利润累计不少于500万元，或最近一年税后净利润不少于300万元，营业收入不少于2000万元；战略投资者对企业投资额不少于500万元；由天交所注册保荐机构出具有2名以上行业专家签字的“企业创新成长报告”。

区域市场的挂牌条件：持续经营时间应在1年以上；高科技或创新型企业；管理团队及核心技术人员中，应有3名以上具有丰富的行业从业经历；股本总额、净资产均不少于500万元；最近一年主要产品毛利率不低于40%，最近两年营业收入累计不少于1000万元，并且持续增长，或最近一年税后净利润不少于100万元，净资产收益率不低于15%，或最近两年连续盈利，税后净利润增长率不低于30%；公司经营管理计划显示，未来两年公司营业收入与净利润将持续增长；战略投资者对企业投资额不少于100万元；由天交所注册保荐机构出具有2名以上行业专家签字的“企业创新成长报告”；区域市场挂牌企业应披露企业出具、保荐机构签字认可的“企业经营管理计划”。

③矿业板。天交所矿业板目前只针对生产型矿业类企业开放全国市场，挂牌条件除行业类型外，其他与普通板全国市场相同。挂牌条件为：依法设立且持续经营两年以上的股份有限公司；生产型矿业类企业；最近两年连续盈利；最近两年净利润累计不少于1000万元（或最

近一年净利润不少于500万元，最近一年营业收入不少于5000万元）；最近一期末净资产不少于2000万元，且不存在未弥补亏损；股本总额不少于1000万元。

（2）齐鲁股交中心。挂牌企业的条件包括以下几点。①申请人符合国家产业政策，主营业务突出。②系依法设立且持续经营两年以上的股份有限公司。③有限责任公司按原账面净资产值折股整体变更为股份有限公司的，持续经营时间可以从有限责任公司成立之日起计算。④股本总额不少于500万元。⑤最近一期末不存在未弥补亏损，且符合以下条件之一：最近两年连续盈利，合计净利润不少于300万元，合计营业收入不低于4000万元，且均持续增长；最近1年净利润不少于100万元，营业收入不低于2000万元，且最近1年营业收入增长率不低于20%；对国家重点鼓励发展行业中的创新型、高成长型企业，以及高新技术企业，可参照上述条件适当放宽。

（3）上海股交中心。非上市股份有限公司申请在上海股交中心挂牌，应具备以下条件。①业务基本独立，具有持续经营能力；②不存在显著的同业竞争、显失公允的关联交易、额度较大的股东侵占资产等损害投资者利益的行为；③在经营和管理上具备风险控制能力；④治理结构健全，运作规范；⑤股份的发行、转让合法合规；⑥注册资本中存在非货币出资的，应设立满一个会计年度；⑦上海股交中心要求的其他条件。对上述第⑥条进行认定时，遵循如下原则：对于注册资本中存在非货币出资、申请在上海股交中心挂牌的非上市公司，如为有限责任公司按原账面净资产值折股整体变更为股份有限公司的，公司存续时间从有限责任公司设立时开始计算；有限责任公司未按原账面净资产值折股整体变更为股份有限公司的，应待股份有限公司成立满一个会计年度后方可申请挂牌；全部为货币出资的有限责任公司按原账面净资产值折股整体变更为股份有限公司的，不视为存在非货币出资。

（4）重庆股份转让中心。非上市公司申请其股份在重庆股份中心挂牌，应当符合下列条件。①存续满一年。有限责任公司按原账面净资产值折股整体变更为股份有限公司的，存续期间可以从有限责任公司成立之日起计算。②具有持续经营能力。③公司治理结构健全，运作规范。④股份发行和转让行为合法合规。⑤本中心要求的其他条件。具体包括：作为股份公司存续满12个月且有营业收入，有限责任公司整体变更的可以连续计算；经审计账面净资产不低于500万元人民币；具有持续经营能力；公司治理结构健全，运作规范；股权结构清晰以及股份转让行为合法合规；其他条件。

2. 投资人门槛

各区域性市场一般都实行合格投资人制度，允许符合条件的自然人和法人参与市场。但具体的投资人门槛则差别很大。例如，对合格自然投资人，有的有一定金融资产总额的要求，有的则没有相关资产要求。

（1）天津股权交易所。针对中小企业、科技创新企业风险较高的特点，在市场风险分配机制上，采取挂牌企业准入门槛较低和投资人准入门槛较高的制度安排，建立了与场外交易市场风险识别和承受能力、投资知识和经验要求相适应的投资人适当性管理制度；实行合格投资人准入注册，要求法人机构注册资本金不低于100万元，合伙企业及其他经济组织净资产总额不低于100万元。成为天交所注册合格自然人投资人，则须具备以下条件：①具有完全民事行为能力；②公司挂牌交易前，已经在公司投资入股成为原始股东的自然人，或个人金融资产在10万元以上的其他自然人投资者。③投资知识和风险识别能力测试总分达到80分以上。天交所市场投资人数量从2008年成立以来保持了持续稳步增长，同时结构不断优化。2012年天交所市场投资人累计达到16233户，较年初时增加2448户，增长17.76%。其中，机构投资人累计603户，增加194户，增长47.43%。

（2）齐鲁股交中心。同样实行合格投资人制度，合格投资人需要满足下列条件之一：①公司挂牌前的自然人股东，机构投资者；②通过定向私募持有公司股权的自然人股东、机构投资者；③因继承或司法裁决等原因持有公司股权的自然人股东、机构投资者；④具备齐鲁股交中心规定的相关资质和条件，通过柜台交易知识和风险控制综合能力测试，在股交中心开户的自然人、法人或合伙企业等机构投资者；⑤股交中心认定的其他投资人。齐鲁股交中心合格自然人的条件为：①18 周岁以上；②具备完全民事行为能力。

（3）上海股交中心。根据《上海股权托管交易中心非上市股份有限公司股份转让业务暂行管理办法》规定，自然人符合以下条件，才能参与挂牌公司股份转让：①公司挂牌前的自然人股东；②通过定向增资或股权激励持有公司股份的自然人股东；③因继承或司法裁决等原因持有公司股份的自然人股东；④具有两年以上证券投资经验，且拥有人民币 100 万元以上金融资产的自然人；⑤上海股权托管交易中心股份有限公司认定的其他投资者。上述第①、②、③项中的自然人在不满足上述第④项条件时只能买卖其持股公司的股份。机构投资者则包括法人、合伙企业等。

（4）重庆股份转让中心。实行特定投资者准入制度，以机构投资者为主体，个人投资者有条件参与，参与股份中心股份转让的投资者，应当具备相应的风险识别和承担能力，可以是下列机构或人员：①机构投资者，包括法人、信托、合伙企业等；②公司挂牌前的自然人股东；③通过定向增资或股权激励持有公司股份的自然人股东；④因继承或司法裁决等原因持有公司股份的自然人股东；⑤除②、③、④情形外其他类型的特定个人投资者。第⑤项所指的其他类型的特定个人投资者，应具备以下条件，并通过股份中心资格审查：年满 18 周岁具有完全民事行为能力的中国公民；具有风险承受能力，通过相关测试；具有金融资产不少于人民币 20 万元；具有不少于一年证券市场投资经历；无不良记录。

3. 交易和转让方式

38 号文对各区域性市场的交易和转让方向进行了严格的限制性规定："任何交易场所均不得将任何权益拆分为均等份额公开发行，不得采取集中竞价、做市商等集中交易方式进行交易；不得将权益按照标准化交易单位持续挂牌交易，任何投资者买入后卖出或卖出后买入同一交易品种的时间间隔不得少于5个交易日；除法律、行政法规另有规定外，权益持有人累计不得超过200人。”任何经过清理整顿的区域性市场，都必须严格按照上述规定进行交易和转让，这意味着，区域性市场在交易和转让方式上趋于一致。

不过，在38号文件出台之前启动的一些区域性股权交易市场，在交易制度方面存在一些不符合上述严格禁止性规定之处。例如，天津股权交易所一直在探索建立报价商报价、集合竞价与协商定价相结合的混合型交易制度。相比之下，那些经过清理整顿或者2012年以后成立的区域性市场则完全遵照38号文的相关规定进行交易和转让。例如，齐鲁股交中心明确投资人可采取网上协议转让和柜台协议转让两种转让模式，进行股权转让。在齐鲁股交中心平台进行的股权转让行为，完全实现“一对一”的协议转让。投资人买入或卖出股权，可先行下载网上交易客户端，根据股权转让意向揭示行情发布待选委托，也可根据柜台交易意向发布意向委托，确定协商编码，双方投资人点选成交，完成登记结算。齐鲁股交易中心市场股权转让完全符合〔2011〕国发38号文要求，采取现款现货交易和股权“T+5”交易，不采取集中竞价、做市商等集中交易的标准化合约交易。上海股交中心提供股份协议转让方式，投资者可以委托代理买卖机构在股份转让系统发布买卖意向，达成转让意向的，通过股份转让系统确认成交，上海股交中心不提供集中竞价。股份转让的数量、价格由股份转让双方协商确定，并且在股份转让系统实时显示股份转让双方的单位名称（或自然人姓名）以及联系方式。股份转让价格实行涨跌幅限制，涨跌幅比例限制为前成交均价的±30%，挂牌公司股份成交首日以及上海股交中心认定的其他情形不设涨跌幅限制。

此外，尽管各区域市场都严格遵循“权益持有人累计不得超过200人”的规定，但在此规定下，相关的交易实现方式仍然有所差别。例如，上海股交中心股份转让委托的股份数量以股为单位，每笔委托股份数量为1万股及以上，投资者股份转让账户中某一股份余额不足1万股的，应一次性委托卖出。天津股权交易所则规定挂牌公司注册资本的1/200为基本交易单位，保证挂牌公司股东数量不超过200人。

4. 其他

各区域市场在中介服务机构、信息披露制度等方面都有类似的规定。

在中介服务机构方面，市场会员主要包括推荐机构会员和专业服务机构会员两大类。推荐机构会员包括：证券公司和经区域股权市场认定的投资机构等机构。专业服务机构会员包括：律师事务所、会计师事务所、资产评估事务所等。

在信息披露方面，各区域市场一般都会建立起挂牌公司信息披露制度。例如，《齐鲁股权托管交易中心挂牌公司信息披露规则》明确信息披露责任人、信息披露内容及要求等。挂牌公司在推荐机构、律师事务所和会计师事务所等中介机构的督导下，完成挂牌信息披露工作。以挂牌公司为信息披露第一责任人，披露挂牌说明书，定期报告和重大事项临时报告，公司董监高及相关中介机构保证披露信息真实、准确、完整，不存在虚假记载、误导性陈述或重大遗漏。同时，齐鲁股交中心明确www.qlotc.com是市场唯一信息披露网站，要求挂牌公司集中在网站披露信息，以保证市场披露信息的权威性。

就内容而言，一般都分为定期年报披露和重大事项披露。例如，在重庆股份转让中心挂牌企业的信息披露分为全面披露和一般披露，挂牌公司可根据自身特点和需要，选择信息披露等级。但所有的挂牌公司都应至少定期披露半年度报告和经审计的年度报告。选择一般披露的挂牌公司在发生如下事项时，应披露临时报告：经营方针和经营范围的重大变化；合并、分立、解散及破产；控股股东或实际控制人发生变更；法院裁定禁止有控制权的大股东转让其所持公司股份；涉及公司增资扩股和公开发行股票的有关事项；股份中心认为需要披露的其他事项。选择全面披露的挂牌公司在发生如下事项时，应披露临时报告：经营方针和经营范围的重大变化；发生或预计发生重大亏损、重大损失；合并、分立、解散及破产；控股股东或实际控制人发生变更；重大资产重组；重大关联交易；重大或有事项；法院裁定禁止有控制权的大股东转让其所持公司股份；因涉嫌违反法律、法规被有关部门调查或受到行政处罚；涉及公司增资扩股和公开发行股票的有关事项；股份中心认为需要披露的其他事项。挂牌公司可自愿进行更为充分的信息披露，在披露频率和披露内容上参照上市公司的披露标准执行。股份中心鼓励挂牌公司选择全面披露标准或参照上市公司披露标准进行更为充分的信息披露，这样做既有利于挂牌公司股价获得更高的市场溢价，也有利于挂牌公司逐步规范法人治理，完善经营管理，为今后进入主板或创业板做好充分准备。

（四）运营模式比较

1. 组织形式

目前来看，已成立的各区域股权交易市场主要采取了两种组织形式。

其一，多数区域市场采取了有限责任公司的形式。如天津股权交易所有限公司于2008年9月在天津滨海新区重新注册设立，有天津产权交易中心、天津开创投资有限公司等10家出资人持有股份。上海股权托管交易中心注册资本1.2亿元，设立时的股权结构为：上海国际集团持股60%；张江高科持股23.25%；上海联交所持股16.75%。2012年8月，上海证券交易所下属全资子公司正式签约收购上海国际集团所持有的上海股权托管交易中心29%的股权。交易完成后，上交所成为上海股交中心第二大股东，仅次于上海国际集团有限公司31%的股权。浙江股权交易中心于2012年9月3日注册成立，是浙江省人民政府依据国家有关监管部门的相关规定，结合浙江省经济金融特色，为着力解决“两多两难”，推进温州金融综合改革，促进经济转型升级而设立的区域性股权交易市场。浙江股权交易中心实行公司制，其股权结构如表

14 所示。

表 14　　　　浙江股权交易中心股权结构

股　东	持股比例（%）
浙江省金融市场投资有限公司	40
上证所信息网络有限公司（上交所全资子公司）	20
温州市国资投资集团有限公司	20
财通证券	10
浙商证券	10

值得说明的是，在20号文之后成立的区域股权市场，证券公司往往在其中成为重要股东。例如甘肃股权交易中心已于2013年2月底完成组建，注册资本1亿元，股东为华龙证券、甘肃股权托管中心以及甘肃产权交易所。其中，华龙证券为其第一大股东，持有甘肃股权交易中心51%的股份。在上表浙江股权中心股东结构中，浙商证券和财通证券各持有10%的股份。中信证券、国信证券、安信证券各持前海股权中心30%、25%和20%的股份。此外，兴业证券作为并列第一大股东，参与了海峡股权交易中心建设，并负责“中心”经营管理。

其二，还有一类区域股权交易市场仍然属于非公司制。例如，截至2013年3月底，齐鲁股交中心仍是事业单位编制，属于正县级事业单位，在山东省政府总体监管下，由省金融办主管、淄博市政府与各市政府综合管理。齐鲁股交中心的主要高管人员仍然是公务员身份。随着券商等各方力量积极参与区域股权交易中心建设，这种机制显然已无法满足股交中心大发展的要求，因此公司制改造已经提上议事日程。类似地，重庆股份转让中心于2009年12月27日挂牌成立，是经重庆市人民政府批准设立的副厅局级事业法人，由重庆市金融工作办公室直属管理。

2. *市场层次*

区域股权市场本身属于多层次资本市场的有机组成部分。但在区域市场内部，有些地区则尝试进一步划分市场的层次，以更好地提供市场服务。这其中，以天津股权交易所为典型代表。

天津股权交易所建立了严格监管的双层次市场。针对不同规模、不同类型、不同发展阶段的企业与不同风险偏好和承受能力的投资者，天交所建立了全国市场和区域市场。全国市场面向全国的企业和投资人，主要培育和引导规模较大、业绩较好的企业与证券交易所市场对接，截至2013年3月底，已有132家企业在全国市场挂牌。天交所在统一管理运营平台下设立了16个区域市场，安排规模较小、创业前期的成长性企业在其所在地的区域市场挂牌，充分利用区域内企业信息沟通便捷、成本较低等优势，分散隔离场外交易市场风险。截至2013年3月底，已有133家企业在区域市场挂牌。在双重市场层次下，天津股权交易所进一步建立多个板块的专业化市场。根据企业的行业特点，天交所将市场细分为工商企业板块、科技创新企业板块和矿业板块，在公司治理和规范运营等方面统一规范要求，但在财务指标方面为不同行业类型企业制定了11套准入标准，其中，最高财务指标要求公司注册资本不低于1000万元，最近两年连续盈利，且两年净利润累计不少于1000万元；最低财务指标要求公司注册资本500万元，最近一年主要产品毛利率不低于40%，最近两年营业收入累计不少于1000万元并持续增长，对盈利没有要求。截止2013年3月底，已分别累计有161家和100家企业在工商企业板块和科技创新板块挂牌交易。

齐鲁股交中心虽然没有设置多重市场层次，但却建立了三类市场板块，一类相当于“主板”，准入企业的资产规模要求在4000万元以上，年利润则需在300万元以上。而在另一类相当于“创业板”市场中，资产规模则要求在2000万元以上、年利润在100万元以上即可。另外，对国家重点鼓励发展行业中的创新型、高成长型企业，可参照上述条件适当放宽。

3. 政府支持措施

各区域股权市场在设立和发展过程中，均得到了各级地方政府不同程度的支持。其中，以齐鲁股权托管交易中心为代表，政府的支持措施不仅全面，而且力度很大。具体来说，齐鲁股交中心主要的政府支持措施包括如下几点。

（1）将企业挂牌融资纳入地方考核体系。2013 年 3 月 11 日，山东省金融办、省统计局、省财政厅对《山东省企业资本市场融资年度考核评价办法》（鲁金办发〔2011〕9 号）进行修订完善，并正式实施。该办法首次将股权交易市场挂牌融资纳入年度资本市场融资考核。修订后的考核评价范围由单纯“企业上市”扩展到了“资本市场”，体现出山东省利用、构建多层次资本市场的视野和决心。政策要点为：①考核评价各市、各县（市、区），以新上市、新挂牌公司数量和融资数量为主要评价指标。新上市公司是指年度内实现首发上市（IPO）的公司；新挂牌公司是指年度内实现在股权交易市场（包括全国中小企业股份转让系统、全省性股权交易市场、境外柜台交易市场等场外市场）挂牌的公司。融资则包括企业首发上市融资、上市公司再融资、股权交易市场挂牌融资和中小企业私募债券融资。②《办法》将上市（挂牌）资源数量、资本市场发展情况和上级主管部门工作部署完成情况作为次要评价标准。上市（挂牌）资源是指符合或基本符合上市（挂牌）要求，在省金融办企业上市（挂牌）资源后备资源库备案的企业，包括新进入上市（挂牌）程序企业和其他上市（挂牌）资源。新进入上市（挂牌）程序企业是指年度内新增的与中介机构签订上市（挂牌）辅导协议或上市（挂牌）合作协议的上市（挂牌）资源。③《办法》明确了奖励措施。根据省政府的要求和审定的考核评价结果，对实绩突出的市、县（市、区）政府和省政府部门进行通报表彰，并给予资金奖励。④《办法》还增加了约束机制。上市（挂牌）公司因规范运作违规、信息披露违规等原因受到金融监管部门、政府管理部门行政处罚，或受到证券交易所公开谴责，政府或有关部门负有行政责任的，要被扣分。省内德州、淄博等地已经于 2012 年就开始实施企业挂牌融资纳入地方考核体系。

（2）各级政府出台奖励办法鼓励企业挂牌。例如，德州市出台

《德州市人民政府关于支持金融业发展的意见》，市区合计对挂牌企业给予80万元奖励，将企业挂牌纳入政府工作年度考核体系；枣庄市出台《关于鼓励和支持企业上市的意见》，给予挂牌企业市区合计奖励90万～110万元；济宁市市委市政府出台优惠政策鼓励企业挂牌，每家奖励30万元，将企业挂牌纳入政府工作年度考核体系；日照市给予每家挂牌企业奖励20万～30万元，将企业挂牌纳入政府工作年度考核体系。此外，青岛、潍坊、东营等地的县（市）区也出台政策鼓励企业挂牌。

（3）淄博市委市政府全力支持市场发展。其一，成立了支持市场发展的领导及工作机构，专门召开了全市支持齐鲁股权托管交易中心加快发展工作会议，出台了《关于推动齐鲁股权托管交易中心加快发展的意见》，明确要求各级各部门全力支持齐鲁股交中心发展。其二，开工建设“齐鲁股权大厦”。大厦高98米，共24层，总建筑面积5.2万平方米，计划于2014年投入使用。

上海市财政局、上海市金融服务办公室《关于印发〈本市鼓励中小企业开展股权托管交易有关财政专项扶持办法〉的通知》（沪财企〔2012〕45号）规定：政策实施主体是各区县，“各区县应根据政府《若干意见》的要求，结合本地经济发展的实际情况，制定并落实支持中小企业实施股份制改造、鼓励和引导辖区非上市股份有限公司开展股权托管的相关扶持政策。各区县制定的扶持政策，应聚焦改制后在上海股权托管交易中心成功挂牌的辖区内中小型股份有限公司。各区县应参照辖区内中小企业上市政策支持体系，根据中小企业改制、股权托管挂牌等不同阶段，制定相应的财政扶持政策，重点应对辖区内中小企业在公司改制，以及在股权托管交易中心挂牌、交易中所发生的相关费用给予一定补贴资助。根据各区县对企业开展股权托管交易有关财政扶植的情况，市财政每年通过中小企业发展专项转移支付项目，实施专项转移支付。”据调查，上海为吸引中小企业到上海股权托管登记中心挂牌，对挂牌成功的企业给予150万元的补贴，部分挂牌企业还可进一步享受区一级的财政补贴。

重庆也出台了类似政策。企业在股份中心挂牌可享受《重庆市人民政府关于进一步加快我市企业改制上市工作的意见》（渝府发〔2011〕45号）和《重庆市重点拟上市企业财政补贴和奖励暂行办法》（渝财企〔2011〕349号）的有关政策支持。其中明确规定，对进入重庆股份转让中心挂牌的企业市级财政给予挂牌费用50%总额不超过50万元的费用补贴。除市级财政外，各区县政府也相继出台鼓励辖区企业到股份中心挂牌的补贴政策。

4. 监管体系

根据相关文件规定，区域市场由市场所在地省级人民政府负责监管。在具体的监管体系方面，各区域市场存在不少共同之处：代表省级政府履行具体监管职能的监管机构均为当地省金融办；普遍实行行政监管和自律监管相结合的体制。例如，根据相关规则，上海“股权托管交易市场实行行政政府监管与市场自律相结合的监管体制。市金融办履行对股权托管交易市场的统一、集中监督管理职能。具体包括：制定和修改股权托管交易市场管理办法，监督和管理股权托管交易市场的相关业务活动，查处股权托管交易市场的违规行为，履行市政府赋予的其他职责”。“上海股权托管交易中心根据市金融办授权，履行对股权托管交易市场的自律管理职能。具体包括：制定和修改股权托管交易市场有关业务规则和操作细则；按照政府监督管理部门规定和市场公约，组织和实时监控市场业务活动；监督市场主体信息披露行为；履行市金融办赋予的其他职责”。

另一方面，在行政监管方面，部分区域市场存在有独特之处。例如，天津股权交易所的行政监管存在两个特点：①积极争取中国证监会指导和监管，建立天津市交易所监督管理委员会，主管副市长牵头组织协调交易所的监督管理工作。市监管委下设办公室，市政府金融办与有关部门负责交易市场的日常持续监管，包括公司治理、注册资本、交易规则、挂牌企业信息披露、投资人保护和省际监管工作协调等，定期检查监督市场运行状况。②加强天津与挂牌企业地政府合作，建立两地双重监管制度。天津市政府与挂牌企业所在地政府金融管理部门建立合作关系，共同对股权交易市场和挂牌企业实行监督管理，包括两地政府金融管理部门同时受理企业挂牌备案，共同承担企业监管和控制处置市场风险的责任。天交所与挂牌企业所在地政府金融管理部门签订合作监管备忘录，明确双方在企业筛选培育、股份制改造、股权私募融资、挂牌审核备案和挂牌企业信息披露、市场重大风险处置等方面的责任。相比之下，上海就没有建立这种双重监管制度。

齐鲁股交中心在监管体制方面也有自身特色。具体来说，由山东省、淄博市政府从“纵横”两方面对市场及参与主体进行监管。就纵向而言，由省金融办作为省政府证券工作主管部门，行使股权交易市场总体规划和监督职能；淄博市负责市场建设和日常性监管，齐鲁股交中心在按照相关制度自律性管理的基础上，做好对上汇报和横向联合监管。在对挂牌企业监管上，省金融办总体牵头协调防范挂牌企业重大风险问题，属地政府有关部门对挂牌企业进行直接监管；齐鲁股交中心按照市场运作要求实施一线监管。就横向而言，一是挂牌企业属地政府对其区域内公司挂牌工作和挂牌企业负有直接监管责任，并对其区域内企业挂牌出具推荐意见。二是齐鲁股交中心通过与挂牌公司属地政府主管部门签署《共同推动市场发展的战略合作协议》，明确监管责任，开展监管合作。三是为加强市场风险防范处置工作，淄博市建立了由市政府分管市长牵头，法院、检察院、公安、工商、税务、审计、环保、国土、社保等部门组成的市场监管联席会议制度，对市场重大事项和应急突发事件进行协调解决和处置。

5. 区域场外市场与场内市场的联系

场外市场和场内市场共同构成多层次资本市场不可或缺的组成部分。目前，各区域市场均通过不同方式，努力加强与场内市场的有机联系。

（1）区域市场将自身定位为培育企业在交易所上市孵化的基地。

例如，上海市人民政府《关于本市推进股权托管交易市场建设的若干意见》（沪府发〔2011〕99 号）对上海股交中心有明确的定位，即股权托管交易市场要坚持与统一监管的全国性场外市场相对接，努力成为我国多层次资本市场体系的重要补充，为多层次资本市场储备企业资源。在这一原则指导下，上海股交中心规定，公司在上海股交中心挂牌不会影响其在主板、中小板和创业板上市。相反，挂牌有助于完善公司治理，规范公司运行，提高公司知名度，促进公司朝着在主板、中小板、创业板上市方向发展。如果挂牌公司发展到一定阶段申请上市，一旦申请材料被相关部门受理，上海股交中心可为挂牌公司办理停牌手续。如果申请上市成功，则为挂牌公司办理摘牌手续；如果申请失败，则为挂牌公司办理复牌手续，从而为中小企业融资提供更多的自由度。其他区域市场也有类似规定。齐鲁股权托管交易中心通过企业改制、股权私募、规范运作等方面的引导作用，为推动企业上市打下了坚实基础。截至 2013 年 3 月底，托管挂牌企业中已有 10 家企业启动上市程序，已初步形成“挂牌一批，孵化一批，上市一批”的企业挂牌上市良性格局。

（2）区域市场与交易所市场形成股权纽带。2012 年 8 月，上海证券交易所以其子公司上证所信息网络公司的名义，参股了新设立的浙江股权交易中心，且并列第二大股东。而在此之前，上交所还参股了上海股权托管交易中心，同样位列第二大股东。

（3）区域市场加强与交易所市场的业务合作。最典型的例子是，2012 年 8 月，上交所与浙江省政府在杭州签署战略合作框架协议，推动双方在区域性股权交易市场建设等方面开展更加广泛的长期合作。战略合作框架协议的内容包括：第一，共同推进浙江省区域性股权交易市场规范发展，今后上交所将充分发挥自身的优势和经验，支持、服务和配合好浙江省政府；第二，上交所将全力支持、积极参与浙江省政府推进温州市金融综合改革试验区的建设，有针对性地进行金融产品设计和创新等；第三，共同推进蓝筹股市场建设，上交所将提供更优质的服务吸引浙江省企业加盟上交所市场，积极研究、支持在境外上市的浙江企业回归或跨境到上交所上市，利用上交所的股权和债券平台发展壮大；第四，共同推进浙江省资本市场的改革和创新，上交所将专门编制以浙江省上市公司为成分股的指数，支持市场机构开发相应的ETF及衍生产品，并将为浙江规范完善义乌小商品指数、海宁皮革指数、柯桥纺织品指数、余姚塑料价格指数，提供技术、管理咨询、人员培训等多方面服务。此外，上交所将重点加强对浙江中小微企业的服务工作，指导企业完善治理结构，建立规范透明的现代企业制度。

五、区域股权与产权市场的比较

（一）区域股权与产权市场的有机联系

区域股权与产权市场都属于地方性的、沪深证券交易所以外的股权类资本市场，都可提供非上市公司股权转让以及相关服务，在我国现阶段的场外市场体系中处于并行发展状态。二者具有紧密的关系，主要表现为以下几点。

1. 股份上的联系

区域产权机构经常持股区域股权机构。例如，甘肃股权交易中心已于2013年2月底完成组建，注册资本1亿元，甘肃股权托管中心以及甘肃产权交易所均为其持股股东。辽宁股权交易中心股份有限公司经辽宁省人民政府批准，于2013年2月7日在沈阳注册成立，注册资本5000万元。并列第一大股东为沈阳股权登记托管有限公司，持股33%，是沈阳联合产权交易所子公司。

2. 网络和资源上的联系

例如，天津股权交易所在建设初期，首先依托天津产权交易中心加快市场基础建设。天津产权交易中心是国务院国资委指定从事中央企业国有产权转让试点机构，是天津市国资委指定的天津唯一从事国有产权转让市场，具有丰富的市场资源和人才队伍，已经形成了较大的市场规模和市场影响力。其次，天津股权交易所还依托北方产权交易共同市场加快全国性市场体系建设。2002 年 4 月在天津注册成立、天津产权交易中心作为理事长和秘书长单位的北方产权交易共同市场，成员单位已发展到全国多个省（自治区、直辖市），建立了共同市场网站和信息发布系统，已经成为我国最大产权交易市场共同体。天津股权交易所以产权市场为依托，寻求与全国 200 多家产权交易机构合作，期望通过结构制度完善和机制功能建设，在共建、共享、共同发展的基础上，逐步形成治理健全、运营高效、覆盖全国的市场网络，有效聚集并充分运用分散的市场资源。

3. 业务上的联系

在有的地区，股权登记托管职能由区域股权市场承担。如上海市规定，“本市非上市股份有限公司在交易场所内的股权托管、登记、转让、融资、结算、过户，以及国内其他地区非上市股份有限公司在本市交易场所内的股权托管、登记、转让、融资、结算、过户，均应通过上海股权托管交易中心进行”。在另外一些地区，股权登记托管职能则由产权市场承担。例如，内蒙古产权交易中心自 2006 年即被自治区国资委、金融办、工商局指定为自治区非上市企业的股权集中登记托管机构。

（二）区域股权与产权市场的区别

1. 发展概况和运营模式

（1）数量和层级。目前，全国有 200 多家地方产权机构，但区域股权机构的数量要少得多，只有 20 家左右。地方产权机构不一定设在省级，但区域股权机构除个别地区以外，一般都设在省会城市。

（2）挂牌主体。区域股权市场的挂牌主体是公司，挂牌公司的所有股东转让股份时都要在区域股权市场进行。相比之下，区域产权市场挂牌的仅仅是需要交易的股权。此外，产权市场交易品种更为广泛，不限于股权交易，还包括固定资产、房产、知识产权、文化产权等。

（3）市场功能。区域股权市场在为企业提供报价、转让服务以外，还有融资功能。换句话说，企业在区域股权市场挂牌，类似于企业到交易所市场上市，是企业进入资本市场持续发展的行为，可享受私募融资服务。私募融资分为挂牌前融资和挂牌后定向融资两种，相当于交易所市场的 IPO 和再融资。

相比之下，企业进入产权交易市场，属于集中式、一次性转让，主要目的是通过产权市场阳光处置，使得股权转让行为既合法规范，又能实现价值最大化。

（4）监管体系。区域股权市场一般由省级政府金融办监管，区域产权市场则分别属于产权交易管理办公室或国资委主管。

此外，区域股权市场已经被纳入我国多层次资本市场建设的范畴，证券公司可以参与。证监会通过对证券公司的监管，可以对区域股权市场的发展产生影响。相比之下，至今还没有相关政策对地方产权机构和股权托管机构在我国资本市场中的定位进行明确。

从自律监管看的内容看，区域股权市场一般实行两方面监管，其一是推荐机构对企业进行“终身督导”，其二是区域市场对所有挂牌企业“终身监管”，监管方式包括对企业实行严格规范的信息披露要求、设立多重条件的企业挂牌门槛、建立投资者适当性制度等。相比之下，产权市场的监管相对比较简单。

2. 交易制度

（1）企业类型。区域股权市场主要面向高科技企业、中小型企业等，国有企业也可以挂牌，对企业所有制类型没有限制。而产权交易市场主要是面向国有企业提供服务。尽管近年来非国有的中小企业股权转让业务正逐步发展，但国有企业的股权转让业务普遍仍占据主导。

此外，区域股权市场服务的对象主要是股份有限公司。相比之下，产权交易机构不仅交易非上市股份有限公司的股票，还允许进行有限责任公司的股权转让；参与市场交易的主体包括公司企业和非公司企业。

（2）挂牌门槛。在区域股权市场挂牌的企业必须要符合一定条件，包括公司治理规范、业务持续经营等，有时还有一定的财务指标要求。只有经过严格的尽职调查以后的非上市股份公司才能挂牌，有限责任公司的股权或其他产权不能挂牌。相比之下，产权市场则没有类似规定。

（3）交易规则和托管要求。区域股权市场有完整的一条龙服务，同时提供交易、过户、结算等服务。一般来说，在区域股权市场挂牌的企业要在同一个市场整体托管。例如，在上海股交中心挂牌的公司，其股东所持股份全部登记在上海股交中心。上海股交中心设立电子化股份登记簿记系统，实行股份的无纸化管理，依据电子登记簿记系统记录的结果，确认股份持有人持有股份的实施。齐鲁股交中心与知名软件开发商合作，共同研发出具有独立知识产权的场外市场股权登记结算系统。《齐鲁股权托管交易中心股权登记托管业务规则》和《齐鲁股权托管交易中心挂牌公司股权转让规则》分别明确规定了企业股权登记托管和交易清算的规则、方式和程序。在登记托管方面，齐鲁股交中心为非上市公司提供股权的集中登记托管服务，强化对企业的股权初始登记、变更登记和注销登记服务，保障挂牌公司股东名册和登记过户记录的真实、准确、完整。

相比之下，产权市场主要提供报价和定价服务，通过报价、定价以后形成交易价格，然而交易双方共同到工商机关或其他有关登记备案机关进行交易过户。换句话说，从托管要求看，产权市场的托管没有强制要求要集中托管，在产权市场挂牌交易的，其股份或产权可能是托管在工商机关，或者是在其他托管机构①。

（4）信息披露。与交易所市场类似，区域股权市场一般都要求建

---

① 我国《证券法》《公司法》等相关法律并没有非上市公司股权由独立的第三方进行托管登记的相关规定。虽然《公司法》规定了公司的股东名册置备和记载事项，但并没有规定公司股权可以在独立的第三方进行托管登记。目前数量众多的非上市公司的股权托管登记行为处于“无法可依”的尴尬境地。由于法律的滞后，许多地方对非上市公司的股权托管登记制度只能以部门规范性文件出台。但是，由于规范性文件效力较低和非上市公司执行文件的偏好，大量非上市公司股权没有统一进行登记和托管。

立严格、规范的信息披露制度，对信息披露要求是真实、准确、完整，区别仅在于信息披露的内容不一样。相比之下，产权市场的信息披露要求相对宽松。

表 15　　区域股权市场与区域产权市场比较

	区域股权市场	区域产权市场
数量和层级	20 家左右，一般都设在省会城市	200 家左右，许多设在省级以下
挂牌主体	公司，包括全部股份	部分股权，而且交易品种不限于股权
服务企业类型	没有所有制限制，以中小、创新型企业为主。挂牌企业只能是股份有限公司	主要面向国有企业，但非国有企业业务在逐步增长。可以是股份有限公司或有限责任公司，甚至包括非公司企业
市场功能	具有持续性的融资功能	集中式、一次性转让
挂牌门槛	有一定的挂牌条件，须经过尽职调查	没有类似规定
交易规则和托管要求	同时提供交易、过户、结算等服务，挂牌企业在本市场集中托管	主要提供报价和定价服务，没有强制性的集中托管，交易双方需要到工商机关或其他有关登记备案机关进行交易过户
信息披露	严格规范的信息披露制度	要求相对宽松
监管机构	省金融办	省产权交易管理办公室或国资委
自律监管的内容	推荐机构的“终身督导”以及区域市场的“终身监管”	相对简单

六、从天津股权交易所的改革试验中得到的启示

（一）天津股权交易所的改革试验情况

天津股权交易所（以下简称天交所）是天津市政府根据国务院《关于天津滨海新区综合配套改革试验总体方案的批复》的要求批准设

立的公司制交易所。截至2012年年末，已有26个省（市、自治区）的247家企业在该所挂牌交易，累计实现各类融资116.32亿元，平均每家企业融资4709万元，是一个典型的为中小企业直接融资服务的场外交易平台。

天交所自2008年9月成立以来，在市场结构、交易模式、风险管控等方面进行了有益的探索和创新。其特点如下。

（1）实行以报价商双向报价为主，集合竞价和协商定价相结合的混合型交易模式。以报价商报价提供市场流动性，以集合竞价和协商定价牵制报价商的报价行为，防止报价商操纵市场。

（2）对价格风险、股东人数风险、报价商报价风险进行控制。包括对交易价格实行日涨跌幅10%的交易限制、将基本交易数量单位规定为挂牌公司总股本的1/200（即将股东人数控制在200人以内）、对报价商双向报价的买卖价差限制为8%等。

（3）建立合格投资人制度。合格投资人的定义是：企业注册资金（或净资产）不低于100万元、投资知识和承受风险能力综合评价分数70分以上；自然人个人金融资产在10万元以上、综合评价分数80分以上。

（4）市场准入低门槛。主要财务指标为：持续经营两年以上、注册资本1000万元以上、最近两个会计年度净利润累计不少于1000万元（其中区域市场不少于500万元）。

（5）创建以商业信用为基础的“小额、多次、快速、低成本”融资模式。每次为企业融资1000万~3000万元，一般在3个月内完成融资，综合成本仅为公开市场的1/3~1/5。

（6）统一制度、分级监管。在市场监管方面，天交所在统一企业挂牌、融资、信息披露与规范治理、报价商报价以及投资者交易的监管规则的前提下，与挂牌企业所在省市有关部门签订监管备忘录，使地方政府承担起部分监管职责。

2009~2012年的四年中，天交所直接融资量为47.05亿元（累计有232家挂牌企业完成首次定向私募，有37家挂牌企业完成46次后续增发），中关村代办股份转让系统为22.5亿元（累计有49家挂牌企业完成或启动57次定向增资）。2012年，天交所直接帮助挂牌企业实现融资26.21亿元（其中挂牌前首次定向私募9.09亿元，挂牌后增发7.3亿元，股权质押融资9.82亿元），中关村代办股份转让系统全年完成定向增资8.47亿元。从企业融资额、融资频率、融资成本、市场稳定性、市场活跃程度等情况看，天交所作为小额资本市场的试验应该是比较成功的。

（二）从天交所改革试验中得到的启示

启示一：按照市场化原则建设资本市场不仅是理论的必然，在实践中也是可行的

中国股市自诞生以来，一些制度性缺陷始终与市场的发展如影随形。“包装”甚至“伪装”上市、新股发行“三高”[①]、信息披露不实、内幕交易、操纵股价等问题频频发生，严重损害了投资人的信心和监管部门的公信力，影响了中国资本市场的健康发展。造成这些问题的一个根本原因，就是行政权力过度干预市场，行政机制超越自身能力去管本该由市场来管的事情，最终扭曲了市场机制。而在天交所，企业能否挂牌并不由行政权力决定，政府（包括其他省市区的地方政府）的作用仅在于推动企业改制和规范企业行为。天交所自身则是一个按现代公司治理要求设立、具备有效激励约束机制、拥有专业高效职业管理团队的企业。这样的体制，有效避免了A股市场的问题在天交所重演。由此可知，建设场外市场的出发点和重心应当是让市场机制充分发挥作用。推而论之，治理A股市场痼疾的关键则在于将市场的权力还给市场，由市场机制来选择和淘汰上市公司。监管部门则应真正以保护投资者为中心，将市场监管重点由上市公司盈利能力转到信息披露上来，将市场

① “三高”即高发行价、高市盈率、高募资额。

的“三公”原则落到实处。同时要推动证券交易所的改革，逐步减少其行政色彩，使之尽快成为一个能够按照市场规则运作的、真正的市场机构。

启示二：为中小企业融资服务的场外交易市场应贴近市场需求，建立有别于场内市场的交易和管理模式

据统计，目前在工商部门注册的中小企业数量达1000万家①。而截至2012年末，A股上市公司数量仅为2494家。显然，绝大多数中小企业永远都不可能在A股市场上市。为大量中小企业提供直接融资服务的，只能是场外市场。与A股市场不同，场外市场面对的是数量庞大的、存在先天不足的中小企业。不仅企业规范程度、抗风险能力远低于大企业，而且资金需求具有“规模小、频率高、时间短、成本低”的特点。对于这样一个群体，场内成熟的集合竞价制度就变得“水土不服”，需要更加灵活有效的市场交易和管理机制。天交所在实践中摸索出来的“报价商报价为主、集合竞价和协商定价为辅”的混合交易模式、“投资者高准入门槛、企业低准入门槛”的风险分配机制②等创新，可能是更加适应中小企业特点和融资需求的本土模式。在探索中国场外市场建设的过程中，应允许不同模式的探索存在，支持和鼓励不同模式在竞争中共存。

启示三：地方政府参与的、权责对等的分层监管架构，对场外市场的监管可能更有效率

天交所在改革试验中，使挂牌企业所在地方政府承担了部分监管责任。相对于集中统一、垂直的监管体系，这种不靠行政权力而以利益纽带连接的分层监管架构，因地方政府职能部门在地理位置上接近挂牌企业，不仅有利于发现散布在各地的优秀企业、而且有利于及时全面观察挂牌企业的经营状况，降低监管成本。

---

① 加上个体工商户约4100万家。

② 主板市场则相反，为“投资者低准入门槛、企业高准入门槛”。

第五章

发展我国场外股权市场的有关问题辨析与相关政策建议

一、有关顶层设计的一些问题

中国场外股权交易市场的下一步发展，还有很多问题亟待解决。而制度调整和政策空白的填补，也需要建立在对这些问题统一认识的基础之上。这些问题主要是：①场外股权交易市场的未来的发展模式应该是怎样的？②在发展场外股权交易市场过程中政府的职能应如何定位？③场外股权交易市场是否要分级？如何分级？④场外股权交易市场应采用什么样的交易机制？与证交所市场的关系如何？⑤对场外股权交易市场是否需要统一监管？如何加以规范和强化风险管控？等等。

（一）关于未来中国场外股权交易市场的发展模式和政府的作用

我国发展场外股票市场的困难，归根结底还是源自资本市场“自上而下”的发展模式。这种模式与市场经济条件下“自下而上循序渐进”的常规路径方向完全不同，并带有强烈的“行政主导”特征。习惯了中国式“证券交易所”模式的投资者、企业、中介机构以及监管机构，都还不适应相对分散的、以报价驱动为主（而非指令驱动为主）的交易方式。但是无论是理论还是现实都已经表明，场外股权市场是资本市场的重要组成部分，为促进中小企业和科技创新型企业发展，今后需要加快发展场外市场。如果说20世纪90年代初由于不够了解市场规律，使得创立中国证券市场时走了许多弯路的话，在经历了30多年的经济体制改革之后，我们对市场规律已经有了较为深刻的认识，更应该按照市场的本来面貌和运行的内在规律去建设市场。2012年区域股权交易市场政策的出台，实际上意味着国家将部分资本市场管理权下放给地方政府，以促进区域内非上市股份公司的股权转让和融资活动。在这一进程中，如何界定政府和市场的关系成为一大难题。一方面，区域股权市场的运营模式中集中体现了地方政府的意志，另一方面，地方政府的支持力度（如挂牌企业补贴）成为影响区域股权市场竞争力的关键因素之一。很多情况下政府行政力量而非市场机制，成为区域股权交易市场发展的主导力量。这样做可能会推动区域市场的短期繁荣，但必然造成很多长期恶果，包括市场割裂、竞争扭曲，最终丧失市场配置资源的功能，并放大市场风险。

有鉴于此，在下一步发展场外股权市场的过程中，需要特别重视处理政府和市场的关系，明确界定政府的职能，以提升市场效率和服务功能为目标，以尊重市场规律为前提。无论是中央政府还是地方政府，都不宜直接接入场外市场的运作。政府的工作重点，应放在场外股权市场的顶层设计上，并努力完善基础环境，为场外市场发展创造良好的条件。具体来说，有以下几点需要强调。

第一，场外股权交易机构应当去行政化，真正作为市场运营机构按市场规律运作。区域性市场机构的组织制度既可以采用公司制，也可以是非营利性组织。但无论采用哪种组织制度在政策上都要一视同仁，政府不应用行政手段通过差别政策去保护和扶持某个市场机构。要使区域之间的竞争建立在公平基础之上，无法持续经营的机构应退出市场或被兼并重组。

第二，中央政府有关部门的职责主要是做好市场制度的顶层设计，推动相关法治建设，消除不必要的市场壁垒，防止出现地方保护主义，规范证券公司、商业银行、投资基金等金融机构的行为，监控市场风险。

第三，地方政府的职责是推动本地企业的股份制改造，配合交易所加强对挂牌企业的行为规范，对本地区场外市场组织机构的经营活动进行监督管理，制止违规行为。

（二）关于场外股权市场的法律基础

从经济学的角度看，无论如何，市场都是一种制度安排，它强调两点，一是制度的法的规定性；二是制度的系统性与相互的嵌入性。在相关的制度与法律形式的规则文件整体缺失的情况下，市场发展的一致性战略性选择就无从谈起。从我国场外市场的发展历程看，法律法规滞后始终是市场发展中的大问题。

目前，我国证券市场交易所体系的发展是主流，场外交易市场尚未作为正式的、规范的市场进入多层次资本市场体系。2005 年我国《证券法》的修改只限于对公开发行和上市交易行为的调整，在证券公司营业场所里开展的股票交易代理业务也仅面向上市公司。立法上的缺失和法律界定不清，使得监管无法可依、难以到位，这是制约我国场外交易市场健康发展和有效监管的重要因素。

我国场外交易市场事实上存在了近 30 年，而法律层面的监管依据却迟迟未出台，究其原因，与中国社会长期以来重政策轻制度的传统思维密不可分。政策的短期化、多变性加剧了市场发展的风险。因此，必须赋予场外交易市场合法地位，在法律性质上明确其为我国多层次证券市场体系的重要组成部分，与证券交易所市场相辅相成、互相补充，共同构成完整的证券市场体系。

当前我国《证券法》《公司法》中，不利于场外股权（股票）市场发展的不合理规定主要表现在三个方面。

第一，股份公司的资本门槛太高。2005 年修订的《公司法》虽然将股份公司吹侧资本的最低限额从老《公司法》的 1000 万元降低到

500万元，但仍然比市场经济国家高出6～20倍（郭励弘2008）。耶鲁大学教授陈志武2002年分析妨碍中国人创业因素时提出的见解至今对我们仍有启迪意义："成立股份公司的注册资本底线，日本约为82万元人民币，英国约为64万元人民币，其他欧盟国家约为20万元人民币，美国则为零。这种创业壁垒看来简单，但它意味着在中国内地可能难出像迈克·戴尔、比尔·盖茨这样的世界首富，也难出像微软、英特尔这样的传奇公司。"股份公司的门槛太高，导致我国股份公司的数量偏少。根据国家工商总局的统计，2012年我国内地内资企业中股份有限公司的数量为230234家（仅略高于我国台湾地区的15万余家），有限责任公司10117116家。股份公司占有限责任公司的比重仅为2.3%，而一些欧洲国家如丹麦、法国等该比例达到33%～67%，我国台湾地区该比例为38%①。

第二，对公开发行限制过严。根据《证券法》的规定，"公开发行证券，必须符合法律、行政法规规定的条件，并依法报经国务院证券监督管理机构或者国务院授权的部门核准；未经依法核准，任何单位和个人不得公开发行证券"。同时规定向特定对象发行证券累计超过二百人的为公开发行。从实践看，这一规定既不合理，也难以执行。一者什么是"特定对象"？法律并未对其资格加以限定。二是公开发行证券除了须经核准外，与非公开发行证券有何差别？从国外经验看，"公开"与否的差异在于是否向社会公众披露信息，而我国法律仅向监管部门授予核准的权力，却未对信息披露要求及其监管作出规定。三是200人规定并无科学依据，为什么是200人而不是100人或者500人？由于法律规定过泛，在执行中只能以监管部门的意志为执法标准，造成监管部门的自由裁量权过大。

第三，对股票转让规定过严。《公司法》和《证券法》均规定，

① 郭励弘："低层次股票市场的比较与启示"，《国务院发展研究中心调研报告》专刊，第99期。

"依法公开发行的股票、公司债券及其他证券，应当在依法设立的证券交易所上市交易或者在国务院批准的其他证券交易场所转让"。这一规定扼杀了场外股权交易市场的生存空间，使得我国场外交易机构只能冠名以"股权转让"或"股份转让"。从经济学原理看，股权、股票与股份三个概念尽管略有差别，但本质都是所有权。股票不过是股权的代表物而已。和国外实践看，只要在市场交易的都是股票，并没有场内交易股票、场外交易股权、股份之分。我国在当初制定和修改相关法律时，主导思想是不允许场外股票市场发展。但是现实已经证明，股票流动的需求用行政手段是无法遏制和消除的，只不过在严厉管制的情况下，这种需求只能以种种扭曲而高成本的方式实现。随着时代的变迁和市场经济改革的深化，历史上形成的对股票流通的不合理管制已经到了取消的时候了。

（三）关于场外市场的分层

近年来，对建设多层次资本市场有大量的讨论。目前在"资本市场需要多层次"问题上已经达成共识。但是对于场外市场的发展，是否也需要"多层次"？还存在一些不同看法。一些媒体将全国中小企业股份转让系统称为"新三板"，将天津等区域性股权交易市场称为"四板"，将券商柜台交易市场称为"五板"，将产权市场称为"六板"。笔者认为，这种以设立背景和与监管部门联系的紧密程度来区分市场层次的方法并不科学。市场板块的划分，需要以挂牌企业的标准、交易制度、监管要求等作为依据。现有"三板"、"四板"、"五板"、"六板"概念的形成，在很大程度上是行政管制而不是市场运行的结果。这种人为制造市场分割并非创新，反而会因对场外市场的过度切割而增加额外的交易成本甚至设租机会，不利于形成经营管理方式的差异化，也不利于推进场外市场的有效竞争。现存区域性市场盲目建设问题的根源，不在于地方政府过于"积极"，而在于法律法规和监管理念、监管方式的滞后。与其花力气去协调区域性股权交易市场之间的关系，不如加快修订《证券法》《公司法》中有关条款。从资本市场的本质来看，并不存在“全国性”或“区域性”之分，因为在一国之内资本流动是不受限制的。即便最终形成了“全国性市场”和“区域性市场”，也应该是市场自然选择的结果而不是行政力量划分的结果。换言之，不应当对企业在哪个市场挂牌做出硬性规定，只要符合标准，企业可以自由选择在任一市场挂牌。

根据科学的分级标准，我国场外市场的层级应当划分为两层：以报价驱动为主的市场（包括全国中小企业股份转让系统、各地股权交易机构和券商柜台交易市场）和以拍卖驱动为主的市场（各地产权交易所）。如果需要对公众公司和非公众公司区别对待的话，也可以在报价驱动为主的市场中划分成公众公司交易市场和非公众公司交易市场。相同层级的市场，应该享受相同的政策待遇，不宜由政府指定独家机构经营某项业务，更不能强制企业只能在某家机构挂牌或托管。

（四）多层次资本市场之间的是否应当互联互通

从逻辑上说，场外市场与创业板、主板之间应构成一个完整、协调、密切联系的多层次资本市场体系，否则资本市场就不是一个整体而成为分割的市场，市场效率也就难以实现。但是市场之间的互动需要有现实的实现机制。这种机制应该如何设计？是建立我国台湾那样的强制转板制度？还是继续维持当今转板制度缺失的现状？从中国的现实情况看，在证券交易所体制、上市制度等尚未实现商业化改革之前，直接升板制度暂不可行，因为会出现市场套利行为，特别在主板 IPO 还存在 700 多家排队“堰塞湖”的情况下更是如此。“新三板”虽然有少量转板 A 股市场，但这是一种对直属于证监会的“新三板”市场的特殊优惠，不仅制度性和规范性均不够，也有失公平。另一方面，降板制度可以先行。随着 A 股退市制度的完善和实施，从证交所市场退市的股票完全可以在场外市场挂牌继续交易。同样地，这种降板也应该制度化，并给予挂牌企业和各地场外机构以选择的权利。

（五）关于场外股权交易市场的监管

随着区域性股权市场的大量出现，是否需要对区域股权市场实施统一的监管的问题开始引起关注。如何安排证监会监管与地方政府监管之间的关系？地方政府监管（包括跨区域经营时的监管）如何实现？这些都是现实中迫切需要解决的问题。笔者认为，鉴于场外股权交易市场主要是面向中小企业服务的，而中小企业具有面广量大、管理规范程度不高、风险较大的特点，不宜对之实施全国统一式监管。当前需要做的是对区域性股权交易市场的一些基本要件进行统一规范。如规定挂牌的基本条件（目前有的股权交易市场在企业股份制改造尚未完成时就允许挂牌）、约定交易方式、对自律性监管提出基本要求等，特别是风险控制，需要特殊的制度设计。

场外市场本来就是为达不到上市条件的企业而设，因此各国场外市场的入市门槛很低甚至基本没有门槛，通常程序也比较简便，周期较短。为控制市场风险，特别设计出不是依靠信息披露（场内市场风险控制的支柱是信息披露）、而是将企业辅导、行为规范等方面的工作交给做市商承担的风控制度。有的国家甚至要求做市商一旦推荐股票挂牌，就对该股票负有终生责任。做市商不仅在挂牌之初有认购股份义务（且不得与挂牌公司或其关联人私下约定将其所认购的股份在未来由公司或其关联人等买回），而且有连续报价和应买应卖义务。在做市商报价后，如有投资者的委托落在其报价范围内，做市商必须成交。此外，有些国家对投资者也有一定门槛要求。例如参与美国 PORTAL 市场的投资者必须拥有超过 1 亿美元的资产，且股东数不能超过 499 个；英国 PLUS 私人配售市场的投资者不能超过 100 人等。这种合格投资人的制度设计，也是为了将没有能力识别和承担风险的中小投资者排除在高风险市场之外，从而起到保护中小投资人的作用。从中国内地的情况看，由于做市商制度尚未建立，风险控制的责任主要是由场外市场的组织者承担的。因此有必要在国家层面明确场外股权交易机构的风险控制责任和地方政府的监管责任，同时应统一设计合格投资人的制度，避免因不同市场的制度不统一而带来风险。

（六）关于场外市场的经营方式

为满足不同层次投资者和企业的需要，场外市场需要采取更灵活的经营方式。如前所述，英国AIM市场的上市方式包括：公开发行、配售、挂牌（只上市不融资）、反向收购上市等多种方式。PLUS市场也有三种上市方式。针对企业的不同目的，每种方式所要求的条件也有所不同。中国台湾的柜台交易市场除了股票之外，还可以交易债券（包括可转换公司债、公司债、公债、金融债、外国债）、权证、指数基金以及利率互换、股票和利率期权等衍生品。美国大量的债券交易是在OTC市场上完成的。国际经验证明，推出多种交易品种，有助于活跃市场交易，增加市场的影响力，改进对投融资双方的服务。从中国内地情况看，目前证券场外市场交易的品种只有股权（股票），今后应适度放开管制，酌情增加场外市场的交易品种。

二、关于进一步完善我国场外股权市场建设的建议

（一）尽快统一认识，加快推进场外股权市场规范发展

场外股权市场对于一国资本市场的健康发展具有不可替代的作用，这一点已经为国内外实践所证明。与企业的需求相比，目前我国场外市场的发展还远远不够，在相当程度上制约了实体经济的发展。据资料分析，目前我国年营业额大于1亿元的企业数量为25万家，营业额大于5000万元的企业超过50万家，而营业额小于5000万元的中小企业的数量则超过1000万家。而到2012年底，各地区域性场外市场只有约800家企业挂牌，多年累计融资量不超过200亿元人民币。目前地方政府对于发展场外市场十分积极，但因为缺少规范，在发展过程中已经出现风

险苗头。而在中央政府层面，对场外市场地位、作用、发展方向和模式等问题的认识尚未统一，有关政策和制度也不够明确。对此，建议有关部门要提升对场外市场的关注度，尽快进行顶层设计，明确政策导向，推动场外市场的规范发展。

1. 地方股权交易市场应合理化布局，不能一哄而上

目前，国务院和证监会都没有具体的文件规定各个省市可以设立股权交易市场，证监会明确立场只监管证券公司。判断市场布局的合理性主要通过该市场的设立能否充分发挥市场功能，主要在于该市场能否解决企业融资问题，能否促进中小企业的发展。一些市场当地没有 PE 机构，没有投资者，市场没有交易量，根本不具备融资功能。这样的市场功能发挥不佳必将导致企业需求得不到满足。

2. 取消“全国性市场”和“区域性市场”的划分，科学划分场外市场层级

根据证监会颁布的《关于规范证券公司参与区域性股权交易市场的指导意见（试行）》将由地方政府监管的地方股权交易市场定义为“区域性市场”，从而使得社会上众多不了解资本市场的企业和投资者误认为地方股权交易市场仅为区域内企业、投资者服务，产生了地方股权交易市场的层次低于全国性场外市场——“新三板”的错觉。事实上，资本市场层次的划分标准为服务对象、市场功能和手段。从这三者来看，区域性股权交易市场和全国性市场一样，均服务于成长期前期，不符合 IPO 条件的中小企业，市场功能主要为融资、股份流通、价值发现等，采用的服务手段均为定向增资、定向转让等。所以地方股权交易市场和“新三板”均处于多层次资本市场的第三层，即同为“三板”，“区域”的概念不是“四板”。其与全国性市场的区别仅在于监管主体不同。区域市场由地方政府监管，全国市场由证监会代表国家监管，但两者的服务对象、市场功能和手段是一样的，两者间的关系类似于 CCTV 与地方卫视的关系，是一种竞争关系，应在竞争中改善服务，在竞争中实现优胜劣汰。

（二）加快修订相关法律

我国《证券法》和《公司法》自2005年修订以来已经过去8年年了，从我国经济和金融市场的发展情况看，许多条款已经落后，许多重要问题没有涉及，因此需要尽快重新修订《证券法》和《公司法》。

1. 需要在法律层面肯定场外股权交易市场的合法地位，明确股票场外市场的范围

在将证券场外交易市场纳入法制的问题上，2005年修正的《公司法》第139条规定："股东转让其股份，应当在依法设立的证券交易场所进行或者按照国务院规定的其他方式进行。"2005年修正的《证券法》第39条也作出了相类似的规定："依法公开发行的股票、公司债券及其他证券，应当在依法设立的证券交易所上市交易或者在国务院批准的其他证券交易场所转让。"

2005年《证券法》第39条虽然没有像1998年《证券法》那样将证券场外交易市场拒之门外，但也仅仅是为场外交易市场的存在预留了法律空间，至于场外交易市场的法律地位、市场形态、监管制度等，则只字未提。在我国经济发展已对建设多层次资本市场提出现实需求且证券业界已进行有益探索并积累了一定经验的情况下，法律规范的严重滞后阻碍了市场的进一步发展。

国外经验证明，场外交易市场是证券市场必不可少的组成部分，将场外交易市场纳入法律调整范围是顺理成章的事。因此，应尽快赋予场外交易市场合法地位，明确其为我国多层次资本市场体系的组成部分，与证券交易所市场相辅相成、互相补充，共同构成完整的资本市场体系。

2. 对非上市公众公司和私募制度应有明确法律规范

2005年修订的《证券法》39条和《公司法》139条对非上市公众公司的股份流通仅仅预留了空间，但并没有明确的法律规范。2012年10月，证监会发布《非上市公众公司监督管理办法》，将非上市公众公司（包括两类且其股票不在证券交易所上市交易的股份公司，一类是

股票向特定对象转让或发行导致股东累计超过200人的公司，另一类是股票以公开方式向社会公众公开转让的公司）统一纳入证监会的监管。该办法的出台是一个重大进步，将有利于进一步提升资本市场服务实体经济的能力，促进中小企业稳步发展。但是尽管《办法》已于2013年1月1日开始实施，但实施细则并未出台。对于非上市公众公司有关核准程序尚不清晰，同时对非上市非公众公司尚缺少规范。为此建议尽快出台相关实施细则，并加快制定有关私募制度。同时鉴于《办法》的法律层级偏低，覆盖面偏窄，仍需要尽快启动对《证券法》的再次修订工作，解决非上市公众公司和非上市非公众公司在发行、转让、流通等方面存在的问题。

具体来看，当前需要解决的两个突出问题是：①降低股份公司设立标准，扩大股份公司群体。如前所述，相对于一千多万家有限责任公司，23万家的股份公司数量无疑不成比例。作为比较，海峡对岸的中国台湾经济总量只有大陆的1/17①，但中国台湾的股份公司数量却达到15万家。股份公司是股票市场的基础，股份公司数量过少，无疑将影响股票市场的规模、活跃度和规范性。2005年《证券法》对设立股份公司的标准尽管已由1993年《公司法》的5000万元以上降到500万元，但从国际经验看，这个标准明显偏高，建议再次修改后的《证券法》将该标准降为50万元②。②细化私募股票法律规范，放松对股票交易不必要的管制。《公司法》在定义公开发行证券时，为私募留下了空间，凡不符合公开发行条件的，属于私募证券。但是现行规定仍相当模糊，例如“向不特定对象发行证券”为公募，可以理解为向“特定对象”发行即为私募。那么什么是“特定对象”？发行人是否需要对“特定对象”披露信息？非公开发行后是否需要报备？这些问题现行法律均没有给出回答。同时对于私募证券的转售制度，无论《公司法》

① 2012年中国台湾地区GDP144618亿新台币，折合4884亿美元，中国内地GDP519322亿元，折合约83360亿美元。

② 目前有限责任公司的设立标准时3万元，一人公司的最低资本为10万元。

还是《证券法》都没有涉及。《证券法》只是规定，“依法公开发行的股票、公司债券及其他证券，应当在依法设立的证券交易所上市交易或者在国务院批准的其他证券交易场所转让。”却没有指出“两非”（非上市、非公开发行）股票持有人是否可以转售，以什么方式转售，受让人需具备什么资格（合格投资人）等问题。由此一方面导致“两非”股票的转让极不规范，另一方面也令目前一些专营“两非”股票交易的机构（如天津等地的股权交易所）和存在事实转让的股票托管机构战战兢兢。从我国现实需要出发并参照国际经验，建议适度放开对私募股票流通管制并对私募股票的转售活动加以规范，以促使场外股票市场健康发展。

（三）建立完善的合格投资人制度

由于场外股权交易市场的挂牌企业大多处于企业的成长期，投资者的市场风险较高，为保护投资者利益，实现市场平稳运行和健康发展，有必要建立完善的合格投资人制度。

目前，中小企业股份转让系统和天交所都采取了各自认定的合格投资人制度。前者面向投资机构和发行过程中认购股份的自然人股东，近期出台的《全国中小企业股份转让系统投资者适当性管理细则（试行）》将合格投资者标准限定为：注册资本500万元人民币以上的法人机构、实缴出资总额500万元人民币以上的合伙企业，以及名下证券类资产市值300万元人民币以上的个人投资者。后者面向符合其合格投资人条件的所有机构和自然人。其合格投资人的定义是：企业注册资金（或净资产）不低于100万元、投资知识和承受风险能力综合评价分数70分以上；自然人个人金融资产在10万元以上、综合评价分数80分以上。

两个标准相比，除了在资金实力（抗风险能力）方面有差别外，在评估投资者的风险承受能力和风险识别能力的具体做法上也有差别。为有效防范风险，建议证监会在一段时期以后对两个市场的合格投资人制度进行评估，督促市场完善合格投资人标准，严格执行合格投资人入场制度。

（四）引进和完善与场外交易市场相适应的做市商交易机制

做市商制度与交易主体数量较少，信息对称程度较低，市场流动性较差的场外交易市场具有更强的适应性。这不仅在理论上，而且在世界各国场外市场的发展实践中均得到了验证。

目前，中小企业股份转让系统采取的是一对一议价制度，而天交所采用的是做市商双向报价为主、兼有集合竞价和协商定价的混合型交易制度[①]。与天交所相比，前者的风险控制责任全部集中在市场组织者身上，对券商的约束明显不足，同时市场的流动性可能也会受到影响。建议充分借鉴国际经验，在中小企业股份转让系统建立做市商制度。

随着《全国中小企业股份转让系统有限责任公司管理暂行办法》出台，做市商方式在该市场已不存在障碍。而“区域市场”仍受制于38号文的限制不得采用做市商制度，这种带有倾向性的政策性不利于有序竞争的开展，也抑制了地方股权交易市场发展的积极性，建议尽快在政策对此加以明确。

（五）场外股权交易市场挂牌公司股东人数可适度突破200人限制

现有对证券发行人数的限制（200人以上为公开发行，须向有关部门报备）值得商榷。当初制定这一限制，主要是在证券市场起步时期缺乏秩序的情况下做出的特殊规定。随着我国金融市场的发展，这一规定既无必要，执行也比较困难（现实中，非公开发行证券的持有人完全可以通过拆细的方式将证券通过非公开交易的形式转让给多数人，从

---

① 混合型做市商制度出现于20世纪90年代，目前逐渐被各国场外交易市场普遍采用。

而突破该限制）。目前各地方股权交易市场挂牌企业的股东人数均受到“200人”的限制，在很大程度上抑制了场外市场的发展。而且未来很可能会出现这样的尴尬局面：主板、创业板、新三板挂牌企业可以超过200人，不上任何板块的企业也可以超过200人，唯有地方股权交易市场却不能超过200人。不久前证监会颁布的《非上市公众公司监督管理办法》解决了股东人数超过200人企业的合法性、履行义务及进一步增发的审批等问题，但并没有限制企业只能在新三板市场挂牌。目前新三板已经放开了200人的限制，对地方性股权交易市场也应放开限制，尽早形成良性竞争态势。

（六）修改“T+5”的规定，增加交易的活跃度

交易市场中究竟应采取T+几的制度，应取决于市场是否流动性泛滥，风险是否可以有效控制。目前的场外市场，交易并不活跃，风险也可控，没有理由人为限制流动性，反而应设法增加市场的流动性。若继续在地方股权交易市场执行T+5的交易制度，市场会越来越失去活力，场外市场为中小企业服务的功能也无法充分发挥出来。

（七）完善和强化退市制度，分步建立不同层次股票市场的“升降级”机制

“有进无退、有生无死”历来是我国股票市场的主要缺陷。自2001年4月PT水仙被终止上市起，截至2011年，沪深两市共有退市公司75家，其中绩差公司连续亏损而退市的有49家，其余公司的退市则因为被吸收合并。这种过度保护上市公司的做法导致市场资源优化配置功能失灵。相比之下，2009年纽约交易所新上市公司94家，退市212家；德国交易所新上市公司6家，退市61家；伦敦交易所新上市公司73家，退市385家。这些国家的证券市场“有进有退”，其退市机制起到了较好的资源优化配置效果。造成“有进无退、进多退少”状况，既

有制度设计含糊的原因，也有执行不力的因素。由于有关社会影响和经济利益，挂牌企业、推荐券商乃至市场组织者往往不愿意看到退市企业数量的增加。场外市场由于挂牌企业实力弱，信用度低，风险将明显大于证交所市场，因此退市制度对于场外市场来说更加重要。为此，建议在场外股权交易市场的建设过程中，退市制度的建设应引起充分的重视，使之能够真正成为一个有进有退的市场。

另一方面，不同层级股票市场的递进关系，对于完善证券市场运作机制十分重要。但是尽管目前我国多层次资本市场的架构已基本成形，但相关的升降级制度并不完善，特别是区域性股票市场，尚未被纳入该制度之中，为此建议如下。

第一，鼓励 IPO 排队企业到场外市场挂牌，以起到分流 IPO 堰塞湖的作用，同时也可减少企业一上市就变脸等恶劣现象的出现概率。

第二，努力打通各场外市场之间的互通对接。不仅允许鼓励各地场外市场的挂牌企业去新三板挂牌，同样也要积极支持新三板挂牌企业转至各地场外市场挂牌交易，要充分尊重企业的意愿，给予企业及全体股东以充足的决策空间。让企业切实享受到场外市场对于实体经济的促进作用，从而推动各场外市场良性发展。

第三，在时机成熟时，允许符合条件的挂牌企业直接“升级”到 A 股市场。

附件一

中国台湾场外交易市场的现状、特点与启示

一、中国台湾场外交易市场发展回顾

1988 年，为了给公开发行但未上市的股票提供一个流通的场所，特别是为解决高新技术企业及中小企业的融资问题，中国台湾证券商公会设立了“柜台买卖服务中心”。中国台湾股票柜台买卖市场在发展初期并不理想。由于在制度设计上，照搬美国的做市商制度，但中国台湾证券市场的特点是以散户为主，不能适应做市商制度。加之券商服务能力不足，导致市场不够活跃，5 年间上柜公司只有 11 家。在征求业界意见后，1994 年台湾证管会对该市场进行改造，建立公益性法人从事柜台市场运作。为此证管会组织了筹备委员会，组建了独立于券商公会的、非营利性的柜台买卖中心[①]。目前该中心已成为证券场外交易的中心市场。

经过 20 多年的发展，中国台湾资本市场已经形成清晰的四个层次。

第一层次：公司制的中国台湾证券交易所集中交易市场，采取典型的竞价制度和电子交易。

---

① 由中国台湾证交所、台北市券商同业公会、高雄市券商同业公会和中国台湾证券集中保管公司共同捐款新台币 3.5 亿元。至 2009 年，加上历年累计盈余转入，基金规模合计达到 32 亿元。

第二层次：非营利性财团法人制的证券柜台买卖中心市场，以竞价制度为主做市商制度为辅。在柜台买卖市场上柜的股票又分为主板、中小板、创业板、国际板几个板块。证券柜台买卖中心以董事会为最高决策机构，由15名董事组成，另设监察5人。董事和监察人选，除依《证券交易法》规定由监管部门指派外，全部由捐助机构从捐助机构自身、专家学者和证券从业者中遴选。其中捐助机构人员担任董事、监察人不得超过三分之一，券商同业不得低于三分之一；上柜由中心内设的审议委员会决定，该委员会由柜台买卖中心总经理等7名内部成员和外部专家学者4人组成。

第三层次：兴柜市场，由柜台买卖中心代管，交易采用经纪或自营的议价成交方式。兴柜市场成立于2002年，设立目的是为未上市上柜股票标准的股票提供流通场所，并将此类股交易纳入制度化管理。

第四层次：盘商市场，即非公开的私人股权交易市场。以盘商（专门从事未上市股票交易经纪业务、但不具备券商资格的商人）为中介进行。这是一个非法市场，对盘商数量及交易情况均没有统计，盘商也不敢曝光。大约有几百个经纪人接受委托，通过电话、互联网等从事非上市（柜）股票的交易活动。据中国台湾业内人士介绍，兴柜市场设立以后，盘商市场明显缩小。

从市场规模看，中国台湾证交所是证券市场的核心，其无论是上市公司家数还是市值、成交金额均排在首位；2011年，证券柜台买卖中心和中国台湾证交所的股票交易额占比为13.23%和86.77%①。柜台买卖中心是中国台湾的“纳斯达克”，重点为高新技术企业和中小企业提供直接融资服务。兴柜市场定位于上市、上柜的预备市场，相当于美国的OTCBB市场。其设立目的，一是帮助股票发行公司提前熟悉证券市场法规和运作机制；二是提升财务信息透明度，帮助投资者了解企业；三是为上柜前股票提供流动性和价格发现服务。兴柜是中国台湾股市中

---

① 《上海证券报》2012年4月10日。

唯一采用议价交易方式、并以推荐券商为交易核心（担任做市商，交易双方必有一方为推荐券商）的股票市场。尽管企业家数和企业规模有限，其地位和作用却不可忽视。盘商市场尽管不是一个合法的、受到监管的市场，但由于中国台湾的股份公司达到15万家（大陆约2万家，数量明显偏少），客观上存在着大量的股票流通需求，因此盘商市场的基数相当大。有人通过互联网检索，发现至少有1万种由盘商买卖的股票，可见该市场远远超过了柜台市场的规模。尽管流动性偏低，但确实满足了部分中小企业的融资需要。

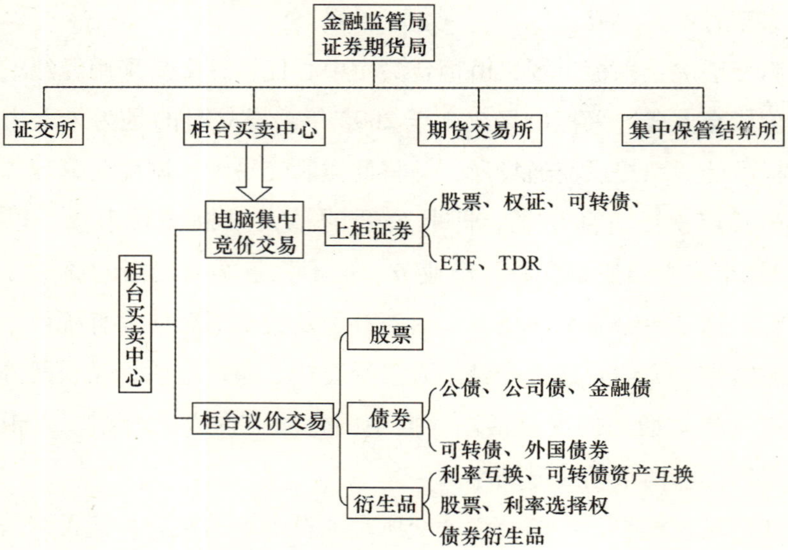

图1　中国台湾多层次公开资本市场架构

二、中国台湾场外交易市场的现状与特点

1. 现状

截至2012年7月末，中国台湾上柜挂牌股票623家[①]，总市值

① 中国台湾柜台买卖中心，以下若无特别说明出处同。

16233 亿元（新台币，以下同），成交量 18284 亿元；兴柜挂牌股票 271 家，总市值 5457 亿元，成交值 671 亿元。柜台买卖市场自 1994 年创办以来，累计上柜 1075 家，其中从上柜股票转为中国台湾证交所上市股票累计 304 家。兴柜市场自 2002 年开办以来，累计挂牌 1200 家，累计兴柜转上柜 529 家，累计转上市 153 家。从股票流动性看，柜台买卖中心的股票换手率达到 86.3%，远高于中国台湾证交所的 45.25% 和新加坡的 21.77%、香港的 19.49% 和伦敦的 25.26%，比纽交所的 42.36% 也高出一倍，显示场外市场的流动性高于交易所市场。

2. 特点

中国台湾场外交易市场具有以下特点。

第一，交易商品丰富，涵盖了股票、债券、金融衍生品等多个交易品种。

第二，股票交易以高科技企业为主。截至 2012 年 7 月，在该市场挂牌的电子、生物医疗类企业占全部上柜企业的比例达到 72%，而传统产业企业占比仅为 19.9%。当月超过 86% 的成交值集中于高科技企业。

第三，筹资包括首次公开发行（IPO）和存量公开发行（SPO）两种方式，且以存量发行为主。由图 2 可见，在 2006 ~ 2012 年 7 月期间，除了 2011 年外，各年度 SPO 筹资量均大于 IPO 筹资量。7 年中存量发行年均筹资 148 亿元，为 IPO（年均 74 亿元）的一倍。

第四，有明确的转板和退市制度。兴柜市场建立之后，中国台湾逐步完善了转板制度，使得上柜公司在兴柜挂牌一段时间以后，优质股票可以转板上柜股票和上市股票。从 2006 年起，中国台湾规定所有股票必须先在兴柜挂牌后才能上市上柜，且必须在兴柜交易满 6 个月。同时中国台湾场外市场从一开始就建立了退市制度，至 2012 年 7 月末，由于经营不善或者合并、企业自愿等因素，累计有 148 支股票下柜，247 支股票从兴柜市场退出。

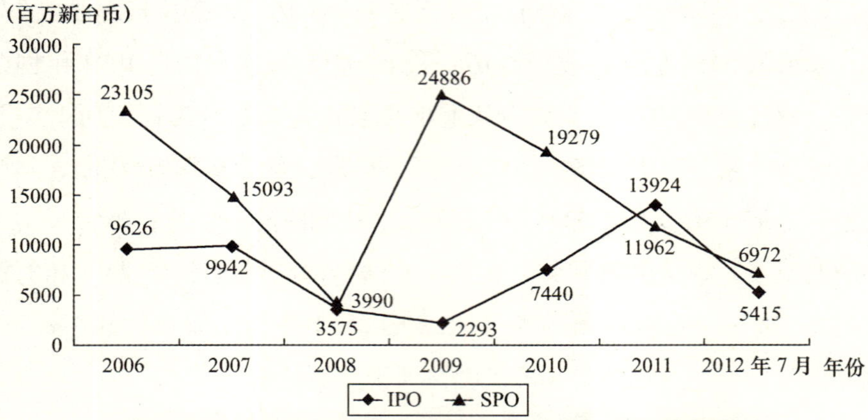

图2　2006～2012年中国台湾柜台市场IPO及SPO筹资情况

表1　上柜、兴柜公司转市、退市统计（家）

上柜公司转市和退市家数			兴柜转市和退市家数		
	转　市	退　市	转上市	转上柜	退　市
1994年	4	0			
1995年	2	0			
1996年	0	0			
1997年	5	1			
1998年	12	0			
1999年	15	1			
2000年	63	4			
2001年	48	16			
2002年	43	19	21	94	9
2003年	24	20	21	83	3
2004年	26	18	12	90	20
2005年	5	15	7	55	83
2006年	3	10	8	34	32
2007年	13	13	16	35	23
2008年	19	15	11	23	24
2009年	9	9	17	21	26
2010年	8	1	12	26	6

续表

上柜公司转市和退市家数			兴柜转市和退市家数		
	转　市	退　市	转上市	转上柜	退　市
2011 年	6	2	22	49	22
2012 年 7 月	0	4	6	19	9

三、中国台湾的股票发行条件与上柜和兴柜挂牌程序

1. 股票发行条件

根据台湾《证券交易法》的规定，股票的合法发行是其进入集中交易市场、柜台市场和兴柜市场买卖的前提条件。中国台湾股票发行以注册制为主，核准制为辅。除特殊情况须证期局核准外（例如现金增资、合并、收购或分割发行新股等），一般股票发行均采用注册制，即只要公开说明书、财务报表、董事会决议、承销商推荐意见、律所意见书等文件一定营业期限便后自动生效①。

2. 上柜、上兴柜程序

企业申请上柜的程序为：在兴柜市场交易满 6 个月——申请上柜——书面审查——实地考察——提交上柜审议委员会——提交柜台买卖中心董事会——同意后报证券期货局备案——公开承销——挂牌交易。一般从申请上柜到上柜审议委员会审议完毕需要 2 个月，从董事会同意到挂牌交易原则上需 3 个月。也就是说，企业上柜需要约 1 年的时间。

企业申请股票登录兴柜市场的程序为：公开发行——提出兴柜登录申

① 中国台湾原先将股票公开发行分为强制公开与自愿公开发行，强制公开即要求实收资本在一定数额（原为 2 亿新台币，后提升为 5 亿）以上的股份有限公司必须办理公开发行程序，后《公司法》修改删除了强制公发的规定，仅规定公司可依董事会的决议，向证期局办理公开发行程序。

请——柜台买卖中心在3个营业日内核准并公布公司情况（包括实收资本、主要经营内容、最近5年损益表和资产负债表等）——至少5个营业日后开始兴柜买卖。兴柜申请公司从申请到挂牌最快只要9个工作日。

3. 上市、上柜、上兴柜标准比较

表2　　中国台湾证交所、柜台买卖中心挂牌标准比较

相关项目	中国台湾证交所	上柜股票	兴柜股票
辅导期限	须在兴柜市场交易满6个月	须在兴柜市场交易满6个月	公开发行后报送最近一个月的“财务业务及资讯公开检查表”
设立年限	3年以上。但公营事业或公营事业转为民营者，不在此限	满两个完整会计年度（创新型企业不受此限）	无限制
公司规模	实收资本6亿新台币	实收资本新台币5000万元	无限制
盈利能力（税前利润占资本比重，科技企业不适用）	最近一个会计年度无累积亏损，最近两年均达6%以上；或最近二个会计年平均6%，且最近一个会计年度好于上年；最近5个会计年度均达3%以上	最近一年度4%，无累计亏损；或最近两年平均3%，最近一年度好于上年，且不低于400万元	无限制
股份管理		在柜台买卖中心所在地设有专业股务代理机构办理股票相关业务	同左
股权分散要求	记名股东人数在1000人以上，其中持有股份1000～50000股的股东人数不少于500人，且其所持股份合计占发行股20%以上或满1000万股	公司内部人及持股50%的法人以外，股东人数不少于300人，且其持有的股份占发行股的20%以上或1000万股以上	无限制

表3　　上柜股票与兴柜股票的其他制度差异

项　目	上柜股票	兴柜股票
推荐券商	两家以上，需指定一家为主办券商	同左
集中保管	董事、监察人及持股10%以上的大股东应将股份全部交由专门机构保管	无限制
承销制度	①拟上柜股份总额的10%以上由券商承销 ②兴柜股票交易未满二年者，券商认购股数可以从总承销数扣除30% ③上柜前公开承销的股份应为新股，但公营事业、参与公共设施建设的民间机构可以老股承销	①挂牌前不可公开承销 ②推荐券商须认购老股3%以上且不低于50万股，但3%若超过150万股，则至少认购150万股 ③推荐券商须认购10万股以上新股
信用交易	符合标准即可	不可
结算方式	柜买中心办理	集保结算所办理
推荐券商报价义务	无	有
推荐券商单笔最低报价要求	无	2000股
推荐券商买卖报价差额	无	5%
结算周期	T+2	①T+2余额交割 ②T日逐笔交割
投资商	自营商、外资、投资信托基金	自营商、外资
科技企业	取得中国台湾经济部工业局或中国台湾地区“行政院农委”出具的科技企业评估意见者，不受设立年限及获利能力限制	不适用此款
交易制度	①委托单驱动，主要采用电脑集中竞价 ②成交价决定：价格优先+时间优先+满足最大成交量 ③撮合频率：约20秒自动撮合一次 ④涨跌幅：7%	①报价驱动，议价交易（可以电脑点选，也可在券商营业处所议价） ②由投资人委托价格决定价 ③无固定时间

续表

项　目	上柜股票	兴柜股票
交易制度	⑤交易时间：9：00～13：30 ⑥交割周期：T+2 ⑦开户与征信、交割：与上市共用征信系统，通过集保结算所交割 ⑧信用交易：有 ⑨最低交易单位：1000股	④无涨跌幅规定 ⑤9：00～15：00 ⑥T+2或T日逐笔总额 ⑦同左 ⑧无信用交易，投资人须先签署风险提示书 ⑨1股

由上述比较可知，上市、上柜、兴柜股票在上市条件方面呈现出明显的阶梯特点。中国台湾证交所集中市场各项条件均严于其他层次市场；柜台买卖市场企业以中小型企业和科技型企业为主，因此上柜条件较证交所低了一个层次；兴柜市场作为上柜、上市预备市场，其登录条件极为宽松，审核主要由推荐的证券商负责，没有实质性条件。

五、中国台湾场外市场建设给大陆带来的启示

1. 场外股权市场需要明确定性和定位

中国台湾经验表明，场外股权市场对中国台湾资本市场效率的提高发展起到了极为重要的作用，在各个层次上满足了不同企业的融资需求，使资本市场体系更具弹性和活力。反观大陆资本市场，对于柜台交易等场外市场，长期以来没有得到应有的重视。近期虽然明确了“新三板”、“新四板”概念，但概念界定并不清晰，有关法规和制度不仅层级偏低，也不够健全，导致市场发展受限。为此，需要尽快修订《证券法》，在法律层面明确场外股权市场的地位和市场范围。

2. 场外股权市场需要与证交所市场建立起有机联系，实现合理分工

台湾的场外市场与证交所市场实际上是一个整体，不同市场之间分工明确，相互连通。中国台湾法律设有强制登陆要求，除公营事业以

外，企业在上市、上柜前均需在兴柜市场挂牌交易满 6 个月。2000 年之前，上柜公司达到上市标准后转申请上市的审查与非上柜公司并无不同。2000 年 5 月，应监管部门要求，中国台湾证交所出台批量上柜转上市方案，当年即有 54 家上柜公司转为上市公司。2004 年为配合承销新制度，中国台湾证交所取消了批量转上市制度，但在 2007 年，中国台湾证交所建行了上柜转上市流程，使得转市公司再度大量增加。目前在内地股票市场，这种不同层级市场之间的联系尚未建立起来。“新三板”虽然有少量转 A 股市场，但制度性和规范性均不够。在场外市场与主板市场之间建立起转板制度，不仅可以发挥初级市场培育上市公司、增进投资者对投资对象了解的作用，还可以在兼顾上市公司品质、保障投资安全的原则下精简上市流程，降低企业上市的成本。为此，需要加快相关制度建设，明确不同层级市场之间的关系，使场外市场的功能能够顺畅发挥。

3. 加快完善退市制度，健全市场化的约束机制

台湾证券柜台买卖中心在设立之初就建立了退市制度，上柜公司和兴柜公司累计退市的占比分别达到 13，8% 和 20. 6%[①]。而大陆无论是主板市场还是“新三板”和地方性股权交易所，退市制度均不健全，退市的公司占比很低，导致上市公司和券商违法违规行为盛行，影响了股市的公平公正。

4. 适度放开管制，丰富场外市场交易品种

台湾柜台交易市场除了股票之外，还可以交易债券（包括可转换公司债、公司债、公债、金融债、外国债）、权证、指数基金以及利率互换、股票和利率期权等衍生品。推出多种交易品种，有助于活跃市场交易，增加市场的影响力，改进对投融资双方的服务。从大陆情况看，目前证券场外市场交易的品种只有股票，今后可以根据投融资双方的需要和金融体制改革的推进程度，酌情增加场外市场的交易品种。

---

① 兴柜市场因挂牌门槛低，企业素质较差，退市率明显高于柜台市场。

附件二

天津股权交易所市场发展情况

天津股权交易所作为天津滨海新区金融改革创新的重要实践平台，从成立发展至今四年多来，认真贯彻落实国家发展战略，依照中国证监会关于场外交易市场建设的方向，坚持“科学审慎、风险可控”原则，以非上市非公众公司股权融资和股份报价转让服务为市场基础定位，持续探索建立统一监管下的场外交易市场，实现了市场建设的稳步发展，市场运营效率比较优势明显。

一、天交所市场设立政策背景

2006 年，国务院发布《关于推进天津滨海新区开发开放有关问题的意见》（国发〔2006〕20 号），提出“鼓励天津滨海新区进行金融改革和创新；在金融企业、金融业务、金融市场和金融开放等方面的重大改革，原则上可安排在天津滨海新区先行先试”。2008 年 3 月，国务院《关于天津滨海新区综合配套改革试验总体方案的批复》（国函〔2008〕26 号）要求，“要为在天津滨海新区设立全国性非上市公众公司股权交易市场创造条件”。

天津市全面贯彻落实党中央、国务院战略决策和工作部署，积极推进滨海新区开发开放、综合配套改革试验和金融改革创新，将设立天津股权交易所和发展场外交易市场纳入金融改革创新重点工作计划。天津市政府组织协调天津市、河北省、河南省3家产权交易机构，研究贯彻落实国务院文件精神和中国证监会关于多层次资本市场建设的要求，多次赴天津、淄博、成都、武汉等20世纪90年代场外交易市场活跃的地区调研，认真分析境外场外交易市场发育和成长情况，研究我国场外交易市场建设的路径选择、制度构架和组织形式。市政府批准将“天津股权托管交易市场有限公司”变更为“天津股权交易所有限公司”（简称天交所）。天交所于2008年9月在天津滨海新区重新注册设立，有天津产权交易中心、天津开创投资有限公司等10家出资人持有股份。

2009年10月，经国务院同意国家发改委批复的《天津滨海新区综合配套改革实验金融创新专项方案》（发改经体〔2009〕2680号）进一步明确：“支持天津股权交易所不断完善运作机制，规范交易程序，健全服务网络，拓展业务范围，扩大市场规模。充分发挥市场功能，为中小企业和成长型企业提供高效便捷的股权投融资服务。”

二、市场基础制度与体制机制建设

1. 找准场外交易市场定位，确保规范健康发展

按照国家关于发展多层次资本市场的战略部署，天交所坚持面向小型微型企业、科技创新型企业，提供股权融资、挂牌交易和规范培育服务；坚持市场化导向和“科学审慎、风险可控”的原则，积极探索中国证监会统一监管下的场外交易市场成长路径，为非上市非公众公司提供股权转让服务，为设立全国性非上市公众公司股权交易市场创造条件；坚持整体设计、分步实施，遵循市场发育发展规律，探索场外交易市场的体制机制、层次结构、制度规则和风控体系，建立交易市场、交易主体和中介服务的自律监督约束机制，逐步提升流动性，提高成交率，不断增强市场定价能力和风险控制水平。

2. 依法安排场外市场交易制度

天交所在认真学习沪深证券交易所市场成功经验、借鉴成熟场外交易市场做法的基础上，结合股权交易市场特点，规定挂牌公司注册资本的1/200为基本交易单位，保证挂牌公司股东数量不超过200人；探索建立报价商报价、集合竞价与协商定价相结合的混合型交易制度，促进股权流动，实现市场合理定价，防止价格操纵；采用先进的交易通讯、资金结算管理等技术，建立在线信息发布、交易委托、成交确认、结算交割和交易监管系统，实行股权集中登记托管，资金委托银行第三方存管，现货、全额保证金交易，保证市场交易的安全、高效与便捷，实现市场的平稳运营和规范发展。

3. 建立健全市场制度规则，防范制度性缺失和系统性风险

天津市政府审定了天交所报送的《天津股权交易所股权挂牌交易管理暂行办法》、《天津股权交易所股权挂牌交易规则》等市场主要管理制度和业务规则。在此基础上，天交所进一步制定完善各项工作流程、操作手册和文件指引等规范文件，涵盖市场开发合作管理、项目监督审核管理、私募融资管理、信息披露管理、交易过程管理、登记结算管理、中介服务机构管理、技术支持系统管理、员工执业行为管理等方面，严格监督和组织实施。同时，天交所根据制度执行情况以及市场发展需要，对各项制度规则进行补充修订完善，促进管理规范化专业化标准化，不断提升市场服务效率、质量和水平。

4. 建立挂牌企业审查和信息披露制度，提高企业诚信和风险防范水平

天交所要求挂牌企业依法进行股份公司改造，完善公司治理结构，主营业务突出完整，内部控制制度健全，严禁同业竞争，规范关联交易。按照有关法律法规规定，天交所将股权私募融资限定在合格投资人范围之内，控制股东数量，杜绝变相公开发行和非法集资；对挂牌企业实行项目经理一线全程监督、交易所内部三审和外聘专家委员会独立审核的风险监控制度；要求挂牌企业披露信息真实、准确、完整，及时披

露年度报告、中期报告、季度公司管理情况报告等定期报告；要求挂牌企业按照《公司法》和交易所规定，披露公司“三会”公告、停复牌公告、募集资金使用情况说明、经营业绩预告、分红派息公告、重大事项公告以及应当披露的其他信息等临时报告。

5. 建立合格投资人注册制度，保护投资者合法权益，隔离和降低市场风险

针对中小企业、科技创新企业风险较高的特点，天交所在市场风险分配机制上，采取挂牌企业准入门槛较低和投资人准入门槛较高的制度安排，建立了与场外交易市场风险识别和承受能力、投资知识和经验要求相适应的投资人适当性管理制度；实行合格投资人准入注册，要求法人机构注册资本金不低于100万元，合伙企业及其他经济组织净资产总额不低于100万元；个人投资者是企业原始股东、开户资金10万元以上，市场投资知识和风险承受能力综合评价不低于80分。天交所坚持设置准入门槛和买者风险自担原则，培养和聚集专业合格投资人群体，引导中长期理性价值投资，维护市场公开公平公正以及效率和稳定。

6. 加强市场中介服务机构培育与管理，落实市场风险控制责任

天交所制定了《报价商注册管理暂行办法》《保荐机构注册管理暂行办法》等制度，规定实收资本金和专业人员资质等准入门槛，对报价商等中介服务机构实行严格的注册、培训、考核和监管，推动中介机构依法归位尽责。天交所坚持市场主体平等参与，监督落实各方主体的责权利；严格按照交易主体自愿申请、中介机构审计审核推介、外聘专家独立评审、交易所审查批准等程序，实行市场化的自荐自律自治，分散防范化解风险。

7. 搞好交易所自身建设，从体制机制上控制市场风险

天交所学习借鉴深沪证券交易市场监管、自律的制度规范和成功经验，吸取柜台交易市场的历史教训，结合非上市非公众公司股权交易的特点，认真搞好市场自律，着力培育市场内在约束机制，形成自觉接受政府监管、受托履行监管职能与市场自律互相支撑的格局；争取天津市

政府和挂牌企业所在地政府双重监管，严格控制挂牌企业数量，切实保证挂牌企业质量，禁止盲目做大规模而放松市场管理或放宽准入条件；严格按照现代公司治理要求，健全交易所“三会”制度，股东、董事、监事、管理层权责分明，董事会领导下的总裁负责制运行良好；天交所实行全员聘用，严肃内部各项管理规章纪律，完善工作考核和优胜劣汰制度，建立健全有效的激励约束机制，形成年轻、专业、严谨、高效的职业管理团队；建立健全市场服务随机回访制度，及时解决市场相关主体和企业反映的问题。

三、市场实践创新与经验探索

1. 建立“小额、多次、低成本”股权私募融资模式

针对小型微型企业、科技创新企业规模小、信用低、发展快的特点，天交所建立了以商业信用为基础的股权私募融资模式。一是规范直接融资。对融资企业的组织形式、股权结构、公司治理、运营方式、财务核算、内部控制和信息披露等做出严格规定，支持企业采用股权私募方式直接融资。二是小额多次融资。每次融资额约为1000万~3000万元。包括挂牌前股权私募融资、挂牌后股权增发再融资、股权质押融资、增信贷款融资等，一年可以进行多次。三是快捷低成本融资。每次融资一般在3个月左右完成。严格控制企业融资成本，不超过企业承受能力，约为企业挂牌融资成本的1/4。

2. 建立严格监管的双层次市场

针对不同规模、不同类型、不同发展阶段的企业与不同风险偏好和承受能力的投资者，天交所建立了全国市场和区域市场。全国市场面向全国的企业和投资人，主要培育和引导规模较大、业绩较好的企业与证券交易所市场对接，已有132家企业在全国市场挂牌。天交所在统一管理运营平台下设立了16个区域市场，安排规模较小、创业前期的成长

性企业在其所在地的区域市场挂牌，充分利用区域内企业信息沟通便捷、成本较低等优势，分散隔离场外交易市场风险。目前，已有133家企业在区域市场挂牌。

3. 建立多个板块的专业化市场

根据企业的行业特点，天交所进一步将市场细分为工商企业板块和科技创新企业板块，在公司治理和规范运营等方面统一规范要求，但在财务指标方面为不同行业类型企业制定了11套准入标准，其中，最高财务指标要求公司注册资本不低于1000万元，最近两年连续盈利，且两年净利润累计不少于1000万元；最低财务指标要求公司注册资本500万元，最近一年主要产品毛利率不低于40%，最近两年营业收入累计不少于1000万元并持续增长，对盈利没有要求。截止2013年3月底，已分别累计有161家和100家企业在工商企业板块和科技创新板块挂牌交易。

4. 配合天津市政府强化监管，落实防范市场风险责任

天津市政府始终坚持把防范风险放在首位，聘请法律、金融等方面专家，对市场设立的可行性进行充分研究，对交易规则、风险防控制度等进行论证完善。积极争取中国证监会指导和监管，建立天津市交易所监督管理委员会，主管副市长牵头组织协调交易所的监督管理工作。市监管委下设办公室，市政府金融办与有关部门负责交易市场的日常持续监管，包括公司治理、注册资本、交易规则、挂牌企业信息披露、投资人保护和省际监管工作协调等，定期检查监督市场运行状况。

5. 加强天津与挂牌企业地政府合作，建立两地双重监管制度

天津市政府与挂牌企业所在地政府金融管理部门建立合作关系，共同对股权交易市场和挂牌企业实行监督管理，包括两地政府金融管理部门同时受理企业挂牌备案，共同承担企业监管和控制处置市场风险的责任。天交所与挂牌企业所在地政府金融管理部门签订合作监管备忘录，明确双方在企业筛选培育、股份制改造、股权私募融资、挂牌审核备案和挂牌企业信息披露、市场重大风险处置等方面的责任。

四、市场建设与发展成果

从2008年9月成立发展以来，天交所进行了多方面的积极探索实践，取得了一系列市场建设成果。

1. 市场发展总体情况

截至2013年3月，天交所市场累计挂牌企业数量265家，挂牌企业分布在全国26个省（市、自治区），覆盖87个市（包括地级市及以上），市场总市值超过240亿元。天交所已与全国31个省144个地市建立业务联系；与21个省、50个地市地方政府签署监管备忘录与战略合作框架协议共计66份；已在10个省市设立11家分支机构；已有全国11个省21个地市政府出台政策鼓励支持本地企业到天交所挂牌。

2. 挂牌企业数量加快增长，市场规模持续扩大

天交所挂牌企业数量在2008年市场起步时只有3家，在2009～2012年每年依次新增挂牌企业14家、44家、68家和118家，市场呈加快发展态势。2012年，天交所市场挂牌企业地域分布由年初时的17省（市、自治区）46地市扩展到26省（市、自治区）83地市；新增挂牌企业118家，累计达到247家；市场市值规模由169.68亿元增加到230.25亿元，增长35.7%，市场发展速度不断加快（见图1）。

3. 市场融资服务功能持续凸显

从2009～2012年，天交所每年直接为挂牌企业实现融资依次达到1.85亿元、10.44亿元、20.53亿元和26.6亿元，市场融资功能不断增强。在2012年底时，天交所市场累计为138家企业实现股权融资17.18亿元，其中，118家企业挂牌前首次股权融资95728万元，分别比上一年增加73.53%、33.29%；为20家挂牌企业完成增发融资23次，分别比上一年增加33.3%和35.29%，实现新增融资76035.55万元。股权直接融资带动银行间接融资作用进一步发挥，天交所与全国20家银行

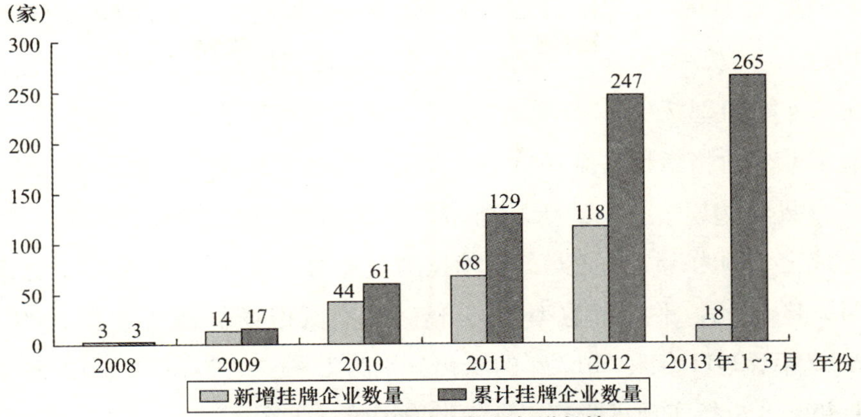

图 1　天交所市场挂牌企业逐年增长情况

30 个分行建立合作关系，促进挂牌企业累计实现银行授信贷款 43.74 亿元；新增股权质押贷款 9.82 亿元，是上年同期数据的 4.2 倍。

截至 2013 年 3 月，天交所市场为挂牌企业实现各类融资合计 119.52 亿元。其中，挂牌企业通过首次定向私募和挂牌后增发实现直接融资 48.95 亿元。天交所与 19 家银行的 29 家分行签约和建立战略合作关系，利用直接融资带动间接融资 70.57 亿元：45 家挂牌企业完成 78 次股权质押融资合计 14.14 亿元；86 家银行 170 家分支行为 90 家挂牌企业提供 345 次授信贷款共 56.43 亿元（见图 2）。

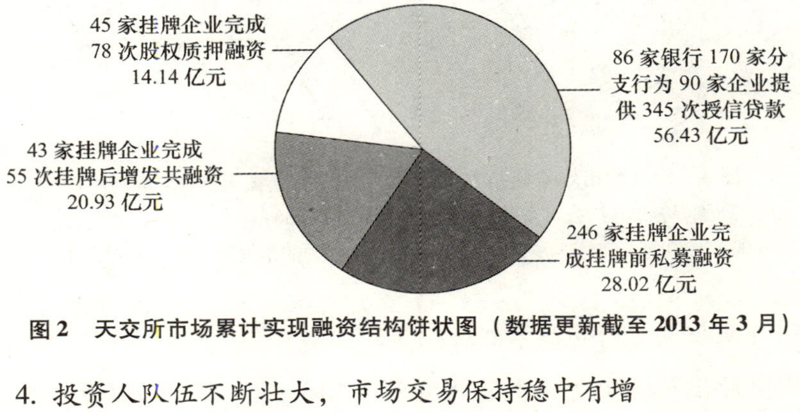

图 2　天交所市场累计实现融资结构饼状图（数据更新截至 2013 年 3 月）

4. 投资人队伍不断壮大，市场交易保持稳中有增

天交所市场投资人数量从 2008 年成立以来也保持了持续稳步增长，同时结构不断优化。2012 年天交所市场投资人累计达到 16233 户，较年

初时增加 2448 户，增长 17.76%；其中，机构投资人累计 603 户，增加 194 户，增长 47.43%。2012 年，天交所市场全年成交 55500.34 万股，较上一年增加 26.77%，实现新增交易金额 118123.75 万元。2012 年 12 月 31 日市场价格指数达到 1643 点，比上一年增加 74 点，上涨了 4.72%。

截至 2013 年 3 月，天交所市场累计总成交量为 14.85 亿股，累计总成交金额为 35.83 亿元；累计挂牌企业总股本 104.78 亿股，总市值 242.43 亿元，平均市盈率 8.11 倍。天交所市场价格指数在 2009 年、2010 年、2011 年和 2012 年的涨幅分别为 1.43%、27.87%、19.52% 和 4.45%，市场实现了股权定价的平稳运营（见图 3）。

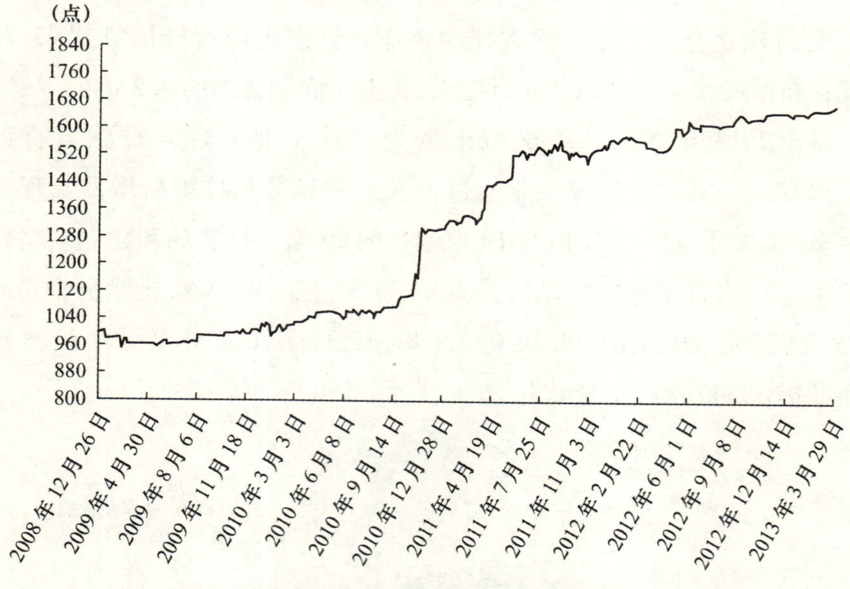

图 3　天交所市场价格指数曲线图（数据更新截至 2013 年 3 月）

说明：①选择全部挂牌公司作为指数编制样本；②以 2008 年 12 月 26 日作为基准日，早点设为 1000 点；③每个交易日的平均价格是以挂牌公司总股本权重，进行加权平均。

5. 市场交易定价功能不断增强

2012 年度挂牌企业首次股权融资平均价格为 2.65 元/股，挂牌上市当日平均价格为 2.89 元/股，平均上涨 9.06%；全年有 172 家挂牌企业价格上涨，占挂牌企业总数的 76.1%；45 家挂牌企业价格下跌的，占挂牌企业总数的19.9%（见图4）；年度价格指数波动最大振幅为7.7%，市场继续维持平稳发展态势；挂牌企业平均市盈率全年在7.5~10倍之间，平均为8.41倍，挂牌交易股权整体保持在合理的估值区间（见图5）。

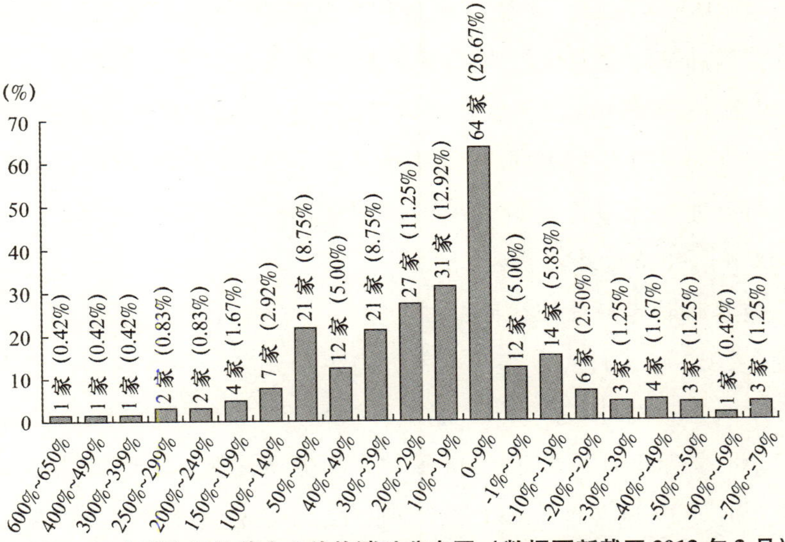

图4 天交所市场挂牌企业价格涨跌分布图（数据更新截至2013年3月）

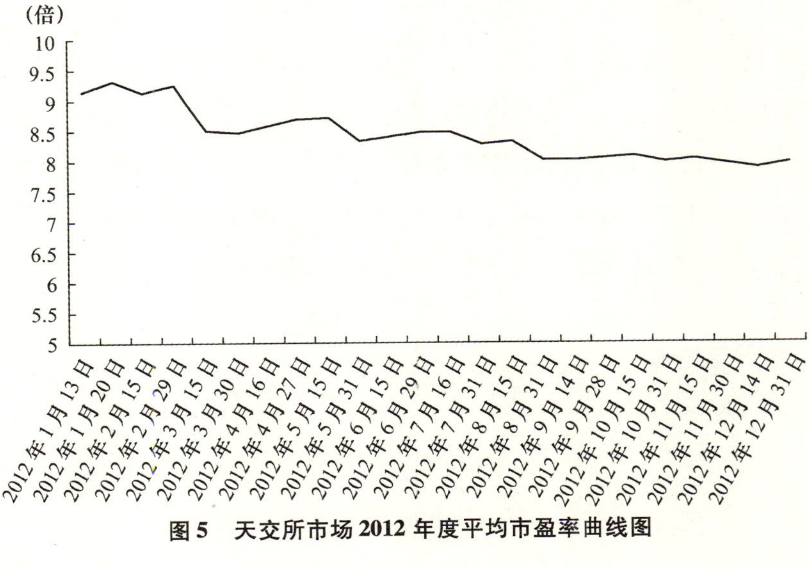

图5 天交所市场2012年度平均市盈率曲线图

6. 强化挂牌企业信息披露方面

天交所制定挂牌企业信息披露管理办法和信息披露文件指引，建立保荐机构对企业终身督导和交易所持续跟踪检查制度；设立监管服务专员，定期检查落实每家企业信息披露情况。

截至2013年3月，天交所通过保荐机构督导及交易所跟踪检查，挂牌企业累计披露定期报告4082份，披露各类临时报告3125份，建立挂牌企业诚信档案469份，保荐机构披露对挂牌企业现场检查报告648份。2010年挂牌企业年度报告及中期报告、2011年年报及中期报告、季度公司管理情况报告及重大事项声明等及时、规范披露率分别达到98%、99%、90%、95%。

7. 市场机构考核管理方面

截至2013年3月底，有214家机构注册天交所保荐资格，培训29期、1681人次；对65家警告、41家约谈、39家暂停业务、115家注销；有258家会计师事务所、248家律师事务所注册，培训32期、1503人次；分别对19家会计所和17家律师所给予警告和批评，对3家会计所暂停业务，注销淘汰155家会计所、152家律师所。交易所自身制度规则完善及市场服务效率提高方面

天交所在2012年梳理、建立和完善各部门规章制度、业务规则、工作流程、操作手册、文件指引，包括新制定制度文件、规则流程、文件指引共63项，修订完善各类制度文件75项，累计达到5大类276项。随着公司自身治理水平提升，天交所市场的服务效率不断提高，近70%的挂牌企业可以在2个月内完成首次私募融资。

附件三

齐鲁股权托管交易中心情况

齐鲁股权托管交易中心（以下简称“齐鲁股交中心”）围绕场外市场规范发展主题，在市场定位、组织结构、业务模式、地方政府角色、企业资源及拟开展产品和市场基本制度设计等场外市场建设课题做了有益探索与实践。

一、基本情况

（一）市场定位

齐鲁股交中心是依据国家“蓝黄”两大经济区发展战略规划，按照山东省委、省政府（鲁发〔2010〕10号）“完善发展全省性股权交易市场”战略部署和省金融办“立足山东，辐射黄河中下游地区”，开展全省性股权交易市场建设试点要求，于2010年12月正式成立的山东省唯一的非上市公司股权托管转让平台。这一平台通过开展非上市公司股权托管、挂牌交易，开辟了中小微企业直接融资渠道，促进了非上市公司规范运作，并通过不断地培育孵化，为更高层次资本市场输送优质上市后备资源。

2011年11月，山东省政府连续发布了《关于加大金融财税支持力度促进小型微型企业持续健康发展的意见》（鲁政发〔2011〕43号）和

《关于金融支持山东半岛蓝色经济区发展的意见》（鲁政发〔2011〕50号），要求“支持小型微型企业在齐鲁股权托管交易中心挂牌交易，搭建小型微型企业股权质押融资和转让平台，积极引导小型微型企业通过引进私募股权投资、实施股权转让、利用融资租赁工具等多种方式进行融资”。“推动场外交易市场和各类要素市场建设，探索建立统一监管下的服务于蓝色经济区的场外股权交易市场，开展未上市股份公司股份转让试点”，“推动齐鲁股权交易托管中心向山东半岛蓝色经济区扩大辐射面，积极探索创新，为建设全省性场外股权交易市场积累经验”。

2013年1月，时任山东省委副书记、省长姜大明视察中心时指出，中心已经站到了一个新的起点，作为全省唯一的股权交易市场，今后要继续完善市场功能，多元化地为企业做好服务，为全省社会经济发展作出更大贡献。2月28日，省委常委、常务副省长孙伟全省金融工作座谈会上指出，中心经过两年的健康稳定发展，走在了全国同类市场的前列，服务中小企业、服务山东社会经济发展的作用正在逐步发挥。

（二）组织结构

1. 法人属性

齐鲁股交中心是根据山东省委、省政府（鲁发〔2010〕10号）“完善发展全省性股权交易市场”的战略部署，省金融办批复（鲁金办〔2010〕80号）“立足淄博，面向全省”积极推动开展全省性股权交易市场建设试点的战略定位，经淄博市政府批准，于2010年12月29日正式成立的非上市公司股权托管转让平台，主要为省内非上市公司尤其是高成长型、创新型中小微企业提供股权融资和转让服务。齐鲁股交中心为正县级事业单位，由省金融办主管、淄博市政府与各市政府综合管理。

2. 组织结构

齐鲁股交中心根据市场发展情况和需要，设置了功能完善的内部管理机构，内设综合业务部、市场发展部、挂牌业务部、托管交易部、网络工程部、监管服务部、融资服务部、市场推广部、网点管理部、齐鲁股权蓝色经济区管理总部11个部室，下设子公司山东齐鲁股权登记结算有限责任公司，形成了相互制衡的内部运行机制。为加强内部监督，强化廉政建设，齐鲁股交中心成立了市直机关工委直属党支部，建立了党组织，为市场运行保驾护航。

齐鲁股交中心还在枣庄、德州、威海等市，聊城临清、东营利津等县（市）区设立工作机构32家。

（三）业务模式

1. 规范企业

挂牌前后的规范和培育，使挂牌企业建立了完善的法人治理结构，管理更加规范科学。公司高管、技术骨干的入股，使企业核心层连股连心，共同带领企业规范发展，推动非上市公司规范发展。

2. 托管交易

一是组织实施省内非上市公司和部分有限责任公司股权托管，进行公司股权的非交易过户等工作。二是对于挂牌公司股权，投资者可通过柜台协议转让以及网上协议转让系统，实现在线信息发布、转让委托、成交确认、结算交割等全电子化操作。三是代理公司分红派息、权益分派、开立股东账户等投资者服务。

3. 融资服务

（1）挂牌前定向私募。齐鲁股交中心挂牌企业一般会在推荐机构协助下完成挂牌前定向私募融资，即采取非公开方式向特定对象进行股权融资。挂牌前定向私募是挂牌企业针对新上项目的股权融资。目前在齐鲁股权托管交易中心挂牌的企业，实现直接私募融资超过16亿元。

（2）挂牌后定向增发。通过在齐鲁股交中心挂牌，挂牌企业的公司治理结构更加规范、影响力扩大、品牌知名度提高、市场信用得到较大提升，企业整体核心竞争力增强。因此，得到更多投资人的关注和认可。企业挂牌后可通过定向增发引进战略投资者，进行多次再融资。

（3）融资增值服务。

①银行授信。齐鲁股交中心分别与中国银行、建设银行、浦发银行等 18 家银行签署战略合作协议，各大银行承诺在符合其授信政策与准入标准的前提下，对齐鲁股交中心的挂牌企业，简化授信审批程序，优先给予信贷支持。目前，挂牌企业获得银行授信额度 86.3 亿元。

②股权质押融资。在齐鲁股交中心挂牌的企业股东可将其持有的公司股权作为质押物向银行、担保投资公司等金融服务机构进行质押贷款。股权质押融资是融资担保方式的一种创新，解决了中小企业在融资时缺乏抵（质）押物的问题，为中小企业提供了更丰富的融资手段。目前，挂牌企业股权质押融资 6.8 亿元。

③联保联贷业务。银行针对齐鲁股交中心的挂牌企业开展联保联贷业务，即由 3～6 家挂牌企业组成一个联保体，联保体成员之间互相担保、互相支持、相互监督。该融资方式手续简便，使用灵活，适用于生产经营稳定、信用记录良好，但缺乏能用于抵（质）押资产的中小型企业。

④信托理财产品。齐鲁股交中心与信托公司建立密切合作关系，根据挂牌企业的不同类型、规模、成长阶段，为其量身打造信托产品，为企业发展提供资金支持。山东国际信托有限公司设计推出的国内首支参与柜台市场（即针对齐鲁股交中心企业）的管理型信托产品——“山东信托－尊岳进取 1 号（PE）集合资金信托计划”募集成功。首期募集金额 1500 万元，尊岳进取 3 号正在筹备募集中。

⑤中小企业私募债。随着《关于规范证券公司参与区域性股权交易市场的指导意见（试行）》的出台，齐鲁股交中心适时研究制定了《齐鲁股权托管交易中心中小企业私募债券业务试点办法》和《齐鲁股权托管交易中心中小企业私募债券业务指引（试行）》等规则制度，依托自身市场平台，推出了针对山东省内中小企业的区域性市场债券融资产品。目前，该债券发债企业、发行券商、承销渠道均已确定和落实。齐鲁股交中心与 18 家券商建立了业务联系，积极助推托管挂牌企业就发行中小企业私募债与券商开展合作。截至目前，山东上水与齐鲁证

券、青河农业与中信证券、赛特股份与金元证券就发行中小企业私募债券签署了协议，发债规模共计8000万元。

⑥投资者俱乐部。齐鲁股交中心成立了面向挂牌企业的“齐鲁股权投资者俱乐部”，吸纳国内知名私募股权投资机构成为会员，积极为挂牌公司和各类投资机构搭建一个信息发布、项目对接的融资综合服务平台。齐鲁股交中心紧密联系俱乐部会员与挂牌企业，为挂牌企业提供主动地推介服务，通过网站发布、对接会议等各种形式对企业进行推介，为其获得发展资金。

⑦政府引导基金。齐鲁股交中心与相关区县政府合作，联合国内知名创业投资机构设立围绕齐鲁股交中心市场的政府引导基金。基金以市场化方式独立规范运作，重点投资于齐鲁股交中心市场平台挂牌及拟挂牌企业，初期规模拟定为1亿元，基金的设立将为中小企业发展注入新的活力。中心与银行联合展开“投联贷”业务，在基金股权投资到位后，银行将直接给予企业股权投资金额1~2倍的银行授信支持。真正发挥引导基金资金引领效应，扩大对企业的资金支持。

⑧建立综合融资平台。建立齐鲁股权投融资电子信息发布平台和《齐鲁股权融资通讯》（季刊），通过网络和平面刊物等媒介，将投融资信息及对接成果等各类信息集中展示，增强投融资对接的实效性，加强企业与投资者的沟通互动，扩大投融资综合服务平台的影响力。

4. 培育上市资源

企业挂牌后，各级政府给予挂牌企业以工作和政策支持，使企业得到快速发展。市场组建了由券商、注册会计师、律师在内的上市培育咨询委员会，对优势企业进行跟踪指导，制定上市培育方案，为企业规范发展出谋划策。目前重点培育了22家上市后备资源企业，其中已有12家企业启动上市程序，初步形成“挂牌一批，孵化一批，上市一批”的企业挂牌上市良性格局。

5. 信息发布服务

信息发布平台是中心正全力打造的新的服务平台，主要为股份公司、有限公司股权转让进行信息发布，为企业债券转让进行信息发布。下步将为基金、银行理财产品、信托计划等各类投融资产品发布信息。

（四）地方政府的角色

齐鲁股交中心为正县级事业单位，在省政府总体监管下，由省金融办主管、淄博市政府与各市政府综合管理。

齐鲁股交中心由山东省、淄博市政府从“纵横”两方面对市场及参与主体进行监管。就纵向而言，由省金融办作为省政府证券工作主管部门，行使股权交易市场总体规划和监督职能；淄博市负责市场建设和日常性监管，齐鲁股交中心在按照相关制度自律性管理的基础上，做好对上汇报和横向联合监管。在对挂牌企业监管上，省金融办总体牵头协调防范挂牌企业重大风险问题，属地政府有关部门对挂牌企业进行直接监管；齐鲁股交中心按照市场运作要求实施一线监管。就横向而言，一是挂牌企业属地政府对其区域内公司挂牌工作和挂牌企业负有直接监管责任，并对其区域内企业挂牌出具推荐意见。二是齐鲁股交中心通过与挂牌公司属地政府主管部门签署《共同推动市场发展的战略合作协议》，明确监管责任，开展监管合作。三是为加强市场风险防范处置工作，淄博市建立了由市政府分管市长牵头，法院、检察院、公安、工商、税务、审计、环保、国土、社保等部门组成的市场监管联席会议制度，对市场重大事项和应急突发事件进行协调解决和处置。

齐鲁股交中心的审计工作根据机关事业单位的审计要求进行安排。

二、制度设计

齐鲁股交中心在场外市场建设过程中，就非上市公司挂牌审核、股权转让、投资人准入、信息披露、综合监管、登记托管等市场基本制度设计，进行了不断的研究和探索，目前已制定 58 个规则制度，有效保障和推动了齐鲁股交中心场外市场的规范和发展。

（一）挂牌制度

在企业挂牌准入方面，齐鲁股交中心围绕企业挂牌条件、挂牌程序、审核流程和备案管理等方面制定了一系列规则制度。主要有《齐鲁股权托管交易中心股权挂牌业务规则》、《齐鲁股权托管交易中心创新板块股权挂牌暂行办法（试行）》、《齐鲁股权托管交易中心股权挂牌程序》、《齐鲁股权托管交易中心专家审核委员会工作规则》和《齐鲁股权托管交易中心股权挂牌备案管理办法》等。

其中，在挂牌条件上，齐鲁股交中心明确并公示企业挂牌必要条件，包括公司所处行业、主体资格、历史沿革、持续经营能力、独立性和规范运行情况等，对公司挂牌基本条件提出明确要求。在审核程序上，齐鲁股交中心建立完善挂牌审核流程，建立中介机构尽职调查、协助企业改制，地方政府主管部门初审推荐，齐鲁股交中心评审，专家审核委员会审核，省金融办备案核准的审核机制，严格市场企业挂牌准入机制。

另外，齐鲁股交中心还为成长型、创新型企业专门设立了没有财务门槛的创新板，鼓励这些企业发展。

（二）交易制度

齐鲁股交中心明确投资人可采取网上协议转让和柜台协议转让两种转让模式，进行股权转让。《齐鲁股权托管交易中心挂牌公司股权转让规则（试行）》对投资者股权转让行为做出详细规定，包括市场股权转让时间、股权转让流程、转让信息公布、清算交收等事项。

在齐鲁股交中心平台进行的股权转让行为，完全实现“一对一”的协议转让。投资人买入或卖出股权，可先行下载网上交易客户端，根据股权转让意向揭示行情发布待选委托，也可根据柜台交易意向发布意向委托，确定协商编码，双方投资人点选成交，完成登记结算。齐鲁股交易中心市场股权转让完全符合〔2011〕国发38号文要求，采取现款现货交易和股权“T+5”交易，不采取集中竞价、做市商等集中交易的标准化合约交易。

（三）会员管理制度

齐鲁股交中心建立市场会员管理制度，对会员申请条件、入会程序、会员类型、会员业务范围等做出明确规定。《齐鲁股权托管交易中心中介机构监督管理办法》明确了会员的权利和义务，要求会员严格遵守市场规则，建立会员诚信档案，通过会员年检、考评等措施，加强会员管理，提高以市场中介机构业务水平。

（四）投资者准入制度

齐鲁股交中心对场外市场投资者做适当性管理，确立市场投资者保护机制。《齐鲁股权托管交易中心合格投资人管理规则（试行）》，要求合格投资人必须具备比较成熟的投资经验，较高的风险识别能力和风险承受能力。其中，合格机构投资者注册资本总额不得低于100万元，合格自然人投资者流动性金融资产由不少于20万元，有效确保合格投资人的投资能力和风险承担能力。

在场外市场投资者保护措施上，要求合格投资人“开立股权账户须认真阅读《股权账户注册说明书》，通过市场风险承受能力测试，填写《齐鲁股交中心托管交易中心合格投资人（自然人/机构）股权账户注册申请表》、《客户交易结算资金银行存管协议书》、《合格投资人承诺书》和《投资风险揭示书》等材料，并承诺自担投资风险，向投资者充分揭示市场风险。

（五）信息披露制度

齐鲁股交中心建立了挂牌公司信息披露制度。《齐鲁股权托管交易中心挂牌公司信息披露规则》明确信息披露责任人、信息披露内容及要求等。挂牌公司在推荐机构、律师事务所和会计师事务所等中介机构的督导下，完成挂牌信息披露工作。以挂牌公司为信息披露第一责任人，披露挂牌说明书，定期报告和重大事项临时报告，公司董监高及相关中介机构保证披露信息真实、准确、完整，不存在虚假记载、误导性陈述或重大遗漏。

同时，齐鲁股交中心明确 www. qlotc. com 是市场唯一信息披露网站，要求挂牌公司集中在网站披露信息，以保证市场披露信息的权威性。

（六）监管制度

齐鲁股交中心建立行政监管与市场监管相结合的综合监管制度，并明确了市场监管主体，划清市场监管职责。《齐鲁股权托管交易中心市场管理办法》规定，区域内场外市场在省政府的总体监管下，省金融办负责市场规则的审查备案、协调指导和督促检查；各地政府负责辖区内挂牌公司筛选审查、现场监管和违规查处；齐鲁股交中心负责区域性市场一线监管，构建对挂牌公司、中介机构和合格投资人及其市场行为的综合监管体系。

通过行政监管与市场监管相结合的综合监管体系，能够有效防范风险、充分揭示和化解风险，避免酿成系统风险和重大突发事件。

（七）登记托管与结算制度

齐鲁股交中心与知名软件开发商合作，共同研发出具有独立知识产权的场外市场股权登记结算系统。《齐鲁股权托管交易中心股权登记托管业务规则》和《齐鲁股权托管交易中心挂牌公司股权转让规则》分别明确规定了企业股权登记托管和交易清算的规则、方式和程序。在登记托管方面，齐鲁股交中心为非上市公司提供股权的集中登记托管服务，强化对企业的股权初始登记、变更登记和注销登记服务，保障挂牌公司股东名册和登记过户记录的真实、准确、完整。在交易清算方面，挂牌公司股权转让实行全额保证金交易制度，保证金由第三方存管银行存管；股权清算交收后，于T+5日可用。

（八）风险控制制度

在加强市场风险防控方面，齐鲁股交中心严格挂牌公司准入，实施投资人适当性管理，以保护投资者权益，防范和化解市场风险。

一方面，在挂牌公司市场准入方面，齐鲁股交中心明确企业挂牌条件，要求挂牌公司须持续经营、治理结构健全和规范运作，并根据市场要求信息披露；同时，企业挂牌须经过包括会计师事务所、律师事务所和推荐机构在内的三方中介机构综合尽职调查，地方政府主管部分筛选审核，齐鲁股交中心评审，专家审核委员会审核通过之后，省金融办最终备案核准。另一方面，在投资者适当性管理方面，突出投资者投资风险承受能力，要求合格自然人投资人具有完全民事行为能力，流动性金融资产不少于20万元，合格机构投资人资本总额不得低于100万元。通过对合格投资人实施适当性管理，能够提高市场投资主体整体风险识别能力和风险承受能力，有效地防止风险向一般中小投资者扩散，大大降低市场运行风险。

三、各方关系

（一）对中介机构进行自律监管

对中介机构的自律监管主要从业务培训、考核、年检以及日常管理等方面组织实施。

1. 业务培训

齐鲁股交中心定期对中介机构相关业务人员进行培训，以不断提高中介机构服务水平。一是新注册中介机构培训会。每2个月组织一次，培训对象是近2个月来新注册备案的中介机构。二是专项业务培训会。

每类培训会每季度1～2次，培训对象面向单一的推荐机构、律所、会所。三是全体中介机构培训会。每年终1次，培训对象是全部已注册备案的中介机构。

2. 考核评级

齐鲁股交中心对中介机构的执业能力和服务情况实行考核制度，并建立中介机构诚信档案，将考核结果纳入诚信档案。

对中介机构实行分阶段考核，即分为公司挂牌阶段、专家审核委员会审核阶段和挂牌转让阶段的考核。公司挂牌阶段主要考核中介机构尽职调查情况、公司整体变更和定向私募情况、公司挂牌材料申报情况。专家审核委员会审核阶段主要考核中介机构的现场聆讯情况，具体包括挂牌材料制作情况、聆讯表现、综合执业水平。挂牌转让阶段主要考核推荐机构对公司持续督导情况和支持齐鲁股权发展情况等。

公司挂牌阶段和专家审核委员会审核阶段实行连续记录，考核打分。公司挂牌后，对推荐机构的考核每半年进行一次。中介机构的考核实行百分制，将各阶段得分相加后得出总分，将每年历次总分的平均分作为当年考核评级依据。根据考核结果，每半年对中介机构进行一次评级，分为优秀、良好、一般、较差四个等级。

3. 年检

齐鲁股交中心对中介机构实行年检制度。每年4月1日到6月30日，中介机构须向齐鲁股交中心提交注册资本、执业能力、从业人员等情况的年检资料，年检合格后方可继续从事齐鲁股交中心相关业务。对于年检不合格的中介机构，齐鲁股交中心下发整改通知书，责令其在规定期限内整改完毕，整改合格后方可授予其业务资格证书，否则将取消其业务资格。

4. 其他常规管理

中介机构均设机构代表一名，组织协调中介机构与齐鲁股权的各项业务往来。具体职责包括：传达齐鲁股交中心有关中介机构的业务规则及要求；定期组织与齐鲁股交中心业务相关的内部培训，提高有关人员执业水平；及时查收齐鲁股交中心发送的业务文件，并协调落实；做好从事齐鲁股交中心业务人员的备案管理工作，如有人员变动，须在3个工作日内上报齐鲁股权，进行人员备案更新等内容。

5. 违规处置

中介机构出现违反齐鲁股交中心有关规定的，齐鲁股交中心自确认之日起，暂停其业务资格，情节特别严重的，将被取消业务资格并承担相应的法律责任。中介机构在被暂停业务资格期间和被取消业务资格后，不得在齐鲁股交中心开展新的相关业务。

（二）对挂牌企业进行自律管理

1. 完善公司治理结构

企业挂牌前，中介机构指导企业建立完善的公司治理结构，帮助企业制定公司章程、董事会议事规则、监事会议事规则、股东大会议事规则及公司信息披露等内控制度，为企业自律管理提供了组织及制度方面的保障。

2. 培训公司高管，提高企业自律管理能力

齐鲁股交中心和中介机构分别对公司高管就公司治理、规范运作及风险防控等方面内容进行挂牌前培训，增强企业自律管理意识，提高企业自律管理能力。

公司挂牌后，根据法律法规及中心制度的修订完善，齐鲁股交中心和推荐机构不定期对企业高管进行培训，不断更新和丰富企业高管的知识，进一步提高企业高管自律管理理论水平。

公司高管发生变动时，推荐机构将及时对新高管进行培训，增强新高管的自律管理意识和能力。

3. 加强企业监管，规范企业运作

企业挂牌后，齐鲁股交中心通过临时公告、定期报告、现场巡检和与企业所在地主管部门联合监管等方式，加强对企业的监管，及时发现问题，并督促企业整改，规范企业运作，促进企业健康发展。

附件四

上海股权托管交易中心相关情况

上海股权托管交易中心（以下简称“上海股交中心”）的建立是上海市政府促进多层次资本市场体系发展、完善上海国际金融中心功能、贯彻落实国发〔2009〕19号和发改财金〔2011〕2991号等国家文件精神的重要举措，对于进一步拓宽中小科技型企业直接融资渠道、推动多层次的资本市场建设、完善科技金融服务体系具有重要意义。

一、上海股交中心的设立

上海股交中心于2010年7月9日揭牌，2010年11月3日注册成立，2012年2月15日正式开业。作为上海股交中心设立和运营政策依据的国家有关文件主要包括如下。

（1）《国务院关于推进上海加快发展现代服务业和先进制造业建设国际金融中心和国际航运中心的意见》（国发〔2009〕19号），提出“研究探索推进上海服务长三角地区非上市公众公司股份转让的有效途径”。

（2）《国务院关于清理整顿各类交易场所切实防范金融风险的决定》（国发〔2011〕38号）（以下简称“38号文”）。

（3）经国务院同意，国家发改委印发的《“十二五”时期上海国际金融中心建设规划》（发改财金〔2011〕2991 号），提出“以上海股权托管交易中心建设为载体，积极探索非上市公司股权托管和非公开转让市场建设”。

（4）上海市人民政府《关于本市推进股权托管交易市场建设的若干意见》（沪府发〔2011〕99 号）。

（5）上海市金融服务办公室《上海股权托管交易中心管理办法（试行）》（沪金融办〔2012〕4 号）。

根据沪府发〔2011〕99 号文规定，上海股交中心的主管部门为上海市金融服务办公室。在其授权下，上海股交中心对股份转让业务履行自律管理职能。目前上海股交中心注册资本 1.2 亿元人民币，经营范围：为非上市股份公司提改制、托管、登记、转让、结算交收、代理分红派息和融资业务。股权结构如下表。

上海股交中心股权结构

股东名称	出资形式	金额（万元）	持股比例
上海国际集团有限公司	现金	3720.00	31.00%
上海证券交易所	现金	3480.00	29.00%
上海张江高科技园区开发股份有限公司	现金	2790.00	23.25%
上海联合产权交易所	上海股权托管登记中心有限公司股权	2010.00	16.75%

上海股交中心下设挂牌管理部（投资银行部）、交易管理部（经纪业务部）、登记结算部（市场监管部）、信息技术部、计划财务部和办公室（风险控制部、人力资源部）等六个部门。

二、基本业务情况

截至 2013 年 4 月，上海股交中心挂牌企业总数达 56 家，分别来自上海、北京、江苏、浙江、河北、湖北、安徽、吉林、海南、内蒙古和山东等多个省（市、自治区）；在审 7 家，签约 121 家，储备 130 家。8 家挂牌公司进行了挂牌后定向增资，41 家公司进行了 65 次挂牌前私募，挂牌前、后通过定向增资共募集资金 8.52 亿元。挂牌公司共落地银行贷款（债权融资）总额达 1.88 亿元，其中，落地股权质押贷款 5700 万元，落地信用贷款 1.31 亿元。另外，银行为挂牌公司提供授信额度共 30 亿元。投资者开户数共计 1954 户，其中个人投资者 1790 户，机构投资者 164 户。56 家挂牌公司中有 22 家公司股份可交易，累计成交 4684.64 万股，累计交易额约 1.79 亿元。

上海股交中心会员共计 205 家，其中推荐机构会员 80 家（银行 9 家、券商 5 家、投资机构 66 家），专业服务机构会员 110 家（会计师事务所 30 家、律师事务所 57 家、资产评估机构 23 家），另外上海股交中心正在以试点的方式吸纳经纪业务会员，会员总数 15 家（银行 3 家、投资机构 12 家）。

三、取得的成绩

经过一年多的发展，上海股交中心已初具业务规模，市场功能发挥良好，社会效益显著，开创了八项第一。

（1）制度体系最完善。上海股交中心的“非上市股份有限公司股份转让制度体系”包括一个纲领性暂行管理办法、八项业务规则、十几项操作细则和文本。该制度体系填补了中国场外市场发展多年以来的空白，并具有大量的突破传统的创新（部分内容已被全国股转系统即“新三板”引用），荣获 2012 年度上海金融创新成果奖一等奖。

（2）运作最规范，上海股交中心通过对工作底稿审核判断企业是否符合挂牌条件，是否真实准确完整披露信息，有无虚假记载，有无误导性陈述，有无重大遗漏，是同类市场中审核最为严格的。

（3）在执行严格审核制度的市场中挂牌效率最高，高效率的工作，是源于对业务规则的娴熟把握和苦干实干的工作精神。

（4）融资能力最强，相当于新三板的9倍。

（5）融资满足率最高，达到78%，新三板为20%。

（6）交易活跃度最高，相当于新三板的3倍。

（7）融资与交易市盈率最高，分别为39.59倍和46.69倍，新三板分别为17倍和23倍，稳居全国所有场外市场第一。

（8）是唯一达到良性运营状态的场外市场。上海股交中心真正实现了多方共赢，首先企业受益，融到资金；其次企业业绩增长快，投资者获得较好的投资回报；再次中介机构从推荐挂牌和其他服务中实现盈利；最后上海股交中心是唯一一个开业当年就实现盈利的场外市场交易所。

四、产生的社会效益

在市场平稳有序地快速发展，进入良性运营状态的同时，上海股交中心还取得了三大收获。

（1）促进中小企业快速成长。上海股交中心挂牌公司的平均营业收入增幅达142%，平均净利润增幅达82%，其中营业收入增长率最高达547.85%，净利润增长率最高达308.21%，挂牌企业整体呈现快速成长的发展态势。

（2）培养锻炼了一批专业化队伍。经过一年的历练，不仅上海股交中心自身锻炼出一支贴近市场、能上一线、勤奋刻苦、进取向上的敢打敢拼敢创新的员工队伍，更为重要的是，在银行和投资机构中培养了一批能够专业化开展投资银行业务的团队，为做大做强上海股权托管交易市场，乃至为中国场外市场的建设奠定了良好的基础。

（3）培育了一批专注场外市场的投资者。经过长期的引导和培育，上海股交中心引领了一大批传统 PE 投资者，改变了投资理念，聚集在上海股交中心周围，专注于在上海股权托管交易市场投资并获利，这是上海股交中心的宝贵财富，是上海股交中心能够较好地解决企业融资和股权交易问题的根本所在。

附录一

国务院关于清理整顿各类交易场所切实防范金融风险的决定

国发〔2011〕38号

各省、自治区、直辖市人民政府，国务院各部委、各直属机构：

近年来，一些地区为推进权益（如股权、产权等）和商品市场发展，陆续批准设立了一些从事产权交易、文化艺术品交易和大宗商品中远期交易等各种类型的交易场所（以下简称交易场所）。由于缺乏规范管理，在交易场所设立和交易活动中违法违规问题日益突出，风险不断暴露，引起了社会广泛关注。为防范金融风险，规范市场秩序，维护社会稳定，现作出如下决定。

一、高度重视各类交易场所违法交易活动蕴藏的风险

交易场所是为所有市场参与者提供平等、透明交易机会，进行有序交易的平台，具有较强的社会性和公开性，需要依法规范管理，确保安全运行。其中，证券和期货交易更是具有特殊的金融属性和风险属性，直接关系到经济金融安全和社会稳定，必须在经批准的特定交易场所，遵循严格的管理制度规范进行。目前，一些交易场所未经批准违法开展证券期货交易活动；有的交易场所管理不规范，存在严重投机和价格操纵行为；个别交易场所股东直接参与买卖，甚至发生管理人员侵吞客户资金、经营者卷款逃跑等问题。这些问题如发展蔓延下去，极易引发系统性、区域性金融风险，甚至影响社会稳定，必须及早采取措施坚决予以纠正。

各地人民政府和国务院有关部门要统一认识，高度重视各类交易场所存在的违法违规问题，从维护市场秩序和社会稳定的大局出发，切实做好清理整顿各类交易场所和规范市场秩序的各项工作。各类交易场所要建立健全规章制度，严格遵守信息披露、公平交易和风险管理等各项规定。建立与风险承受能力、投资知识和经验相适应的投资者管理制度，提高投资者风险意识和辨别能力，切实保护投资者合法权益。

二、建立分工明确、密切协作的工作机制

为加强对清理整顿交易场所和规范市场秩序工作的组织领导，形成既有分工又相互配合的监管机制，建立由证监会牵头，有关部门参加的“清理整顿各类交易场所部际联席会议”（以下简称联席会议）制度。联席会议的主要任务是，统筹协调有关部门和省级人民政府清理整顿违法证券期货交易工作，督导建立对各类交易场所和交易产品的规范管理制度，完成国务院交办的其他事项。联席会议日常办事机构设在证监会。

联席会议不代替国务院有关部门和省级人民政府的监管职责。对经国务院或国务院金融管理部门批准设立从事金融产品交易的交易场所，由国务院金融管理部门负责日常监管。其他交易场所均由省级人民政府按照属地管理原则负责监管，并切实做好统计监测、违规处理和风险处置工作。联席会议及相关部门和省级人民政府要及时沟通情况，加强协调配合，齐心协力做好各类交易场所清理整顿和规范工作。

三、健全管理制度、严格管理程序

自本决定下发之日起，除依法设立的证券交易所或国务院批准的从事金融产品交易的交易场所外，任何交易场所均不得将任何权益拆分为均等份额公开发行，不得采取集中竞价、做市商等集中交易方式进行交易；不得将权益按照标准化交易单位持续挂牌交易，任何投资者买入后卖出或卖出后买入同一交易品种的时间间隔不得少于 5 个交易日；除法律、行政法规另有规定外，权益持有人累计不得超过 200 人。

除依法经国务院或国务院期货监管机构批准设立从事期货交易的交易场所外，任何单位一律不得以集中竞价、电子撮合、匿名交易、做市商等集中

交易方式进行标准化合约交易。

从事保险、信贷、黄金等金融产品交易的交易场所，必须经国务院相关金融管理部门批准设立。

为规范交易场所名称，凡使用“交易所”字样的交易场所，除经国务院或国务院金融管理部门批准的外，必须报省级人民政府批准；省级人民政府批准前，应征求联席会议意见。未按上述规定批准设立或违反上述规定在名称中使用“交易所”字样的交易场所，工商部门不得为其办理工商登记。

四、稳妥推进清理整顿工作

各省级人民政府要立即成立领导小组，建立工作机制，根据法律、行政法规和本决定的要求，按照属地管理原则，对本地区各类交易场所，进行一次集中清理整顿，其中重点是坚决纠正违法证券期货交易活动，并采取有效措施确保投资者资金安全和社会稳定。对从事违法证券期货交易活动的交易场所，严禁以任何方式扩大业务范围，严禁新增交易品种，严禁新增投资者，并限期取消或结束交易活动；未经批准在交易场所名称中使用“交易所”字样的交易场所，应限期清理规范。清理整顿期间，不得设立新的开展标准化产品或合约交易的交易场所。各省级人民政府要尽快制定清理整顿工作方案，于2011年12月底前报国务院备案。

联席会议要切实负起责任，加强组织指导和督促检查，切实推动清理整顿工作有效、有序开展。商务部要在联席会议工作机制下，负责对大宗商品中远期交易市场清理整顿工作的监督、检查和指导，抓紧制定大宗商品交易市场管理办法，确保大宗商品中远期交易市场有序回归现货市场。联席会议各有关部门要按照职责分工，加强沟通，相互配合，相互支持，尽职尽责做好工作。金融机构不得为违法证券期货交易活动提供承销、开户、托管、资金划转、代理买卖、投资咨询、保险等服务；已提供服务的金融机构，要及时开展自查自清，做好善后工作。

国务院

2011年11月11日

附录二

国务院办公厅关于清理整顿各类交易场所的实施意见

国办发〔2012〕37号

各省、自治区、直辖市人民政府，国务院各部委、各直属机构：

为贯彻落实《国务院关于清理整顿各类交易场所切实防范金融风险的决定》（国发〔2011〕38号，以下称国发38号文件），进一步明确政策界限、措施和工作要求，扎实推进清理整顿各类交易场所工作，防范金融风险，维护社会稳定，经国务院同意，现提出以下意见。

一、全面把握清理整顿范围

遵循规范有序、便利实体经济发展的原则，准确界定清理整顿范围，突出重点，增强清理整顿各类交易场所工作的针对性、有效性。本次清理整顿的范围包括从事权益类交易、大宗商品中远期交易以及其他标准化合约交易的各类交易场所，包括名称中未使用“交易所”字样的交易场所，但仅从事车辆、房地产等实物交易的交易场所除外。其中，权益类交易包括产权、股权、债权、林权、矿权、知识产权、文化艺术品权益及金融资产权益等交易；大宗商品中远期交易，是指以大宗商品的标准化合约为交易对象，采用电子化集中交易方式，允许交易者以对冲平仓方式了结交易而不以实物交收为目的或不必交割实物的标准化合约交易；其他标准化合约，包括以有价证券、利率、汇率、指数、碳排放权、排污权等为标的物的标准化合约。

各类交易场所已设立的分支机构，按照属地管理原则，由各分支机构所在地省、自治区、直辖市人民政府（以下称省级人民政府）负责清理整顿。

依法经批准设立的证券、期货交易所，或经国务院金融管理部门批准设立的从事金融产品交易的交易场所不属于本次清理整顿范围。

二、准确适用清理整顿政策界限

违反下列规定之一的交易场所及其分支机构，应予以清理整顿。

（一）不得将任何权益拆分为均等份额公开发行。任何交易场所利用其服务与设施，将权益拆分为均等份额后发售给投资者，即属于“均等份额公开发行”。股份公司股份公开发行适用公司法、证券法相关规定。

（二）不得采取集中交易方式进行交易。本意见所称的“集中交易方式”包括集合竞价、连续竞价、电子撮合、匿名交易、做市商等交易方式，但协议转让、依法进行的拍卖不在此列。

（三）不得将权益按照标准化交易单位持续挂牌交易。本意见所称的“标准化交易单位”是指将股权以外的其他权益设定最小交易单位，并以最小交易单位或其整数倍进行交易。“持续挂牌交易”是指在买入后5个交易日内挂牌卖出同一交易品种或在卖出后5个交易日内挂牌买入同一交易品种。

（四）权益持有人累计不得超过200人。除法律、行政法规另有规定外，任何权益在其存续期间，无论在发行还是转让环节，其实际持有人累计不得超过200人，以信托、委托代理等方式代持的，按实际持有人数计算。

（五）不得以集中交易方式进行标准化合约交易。本意见所称的“标准化合约”包括两种情形：一种是由交易场所统一制定，除价格外其他条款固定，规定在将来某一时间和地点交割一定数量标的物的合约；另一种是由交易场所统一制定，规定买方有权在将来某一时间以特定价格买入或者卖出约定标的物的合约。

（六）未经国务院相关金融管理部门批准，不得设立从事保险、信贷、黄金等金融产品交易的交易场所，其他任何交易场所也不得从事保险、信贷、黄金等金融产品交易。

商业银行、证券公司、期货公司、保险公司、信托投资公司等金融机构不得为违反上述规定的交易场所提供承销、开户、托管、资产划转、代理买卖、投资咨询、保险等服务；已提供服务的金融机构，要按照相关金融管理部门的要求开展自查自清，并做好善后工作。

三、认真落实清理整顿工作安排

（一）排查甄别。各省级人民政府要按照国发38号文件和本意见要求，组织对本地区各类交易场所的交易品种、交易方式、投资者人数等是否违反规定，以及风险状况进行认真排查甄别。对违反国发38号文件规定的交易场所，严禁新增交易品种。

（二）整改规范。各类交易场所对自身存在问题纠正不及时、不到位的，有关省级人民政府要按照国发38号文件及本意见的要求，落实监管责任，对问题交易场所采取整改措施。交易规则违反国发38号文件规定的，不得继续交易；已暂停交易的，不得恢复交易，并依据相关政策规定修改交易规则，报本省（区、市）清理整顿工作领导小组批准。交易产品违反国发38号文件规定的，要取消违规交易产品并处理好善后问题；权益持有人累计超过200人的，要予以清理。

（三）检查验收。各省级人民政府应当组织对各类交易场所整改规范情况进行检查验收。重点核查交易场所章程、交易规则、交易品种、交易方式、投资者适当性、管理制度是否符合国发38号文件和本意见的规定，交易信息系统是否符合安全稳定性要求等。

（四）分类处置。各省级人民政府要对交易场所进行分类处置，该关闭的要坚决关闭，该整改的要认真整改，该规范的要切实规范。对确有必要保留的，要按照国发38号文件和本意见的要求履行相应审批程序。对于拒不整改、无正当理由逾期未完成整改的，或继续从事违法证券、期货交易的交易场所，各省级人民政府要依法依规坚决予以关闭或取缔。清理整顿过程中，各省级人民政府要采取有效措施确保投资者资金安全和社会稳定；对涉嫌犯罪的，要移送司法机关，依法追究有关人员的法律责任。

各省级人民政府要在清理整顿工作基本完成后，对清理整顿工作过程、政策措施、验收结果、日常监管和风险处置等情况进行全面总结，并书面报告清理整顿各类交易场所部际联席会议（以下简称联席会议）。

四、严格执行交易场所审批政策

（一）把握各类交易场所设立原则。

各省级人民政府应按照“总量控制、合理布局、审慎审批”的原则，统筹规划各类交易场所的数量规模和区域分布，制定交易场所品种结构规划和审查标准，审慎批准设立交易场所，使交易场所的设立与监管能力及实体经济发展水平相协调。

（二）严格规范交易场所设立审批。

1. 凡新设交易所的，除经国务院或国务院金融管理部门批准的以外，必须报省级人民政府批准；省级人民政府批准前，应取得联席会议的书面反馈意见。

2. 清理整顿前已设立运营的交易所，应当按照下列情形分别处理。

一是省级人民政府批准设立的交易所，确有必要保留，且未违反国发38号文件和本意见规定的，应经省级人民政府确认；违反国发38号文件和本意见规定的，应予清理整顿并经省级人民政府组织检查验收，验收通过后方可继续运营。各省级人民政府应当将上述两类交易所名单分别报联席会议备案。

二是未经省级人民政府批准设立的交易所，清理整顿并验收通过后，拟继续保留的，应按照新设交易场所的要求履行相关审批程序。省级人民政府批准前，应取得联席会议的书面反馈意见。

三是历史形成的从事车辆、房地产等实物交易的交易所，未从事违反国发38号文件和本意见规定，名称中拟继续使用“交易所”字样的，由省级人民政府根据实际情况处理，并将交易所名单报联席会议备案。

3. 从事权益类交易、大宗商品中远期交易以及其他标准化合约交易的交易场所，原则上不得设立分支机构开展经营活动。确有必要设立的，应当分别经该交易场所所在地省级人民政府及拟设分支机构所在地省级人民政府批准，并按照属地监管原则，由相应省级人民政府负责监管。凡未经省级人民政府批准已设立运营的经营性分支机构，要按照上述要求履行审批程序。违反上述规定的，各地工商行政管理部门不得为分支机构办理工商登记，并按照工商管理相关规定进行处理。

名称中未使用“交易所”字样的各类交易场所的监管办法，由各省级人民政府制定。

五、切实贯彻清理整顿工作要求

（一）统一政策标准。各省级人民政府在开展清理整顿工作中，要严格按照国务院、联席会议及有关部门的要求，统一政策标准，准确把握政策界限。实际执行中遇到疑难问题或对相关政策把握不准的，要及时上报联席会议。

（二）防范化解风险。各省级人民政府在清理整顿工作中，要制定完善风险处置预案，认真排查矛盾纠纷和风险隐患，及时掌握市场动向，做好信访投诉受理和处置工作。要加强与司法机关的协调配合，严肃查处挪用客户资金、诈骗等涉嫌违法犯罪行为，妥善处置突发事件，维护投资者合法权益，防范和化解金融风险，维护社会稳定。

（三）落实监管责任。各省级人民政府要制定本地区各类交易场所监管制度，明确各类交易场所监管机构和职能，加强日常监管，建立长效机制，持续做好各类交易场所统计监测、违规处理、风险处置等工作。相关省级人民政府要加强沟通配合和信息共享。联席会议成员单位和国务院相关部门要做好监督检查和指导工作。

国务院办公厅

2012 年 7 月 12 日

附录三

关于规范证券公司参与区域性股权交易市场的指导意见（试行）

中国证券监督管理委员会公告〔2012〕20号

为落实2012年全国金融工作会议精神，推动区域性股权交易市场健康发展，引导证券公司规范参与区域性股权交易市场的相关业务，更好地为企业特别是中小微企业提供股权交易和融资服务，繁荣地方实体经济，防范金融风险，维护市场秩序和社会稳定，根据有关法律法规和《国务院关于清理整顿各类交易场所 切实防范金融风险的决定》（国发〔2011〕38号）、《国务院办公厅关于清理整顿各类交易场所的实施意见》（国办发〔2012〕37号），我会在进行深入调研并广泛征求各方意见的基础上，制定了《关于规范证券公司参与区域性股权交易市场的指导意见（试行）》，现予公布，并自公布之日起施行。

中国证监会

2012年8月23日

关于规范证券公司参与区域性股权交易市场的指导意见（试行）

区域性股权交易市场（以下简称区域性市场）是多层次资本市场的重要

组成部分，对于促进企业特别是中小微企业股权交易和融资，鼓励科技创新和激活民间资本，加强对实体经济薄弱环节的支持，具有不可替代的作用。为落实2012年全国金融工作会议精神，规范证券公司参与区域性市场，促进区域性市场健康发展，防范和化解金融风险，维护市场秩序和社会稳定，根据有关法律法规和《国务院关于清理整顿各类交易场所　切实防范金融风险的决定》（国发〔2011〕38号，以下简称38号文）、《国务院办公厅关于清理整顿各类交易场所的实施意见》（国办发〔2012〕37号，以下简称37号文），中国证监会在深入调研、广泛征求意见的基础上，制定本指导意见。

一、区域性市场按照38号文和37号文完成清理整顿后，具备条件的证券公司可以参与区域性市场相关业务。

二、证券公司参与的区域性市场应当符合下列条件。

（一）区域性市场经所在地省级人民政府批准设立。使用“交易所”字样的区域性市场，省级人民政府批准前已征求联席会议意见。

（二）区域性市场是为市场所在地省级行政区域内的企业特别是中小微企业提供股权、债券的转让和融资服务的私募市场，接受省级人民政府监管。

区域性市场原则上不得跨区域设立营业性分支机构，不得接受跨区域公司挂牌。确有必要跨区域开展业务的，应当按照37号文要求分别经区域性市场所在地省级人民政府及拟跨区域的省级人民政府批准，并由市场所在地省级人民政府负责监管。

（三）区域性市场日常管理规范，已经建立健全的管理制度和业务规则，并已通过区域性市场经营场所和网站公示。区域性市场已经采取有效的投资者合法权益保护和风险管理措施，建立了风险防控和应急处理机制，发现风险隐患后能够及时处理并报告省级人民政府。

（四）区域性市场已经建立规范的会员管理制度，明确会员的权利和义务，要求会员严格遵守市场规则，公示会员名单和相关资料，建立诚信档案，并采取有效措施防范会员损害投资者合法权益。

（五）区域性市场已经建立投资者适当性管理制度，要求参与区域性市场的投资者为具备一定风险承受能力的合格投资者，明确合格的机构投资者和个人投资者的标准并予以公示。

区域性市场会员为投资者开立账户时，应当了解投资者的基本情况和风险承受能力，确定投资者满足适当性管理要求，向投资者充分揭示风险，要求投资者签署风险揭示书。区域性市场会员应对投资者基本信息和账户信息予以保密。

区域性市场合格机构投资者可以是具备一定条件的法人、私募股权投资基金、合伙企业，或经监管部门许可或备案的、金融机构面向特定投资者发行的理财产品。有关法律法规或监管部门对机构投资者投资区域性市场有限制性规定的，应当遵照其规定。

区域性市场合格个人投资者应当具备较强的风险承受能力，接受区域性市场会员的风险测评，并承诺自担投资风险。

（六）区域性市场对申请挂牌的公司规定了必要的条件并予以公示，要求申请挂牌的公司应当业务独立，治理结构健全，运作规范；公司股东（大）会依照公司章程做出申请挂牌的决议，并承诺履行相关信息披露义务。

（七）区域性市场为投资者提供网上或柜台报价、转让等服务时应当遵守38号文、37号文的规定，并定期在其营业场所或以其他形式公布成交信息。区域性市场已经采取有效措施严格控制价格操纵行为。

区域性市场探索其他交易方式的，应当符合38号文、37号文及相关配套政策规定，并能有效控制风险。

（八）区域性市场已经明确登记结算规则、方式和程序并予以公示。登记结算事宜由区域性市场依据市场管理办法规定程序认可的机构负责。负责登记结算的机构应当诚实守信，具备相应的专业能力，建立健全风险管理制度，保证权益持有人名册和登记过户记录真实、准确、完整，不得隐匿、伪造、篡改或毁损。

（九）区域性市场已经建立健全的信息披露制度，明确各参与主体的信息披露要求，并指定适当的信息披露途径，提高信息披露质量。

区域性市场应当要求挂牌公司作为信息披露的第一责任人，及时、规范地履行信息披露义务。披露信息包括定期信息和临时信息。定期信息应包括年度报告和半年度报告，其中年度财务报告需经会计师事务所审计；临时信息包括对挂牌公司有重大影响的信息。挂牌公司的董事、监事、高级管理人员应当承诺保证披露信息内容真实、准确、充分、完整。

区域性市场应当要求挂牌公司推荐机构、会计师事务所、律师事务所、评估事务所等中介机构及其业务人员勤勉尽责，严格遵守执业规范和职业道德，独立进行核查和判断，出具专业意见，切实履行中介机构职责。

三、证券公司参与区域性市场前，应当按上述条件对区域性市场进行评估，并形成评估报告。

证券公司参与区域性市场的方式，由证券公司与区域性市场协商确定。证券公司以股权方式参与区域性市场的，应当按规定扣减净资本。证券公司成为区域性市场会员的，可以开展挂牌公司推荐、挂牌公司股权代理买卖服务，并为区域性市场挂牌公司提供股权转让、定向股权融资、债券融资、投资咨询及其他有关服务。证券公司开展相关业务应建立风险隔离制度，并按规定充分计提风险资本准备。

四、在区域性市场挂牌且符合相应条件的公司申请公开发行证券及到其他依法设立的证券交易场所转让交易的，证券公司可以依法为其提供服务。有关申请公开发行及到其他依法设立的证券交易场所转让交易的条件、程序，按照法律法规和中国证监会的有关规定办理。具体转板制度由中国证监会制定。

五、证券公司参与区域性市场应符合中国证监会的相关监管规定，并在中国证券业协会备案。

中国证监会及其派出机构依据38号文、37号文及相关配套政策、本指导意见、转板制度为区域性市场提供业务指导和服务。

中国证券业协会应当制定自律规则，对参与区域性市场的证券公司进行自律管理，并督促参与区域性市场的证券公司建立必要的推荐挂牌、尽职调查、信息披露、投资者适当性管理等业务制度和相应的合规风控制度，依法合规地开展相关业务。

六、本指导意见自公布之日起施行。

附录四

非上市公众公司监督管理办法

中国证券监督管理委员会令　第 85 号

《非上市公众公司监督管理办法》已经 2012 年 5 月 11 日中国证券监督管理委员会第 17 次主席办公会议审议通过，现予公布，自 2013 年 1 月 1 日起施行。

中国证券监督管理委员会主席：郭树清

2012 年 9 月 28 日

非上市公众公司监督管理办法

第一章　总　则

第一条　为了规范非上市公众公司股票转让和发行行为，保护投资者合法权益，维护社会公共利益，根据《证券法》、《公司法》及相关法律法规的规定，制定本办法。

第二条　本办法所称非上市公众公司（以下简称公众公司）是指有下列情形之一且其股票未在证券交易所上市交易的股份有限公司：

（一）股票向特定对象发行或者转让导致股东累计超过 200 人；

（二）股票以公开方式向社会公众公开转让。

第三条　公众公司应当按照法律、行政法规、本办法和公司章程的规定，做到股权明晰，合法规范经营，公司治理机制健全，履行信息披露义务。

第四条　公众公司股票应当在中国证券登记结算公司集中登记存管，公开转让应当在依法设立的证券交易场所进行。

第五条　为公司出具专项文件的证券公司、律师事务所、会计师事务所及其他证券服务机构，应当勤勉尽责、诚实守信，认真履行审慎核查义务，按照依法制定的业务规则、行业执业规范和职业道德准则发表专业意见，保证所出具文件的真实性、准确性和完整性，并接受中国证券监督管理委员会（以下简称中国证监会）的监管。

第二章　公司治理

第六条　公众公司应当依法制定公司章程。

中国证监会依法对公众公司章程必备条款作出具体规定，规范公司章程的制定和修改。

第七条　公众公司应当建立兼顾公司特点和公司治理机制基本要求的股东大会、董事会、监事会制度，明晰职责和议事规则。

第八条　公众公司的治理结构应当确保所有股东，特别是中小股东充分行使法律、行政法规和公司章程规定的合法权利。

股东对法律、行政法规和公司章程规定的公司重大事项，享有知情权和参与权。

公众公司应当建立健全投资者关系管理，保护投资者的合法权益。

第九条　公众公司股东大会、董事会、监事会的召集、提案审议、通知时间、召开程序、授权委托、表决和决议等应当符合法律、行政法规和公司章程的规定；会议记录应当完整并安全保存。

股东大会的提案审议应当符合程序，保障股东的知情权、参与权、质询权和表决权；董事会应当在职权范围和股东大会授权范围内对审议事项作出决议，不得代替股东大会对超出董事会职权范围和授权范围的事项进行决议。

第十条　公众公司董事会应当对公司的治理机制是否给所有的股东提供合适的保护和平等权利等情况进行充分讨论、评估。

第十一条　公众公司应当强化内部管理，按照相关规定建立会计核算体系、财务管理和风险控制等制度，确保公司财务报告真实可靠及行为合法合规。

第十二条　公众公司进行关联交易应当遵循平等、自愿、等价、有偿的原则，保证交易公平、公允，维护公司的合法权益，根据法律、行政法规、中国证监会的规定和公司章程，履行相应的审议程序。

第十三条　公众公司应当采取有效措施防止股东及其关联方以各种形式占用或者转移公司的资金、资产及其他资源。

第十四条　公众公司实施并购重组行为，应当按照法律、行政法规、中国证监会的规定和公司章程，履行相应的决策程序并聘请证券公司和相关证券服务机构出具专业意见。

任何单位和个人不得利用并购重组损害公众公司及其股东的合法权益。

第十五条　进行公众公司收购，收购人或者其实际控制人应当具有健全的公司治理机制和良好的诚信记录。收购人不得以任何形式从被收购公司获得财务资助，不得利用收购活动损害被收购公司及其股东的合法权益。

在公众公司收购中，收购人持有的被收购公司的股份，在收购完成后12个月内不得转让。

第十六条　公众公司实施重大资产重组，重组的相关资产应当权属清晰、定价公允，重组后的公众公司治理机制健全，不得损害公众公司和股东的合法权益。

第十七条　公众公司应当按照法律的规定，同时结合公司的实际情况在章程中约定建立表决权回避制度。

第十八条　公众公司应当在章程中约定纠纷解决机制。股东有权按照法律、行政法规和公司章程的规定，通过仲裁、民事诉讼或者其他法律手段保护其合法权益。

第三章　信息披露

第十九条　公司及其他信息披露义务人应当按照法律、行政法规和中国证监会的规定，真实、准确、完整、及时地披露信息，不得有虚假记载、误导性陈述或者重大遗漏。公司及其他信息披露义务人应当向所有投资者同时公开披露信息。

公司的董事、监事、高级管理人员应当忠实、勤勉地履行职责，保证公司披露信息的真实、准确、完整、及时。

第二十条　信息披露文件主要包括公开转让说明书、定向转让说明书、定向发行说明书、发行情况报告书、定期报告和临时报告等。具体的内容与格式、编制规则及披露要求，由中国证监会另行制定。

第二十一条　公开转让与定向发行的公众公司应当在每一会计年度的上半年结束之日起2个月内披露记载中国证监会规定内容的半年度报告，在每一会计年度结束之日起4个月内披露记载中国证监会规定内容的年度报告。年度报告中的财务会计报告应当经具有证券期货相关业务资格的会计师事务所审计。

股票向特定对象转让导致股东累计超过200人的公众公司，应当在每一会计年度结束之日起4个月内披露记载中国证监会规定内容的年度报告。年度报告中的财务会计报告应当经会计师事务所审计。

第二十二条　公众公司董事、高级管理人员应当对定期报告签署书面确认意见；对报告内容有异议的，应当单独陈述理由，并与定期报告同时披露。公众公司不得以董事、高级管理人员对定期报告内容有异议为由不按时披露定期报告。

公众公司监事会应当对董事会编制的定期报告进行审核并提出书面审核意见，说明董事会对定期报告的编制和审核程序是否符合法律、行政法规、中国证监会的规定和公司章程，报告的内容是否能够真实、准确、完整地反映公司实际情况。

第二十三条　证券公司、律师事务所、会计师事务所及其他证券服务机构出具的文件和其他有关的重要文件应当作为备查文件，予以披露。

第二十四条　发生可能对股票价格产生较大影响的重大事件，投资者尚未得知时，公众公司应当立即将有关该重大事件的情况报送临时报告，并予以公告，说明事件的起因、目前的状态和可能产生的后果。

第二十五条　公众公司实施并购重组的，相关信息披露义务人应当依法严格履行公告义务，并及时准确地向公众公司通报有关信息，配合公众公司及时、准确、完整地进行披露。

参与并购重组的相关单位和人员，在并购重组的信息依法披露前负有保密义务，禁止利用该信息进行内幕交易。

第二十六条　公众公司应当制定信息披露事务管理制度并指定具有相关专业知识的人员负责信息披露事务。

第二十七条　除监事会公告外，公众公司披露的信息应当以董事会公告的形式发布。董事、监事、高级管理人员非经董事会书面授权，不得对外发布未披露的信息。

第二十八条　公司及其他信息披露义务人依法披露的信息，应当在中国证监会指定的信息披露平台公布。公司及其他信息披露义务人可在公司网站或者其他公众媒体上刊登依本办法必须披露的信息，但披露的内容应当完全一致，且不得早于在中国证监会指定的信息披露平台披露的时间。

股票向特定对象转让导致股东累计超过 200 人的公众公司可以在公司章程中约定其他信息披露方式；在中国证监会指定的信息披露平台披露相关信息的，应当符合本条第一款的要求。

第二十九条　公司及其他信息披露义务人应当将信息披露公告文稿和相关备查文件置备于公司住所供社会公众查阅。

第三十条　公司应当配合为其提供服务的证券公司及律师事务所、会计师事务所等证券服务机构的工作，按要求提供所需资料，不得要求证券公司、证券服务机构出具与客观事实不符的文件或者阻碍其工作。

第四章　股票转让

第三十一条　股票向特定对象转让导致股东累计超过 200 人的股份有限公司，应当自上述行为发生之日起 3 个月内，按照中国证监会有关规定制作申请文件，申请文件应当包括但不限于：定向转让说明书、律师事务所出具的法律意见书、会计师事务所出具的审计报告。股份有限公司持申请文件向中国证监会申请核准。在提交申请文件前，股份有限公司应当将相关情况通知所有股东。

在 3 个月内股东人数降至 200 人以内的，可以不提出申请。

股票向特定对象转让应当以非公开方式协议转让。申请股票向社会公众公开转让的，按照本办法第三十二条、第三十三条的规定办理。

第三十二条　公司申请其股票向社会公众公开转让的，董事会应当依法就股票公开转让的具体方案作出决议，并提请股东大会批准，股东大会决议必须经出席会议的股东所持表决权的2/3以上通过。

董事会和股东大会决议中还应当包括以下内容。

（一）按照中国证监会的相关规定修改公司章程；

（二）按照法律、行政法规和公司章程的规定建立健全公司治理机制；

（三）履行信息披露义务，按照相关规定披露公开转让说明书、年度报告、半年度报告及其他信息披露内容。

第三十三条 申请其股票向社会公众公开转让的公司，应当按照中国证监会有关规定制作公开转让的申请文件，申请文件应当包括但不限于：公开转让说明书、律师事务所出具的法律意见书、具有证券期货相关业务资格的会计师事务所出具的审计报告、证券公司出具的推荐文件、证券交易场所的审查意见。公司持申请文件向中国证监会申请核准。

公开转让说明书应当在公开转让前披露。

第三十四条 中国证监会受理申请文件后，依法对公司治理和信息披露进行审核，作出是否核准的决定，并出具相关文件。

第三十五条 公司及其董事、监事、高级管理人员，应当对公开转让说明书、定向转让说明书签署书面确认意见，保证所披露的信息真实、准确、完整。

第五章 定向发行

第三十六条 本办法所称定向发行包括向特定对象发行股票导致股东累计超过200人，以及股东人数超过200人的公众公司向特定对象发行股票两种情形。

前款所称特定对象的范围包括下列机构或者自然人。

（一）公司股东；

（二）公司的董事、监事、高级管理人员、核心员工；

（三）符合投资者适当性管理规定的自然人投资者、法人投资者及其他经济组织。

公司确定发行对象时，符合本条第二款第（二）项、第（三）项规定的投资者合计不得超过35名。

核心员工的认定，应当由公司董事会提名，并向全体员工公示和征求意见，由监事会发表明确意见后，经股东大会审议批准。

投资者适当性管理规定由中国证监会另行制定。

第三十七条　公司应当对发行对象的身份进行确认，有充分理由确信发行对象符合本办法和公司的相关规定。

公司应当与发行对象签订包含风险揭示条款的认购协议。

第三十八条　公司董事会应当依法就本次股票发行的具体方案作出决议，并提请股东大会批准，股东大会决议必须经出席会议的股东所持表决权的2/3以上通过。

申请向特定对象发行股票导致股东累计超过200人的股份有限公司，董事会和股东大会决议中还应当包括以下内容。

（一）按照中国证监会的相关规定修改公司章程；

（二）按照法律、行政法规和公司章程的规定建立健全公司治理机制；

（三）履行信息披露义务，按照相关规定披露定向发行说明书、发行情况报告书、年度报告、半年度报告及其他信息披露内容。

第三十九条　公司应当按照中国证监会有关规定制作定向发行的申请文件，申请文件应当包括但不限于：定向发行说明书、律师事务所出具的法律意见书、具有证券期货相关业务资格的会计师事务所出具的审计报告、证券公司出具的推荐文件。公司持申请文件向中国证监会申请核准。

第四十条　中国证监会受理申请文件后，依法对公司治理和信息披露以及发行对象情况进行审核，作出是否核准的决定，并出具相关文件。

第四十一条　公司申请定向发行股票，可申请一次核准，分期发行。自中国证监会予以核准之日起，公司应当在3个月内首期发行，剩余数量应当在12个月内发行完毕。超过核准文件限定的有效期未发行的，须重新经中国证监会核准后方可发行。首期发行数量应当不少于总发行数量的50%，剩余各期发行的数量由公司自行确定，每期发行后5个工作日内将发行情况报中国证监会备案。

第四十二条　公众公司向特定对象发行股票后股东累计不超过200人的，或者公众公司在12个月内发行股票累计融资额低于公司净资产的20%的，豁免向中国证监会申请核准，但发行对象应当符合本办法第三十六条的规定，并在每次发行后5个工作日内将发行情况报中国证监会备案。

第四十三条　股票发行结束后，公众公司应当按照中国证监会的有关要求编制并披露发行情况报告书。申请分期发行的公众公司应在每期发行后按照中国证监会的有关要求进行披露，并在全部发行结束或者超过核准文件有效期后按照中国证监会的有关要求编制并披露发行情况报告书。

豁免向中国证监会申请核准定向发行的公众公司，应当在发行结束后按照中国证监会的有关要求编制并披露发行情况报告书。

第四十四条　公司及其董事、监事、高级管理人员，应当对定向发行说明书、发行情况报告书签署书面确认意见，保证所披露的信息真实、准确、完整。

第四十五条　公众公司定向发行股份购买资产的，按照本章有关规定办理。

第六章　监督管理

第四十六条　中国证监会会同国务院有关部门、地方人民政府，依照法律法规和国务院有关规定，各司其职，分工协作，对公众公司进行持续监管，防范风险，维护证券市场秩序。

第四十七条　中国证监会依法履行对公司股票转让、定向发行、信息披露的监管职责，有权对公司、证券公司、证券服务机构采取《证券法》第一百八十条规定的措施。

第四十八条　中国证券业协会应当发挥自律管理作用，对从事公司股票转让和定向发行业务的证券公司进行监督，督促其勤勉尽责地履行尽职调查和督导职责。发现证券公司有违反法律、行政法规和中国证监会相关规定的行为，应当向中国证监会报告，并采取自律管理措施。

第四十九条　中国证监会可以要求公司及其他信息披露义务人或者其董事、监事、高级管理人员对有关信息披露问题作出解释、说明或者提供相关资料，并要求公司提供证券公司或者证券服务机构的专业意见。

中国证监会对证券公司和证券服务机构出具文件的真实性、准确性、完整性有疑义的，可以要求相关机构作出解释、补充，并调阅其工作底稿。

第五十条　证券公司在从事股票转让、定向发行等业务活动中，应当按照中国证监会的有关规定勤勉尽责地进行尽职调查，规范履行内核程序，认真编制相关文件，并持续督导所推荐公司及时履行信息披露义务、完善公司治理。

第五十一条　证券服务机构为公司的股票转让、定向发行等活动出具审计报告、资产评估报告或者法律意见书等文件的，应当严格履行法定职责，遵循勤勉尽责和诚实信用原则，对公司的主体资格、股本情况、规范运作、财务状况、公司治理、信息披露等内容的真实性、准确性、完整性进行充分的核查和验证，并保证其出具的文件不存在虚假记载、误导性陈述或者重大遗漏。

第五十二条　中国证监会依法对公司进行监督检查或者调查，公司有义务提供相关文件资料。对于发现问题的公司，中国证监会可以采取责令改正、监管谈话、责令公开说明、出具警示函等监管措施，并记入诚信档案；涉嫌违法、犯罪的，应当立案调查或者移送司法机关。

第七章　法律责任

第五十三条　公司以欺骗手段骗取核准的，公司报送的报告有虚假记载、误导性陈述或者重大遗漏的，除依照《证券法》有关规定进行处罚外，中国证监会可以采取终止审查并自确认之日起在36个月内不受理公司的股票转让和定向发行申请的监管措施。

第五十四条　公司未按照本办法第三十一条、第三十三条、第三十九条规定，擅自转让或者发行股票的，按照《证券法》第一百八十八条的规定进行处罚。

第五十五条　证券公司、证券服务机构出具的文件有虚假记载、误导性陈述或者重大遗漏的，除依照《证券法》及相关法律法规的规定处罚外，中国证监会可视情节轻重，自确认之日起采取3个月至12个月内不接受该机构出具的相关专项文件，36个月内不接受相关签字人员出具的专项文件的监管措施。

第五十六条　公司及其他信息披露义务人未按照规定披露信息，或者所披露的信息有虚假记载、误导性陈述或者重大遗漏的，依照《证券法》第一百九十三条的规定进行处罚。

第五十七条 公司向不符合本办法规定条件的投资者发行股票的，中国证监会可以责令改正，并可以自确认之日起在36个月内不受理其申请。

第五十八条 信息披露义务人及其董事、监事、高级管理人员，公司控股股东、实际控制人，为信息披露义务人出具专项文件的证券公司、证券服务机构及其工作人员，违反《证券法》、行政法规和中国证监会相关规定的，中国证监会可以采取责令改正、监管谈话、出具警示函、认定为不适当人选等监管措施，并记入诚信档案；情节严重的，中国证监会可以对有关责任人员采取证券市场禁入的措施。

第五十九条 公众公司内幕信息知情人或非法获取内幕信息的人，在对公众公司股票价格有重大影响的信息公开前，泄露该信息、买卖或者建议他人买卖该股票的，依照《证券法》第二百零二条的规定进行处罚。

第八章 附 则

第六十条 公众公司向不特定对象公开发行股票的，应当遵守《证券法》和中国证监会的相关规定。

公众公司申请在证券交易所上市的，应当遵守中国证监会和证券交易所的相关规定。

第六十一条 本办法施行前股东人数超过200人的股份有限公司，依照有关法律法规进行规范，并经中国证监会确认后，可以按照本办法的相关规定申请核准。

第六十二条 本办法所称股份有限公司是指首次申请股票转让或定向发行的股份有限公司；所称公司包括非上市公众公司和首次申请股票转让或定向发行的股份有限公司。

第六十三条 本办法自2013年1月1日起施行。

附录五

全国中小企业股份转让系统有限责任公司管理暂行办法

中国证券监督管理委员会令第89号

《全国中小企业股份转让系统有限责任公司管理暂行办法》已经2013年1月18日中国证券监督管理委员会第27次主席办公会审议通过，现予公布，自公布之日起施行。

中国证券监督管理委员会主席：郭树清

2013年1月31日

全国中小企业股份转让系统有限责任公司管理暂行办法

第一章　总　则

第一条　为加强对全国中小企业股份转让系统有限责任公司（以下简称全国股份转让系统公司）的管理，明确其职权与责任，维护股票挂牌转让及相关活动的正常秩序，根据《公司法》、《证券法》等法律、行政法规，制定本办法。

第二条　全国中小企业股份转让系统（以下简称全国股份转让系统）是经国务院批准设立的全国性证券交易场所。

第三条　股票在全国股份转让系统挂牌的公司（以下简称挂牌公司）为

非上市公众公司，股东人数可以超过 200 人，接受中国证券监督管理委员会（以下简称中国证监会）的统一监督管理。

第四条　全国股份转让系统公司负责组织和监督挂牌公司的股票转让及相关活动，实行自律管理。

第五条　全国股份转让系统公司应当坚持公益优先的原则，维护公开、公平、公正的市场环境，保证全国股份转让系统的正常运行，为全国股份转让系统各参与人提供优质、高效、低成本的金融服务。

第六条　全国股份转让系统的股票挂牌转让及相关活动，必须遵守法律、行政法规和各项规章规定，禁止欺诈、内幕交易、操纵市场等违法违规行为。

第七条　中国证监会依法对全国股份转让系统公司、全国股份转让系统的各项业务活动及各参与人实行统一监督管理，维护全国股份转让系统运行秩序，依法查处违法违规行为。

第二章　全国股份转让系统公司的职能

第八条　全国股份转让系统公司的职能包括：

（一）建立、维护和完善股票转让相关技术系统和设施；

（二）制定和修改全国股份转让系统业务规则；

（三）接受并审查股票挂牌及其他相关业务申请，安排符合条件的公司股票挂牌；

（四）组织、监督股票转让及相关活动；

（五）对主办券商等全国股份转让系统参与人进行监管；

（六）对挂牌公司及其他信息披露义务人进行监管；

（七）管理和公布全国股份转让系统相关信息；

（八）中国证监会批准的其他职能。

第九条　全国股份转让系统公司应当就股票挂牌、股票转让、主办券商管理、挂牌公司管理、投资者适当性管理等依法制定基本业务规则。

全国股份转让系统公司制定与修改基本业务规则，应当经中国证监会批准。制定与修改其他业务规则，应当报中国证监会备案。

第十条　全国股份转让系统挂牌新的证券品种或采用新的转让方式，应当报中国证监会批准。

第十一条　全国股份转让系统公司应当为组织公平的股票转让提供保障，公布股票转让即时行情。未经全国股份转让系统公司许可，任何单位和个人不得发布、使用或传播股票转让即时行情。

第十二条　全国股份转让系统公司收取的资金和费用应当符合有关主管部门的规定，并优先用于维护和完善相关技术系统和设施。

全国股份转让系统公司应当制定专项财务管理规则，并报中国证监会备案。

第十三条　全国股份转让系统公司应当从其收取的费用中提取一定比例的金额设立风险基金。风险基金提取和使用的具体办法，由中国证监会另行制定。

第十四条　全国股份转让系统的登记结算业务由中国证券登记结算有限责任公司负责。全国股份转让系统公司应当与其签订业务协议，并报中国证监会备案。

第三章　全国股份转让系统公司的组织结构

第十五条　全国股份转让系统公司应当按照《公司法》等法律、行政法规和中国证监会的规定，制定公司章程，明确股东会、董事会、监事会和经理层之间的职责划分，建立健全内部组织机构，完善公司治理。

全国股份转让系统公司章程的制定和修改，应当经中国证监会批准。

第十六条　全国股份转让系统公司的股东应当具备法律、行政法规和中国证监会规定的资格条件，股东持股比例应当符合中国证监会的有关规定。

全国股份转让系统公司新增股东或原股东转让所持股份的，应当报中国证监会批准。

第十七条　全国股份转让系统公司董事会、监事会的组成及议事规则应当符合有关法律、行政法规和中国证监会的规定，并报中国证监会备案。

第十八条　全国股份转让系统公司董事长、副董事长、监事会主席及高级管理人员由中国证监会提名，任免程序和任期遵守《公司法》和全国股份转让系统公司章程的有关规定。前款所述高级管理人员的范围，由全国股份转让系统公司章程规定。

第十九条　全国股份转让系统公司应当根据需要设立专门委员会。各专门委员会的组成及议事规则报中国证监会备案。

第四章　全国股份转让系统公司的自律监管

第二十条　全国股份转让系统实行主办券商制度。在全国股份转让系统从事主办券商业务的证券公司称为主办券商。

主办券商业务包括推荐股份公司股票挂牌，对挂牌公司进行持续督导，代理投资者买卖挂牌公司股票，为股票转让提供做市服务及其他全国股份转让系统公司规定的业务。

第二十一条　全国股份转让系统公司依法对股份公司股票挂牌、定向发行等申请及主办券商推荐文件进行审查，出具审查意见。

全国股份转让系统公司应当与符合条件的股份公司签署挂牌协议，确定双方的权利义务关系。

第二十二条　全国股份转让系统公司应当督促申请股票挂牌的股份公司、挂牌公司及其他信息披露义务人，依法履行信息披露义务，真实、准确、完整、及时地披露信息，不得有虚假记载、误导性陈述或者重大遗漏。

第二十三条　挂牌公司应当符合全国股份转让系统持续挂牌条件，不符合持续挂牌条件的，全国股份转让系统公司应当及时做出股票暂停或终止挂牌的决定，及时公告，并报中国证监会备案。

第二十四条　挂牌股票转让可以采取做市方式、协议方式、竞价方式或证监会批准的其他转让方式。

第二十五条　全国股份转让系统实行投资者适当性管理制度。参与股票转让的投资者应当具备一定的证券投资经验和相应的风险识别和承担能力，了解熟悉相关业务规则。

第二十六条　因突发性事件而影响股票转让的正常进行时，全国股份转让系统公司可以采取技术性停牌措施；因不可抗力的突发性事件或者为维护股票转让的正常秩序，可以决定临时停市。全国股份转让系统公司采取技术性停牌或者决定临时停市，应当及时报告中国证监会。

第二十七条　全国股份转让系统公司应当建立市场监控制度及相应技术系统，配备专门市场监察人员，依法对股票转让实行监控，及时发现、及时制止内幕交易、市场操纵等异常转让行为。

对违反法律法规及业务规则的，全国股份转让系统公司应当及时采取自律监管措施，并视情节轻重或根据监管要求，及时向中国证监会报告。

第二十八条　全国股份转让系统公司应当督促主办券商、律师事务所、会计师事务所等为挂牌转让等相关业务提供服务的证券服务机构和人员，诚实守信、勤勉尽责，严格履行法定职责，遵守法律法规和行业规范，并对出具文件的真实性、准确性、完整性负责。

第二十九条　全国股份转让系统公司发现相关当事人违反法律法规及业务规则的，可以依法采取自律监管措施，并报中国证监会备案。依法应当由中国证监会进行查处的，全国股份转让系统公司应当向中国证监会提出查处建议。

第五章　监督管理

第三十条　全国股份转让系统公司应当向中国证监会报告股东会、董事会、监事会、总经理办公会议和其他重要会议的会议纪要，全国股份转让系统运行情况，全国股份转让系统公司自律监管职责履行情况、日常工作动态以及中国证监会要求报告的其他信息。

全国股份转让系统公司的其他报告义务，比照执行证券交易所管理有关规定。

第三十一条　中国证监会有权要求全国股份转让系统公司对其章程和业务规则进行修改。

第三十二条　中国证监会依法对全国股份转让系统公司进行监管，开展定期、不定期的现场检查，并对其履职和运营情况进行评估和考核。

全国股份转让系统公司及相关人员违反本办法规定，在监管工作中不履行职责，或者不履行本办法规定的有关义务，中国证监会比照证券交易所管理有关规定进行查处。

第六章　附　则

第三十三条　全国股份转让系统公司为其他证券品种提供挂牌转让服务的，比照本办法执行。

第三十四条　在证券公司代办股份转让系统的原 STAQ、NET 系统挂牌公司和退市公司及其股份转让相关活动，由全国股份转让系统公司负责监督管理。

第三十五条　本办法公布之日起施行。

附件六

全国中小企业股份转让系统业务规则（试行）

第一章　总　则

1.1　为规范全国中小企业股份转让系统（以下简称“全国股份转让系统”）运行，维护市场正常秩序，保护投资者合法权益，根据《中华人民共和国公司法》（以下简称《公司法》）、《中华人民共和国证券法》以及《非上市公众公司监督管理办法》（以下简称《管理办法》）、《全国中小企业股份转让系统有限责任公司管理暂行办法》等法律、行政法规、部门规章，制定本业务规则。

1.2　在全国股份转让系统挂牌的股票、可转换公司债券及其他证券品种，适用本业务规则。本业务规则未作规定的，适用全国中小企业股份转让系统有限责任公司（以下简称“全国股份转让系统公司”）的其他有关规定。

1.3　全国股份转让系统的证券公开转让及相关活动，实行公开、公平、公正的原则，禁止证券欺诈、内幕交易、操纵市场等违法违规行为。

市场参与人应当遵循自愿、有偿、诚实信用的原则。

1.4　申请挂牌公司、挂牌公司及其董事、监事、高级管理人员、股东、实际控制人，主办券商、会计师事务所、律师事务所、其他证券服务机构及其相关人员，投资者应当遵守法律、行政法规、部门规章、本业务规则及全国股份转让系统公司其他业务规定。

1.5　申请挂牌公司、挂牌公司及其他信息披露义务人、主办券商应当真实、准确、完整、及时地披露信息，不得有虚假记载、误导性陈述或者重大遗漏。

申请挂牌公司、挂牌公司的董事、监事、高级管理人员应当忠实、勤勉地履行职责，保证公司披露信息的真实、准确、完整、及时、公平。

申请挂牌公司、挂牌公司及其他信息披露义务人、主办券商依法披露的信息，应当第一时间在全国股份转让系统指定信息披露平台（www.neeq.com.cn 或 www.neeq.cc）公布。

1.6　全国股份转让系统实行主办券商制度。主办券商应当对所推荐的挂牌公司履行持续督导义务。

1.7　主办券商、会计师事务所、律师事务所、其他证券服务机构及其相关人员在全国股份转让系统从事相关业务，应严格履行法定职责，遵守行业规范，勤勉尽责，诚实守信，并对出具文件的真实性、准确性、完整性负责。

1.8　全国股份转让系统实行投资者适当性管理制度。投资者应当具备一定的证券投资经验和相应的风险识别和承担能力，知悉相关业务规则，自行承担投资风险。

1.9　挂牌公司、主办券商、投资者等市场参与人，应当按照规定交纳相关税费。

1.10　挂牌公司是经中国证监会核准的非上市公众公司，股东人数可以超过二百人。

《管理办法》实施前股东人数为二百人以上的股份有限公司，依照有关法律、行政法规、部门规章进行规范并经中国证监会确认后，符合本业务规则规定条件的，可以向全国股份转让系统公司申请挂牌。

1.11　全国股份转让系统公司依法对申请挂牌公司、挂牌公司及其他信息披露义务人、主办券商等市场参与人进行自律监管。

第二章　股票挂牌

2.1　股份有限公司申请股票在全国股份转让系统挂牌，不受股东所有制性质的限制，不限于高新技术企业，应当符合下列条件。

（一）依法设立且存续满两年。有限责任公司按原账面净资产值折股整体变更为股份有限公司的，存续时间可以从有限责任公司成立之日起计算；

（二）业务明确，具有持续经营能力；

（三）公司治理机制健全，合法规范经营；

（四）股权明晰，股票发行和转让行为合法合规；

（五）主办券商推荐并持续督导；

（六）全国股份转让系统公司要求的其他条件。

2.2 申请挂牌公司应当与主办券商签订推荐挂牌并持续督导协议，按照全国股份转让系统公司的有关规定编制申请文件，并向全国股份转让系统公司申报。

2.3 全国股份转让系统公司对挂牌申请文件审查后，出具是否同意挂牌的审查意见。

2.4 申请挂牌公司取得全国股份转让系统公司同意挂牌的审查意见及中国证监会核准文件后，按照全国股份转让系统公司规定的有关程序办理挂牌手续。

申请挂牌公司应当在其股票挂牌前与全国股份转让系统公司签署挂牌协议，明确双方的权利、义务和有关事项。

2.5 申请挂牌公司应当在其股票挂牌前依照全国股份转让系统公司的规定披露公开转让说明书等文件。

2.6 申请挂牌公司在其股票挂牌前实施限制性股票或股票期权等股权激励计划且尚未行权完毕的，应当在公开转让说明书中披露股权激励计划等情况。

2.7 申请挂牌公司在其股票挂牌前，应当与中国证券登记结算有限责任公司（以下简称“中国结算”）签订证券登记及服务协议，办理全部股票的集中登记。

2.8 挂牌公司控股股东及实际控制人在挂牌前直接或间接持有的股票分三批解除转让限制，每批解除转让限制的数量均为其挂牌前所持股票的三分之一，解除转让限制的时间分别为挂牌之日、挂牌期满一年和两年。

挂牌前十二个月以内控股股东及实际控制人直接或间接持有的股票进行过转让的，该股票的管理按照前款规定执行，主办券商为开展做市业务取得的做市初始库存股票除外。

因司法裁决、继承等原因导致有限售期的股票持有人发生变更的，后续持有人应继续执行股票限售规定。

2.9　股票解除转让限制，应由挂牌公司向主办券商提出，由主办券商报全国股份转让系统公司备案。全国股份转让系统公司备案确认后，通知中国结算办理解除限售登记。

第三章　股票转让

第一节　一般规定

3.1.1　股票转让采用无纸化的公开转让形式，或经中国证监会批准的其他转让形式。

3.1.2　股票转让可以采取协议方式、做市方式、竞价方式或其他中国证监会批准的转让方式。经全国股份转让系统公司同意，挂牌股票可以转换转让方式。

3.1.3　挂牌股票采取协议转让方式的，全国股份转让系统公司同时提供集合竞价转让安排。

3.1.4　挂牌股票采取做市转让方式的，须有2家以上从事做市业务的主办券商（以下简称“做市商”）为其提供做市报价服务。

做市商应当在全国股份转让系统持续发布买卖双向报价，并在报价价位和数量范围内履行与投资者的成交义务。做市转让方式下，投资者之间不能成交。全国股份转让系统公司另有规定的除外。

3.1.5　全国股份转让系统为证券转让提供相关设施，包括交易主机、交易单元、报盘系统及相关通信系统等。

3.1.6　主办券商进入全国股份转让系统进行证券转让，应当先向全国股份转让系统公司申请取得转让权限，成为转让参与人。

3.1.7　股票转让时间为每周一至周五上午9：15至11：30，下午13：00至15：00。转让时间内因故停市，转让时间不作顺延。

遇法定节假日和全国股份转让系统公司公告的休市日，全国股份转让系统休市。

3.1.8　全国股份转让系统对股票转让不设涨跌幅限制。全国股份转让系统公司另有规定的除外。

3.1.9 投资者买卖挂牌公司股票，应当开立证券账户和资金账户，并与主办券商签订证券买卖委托代理协议。

投资者开立证券账户，应当按照中国结算的相关规定办理。

3.1.10 主办券商接受投资者的买卖委托后，应当确认投资者具备相应股票或资金，并按照投资者委托的时间先后顺序向全国股份转让系统申报。

3.1.11 买卖挂牌公司股票，申报数量应当为1000股或其整数倍。

卖出挂牌公司股票时，余额不足1000股部分，应当一次性申报卖出。

3.1.12 股票转让的计价单位为“每股价格”。股票转让的申报价格最小变动单位为0.01元人民币。

3.1.13 全国股份转让系统公司可以根据市场需要，调整股票单笔买卖申报数量和申报价格的最小变动单位。

3.1.14 申报当日有效。投资者可以撤销委托申报的未成交部分。

3.1.15 买卖申报经交易主机成交确认后，转让即告成立，买卖双方必须承认转让结果，履行清算交收义务，本规则另有规定的除外。

3.1.16 中国结算作为共同对手方，为股票转让提供清算和多边净额担保交收服务；或不作为共同对手方，提供其他清算、交收等服务。

3.1.17 投资者卖出股票，须委托代理其买入该股票的主办券商办理。如需委托另一家主办券商卖出该股票，须办理股票转托管手续。

3.1.18 投资者因司法裁决、继承等特殊原因需要办理股票过户的，依照中国结算的规定办理。

第二节 转让信息

3.2.1 全国股份转让系统公司每个转让日发布股票转让即时行情、股票转让公开信息等转让信息，及时编制反映市场转让情况的各类报表，并通过全国股份转让系统指定信息披露平台或其他媒体予以公布。

3.2.2 全国股份转让系统公司负责全国股份转让系统信息的统一管理和发布。未经全国股份转让系统公司许可，任何机构和个人不得发布、使用和传播转让信息。经全国股份转让系统公司许可使用转让信息的机构和个人，未经同意不得将转让信息提供给其他机构和个人使用或予以传播。

3.2.3 全国股份转让系统公司可以根据市场发展需要，编制综合指数、成分指数、分类指数等证券指数，随即时行情发布。

证券指数的设置和编制方法，由全国股份转让系统公司另行规定。

第三节　监控与异常情况处理

3.3.1　全国股份转让系统公司对股票转让中出现的异常转让行为进行重点监控，并可以视情况采取盘中临时停止股票转让等措施。

3.3.2　发生下列转让异常情况之一，导致部分或全部转让不能正常进行的，全国股份转让系统公司可以决定单独或同时采取暂缓进入清算交收程序、技术性停牌或临时停市等措施。

（一）不可抗力；

（二）意外事件；

（三）技术故障；

（四）全国股份转让系统公司认定的其他异常情况。

3.3.3　全国股份转让系统公司对暂缓进入清算交收程序、技术性停牌或临时停市决定予以公告。技术性停牌或临时停市原因消除后，全国股份转让系统公司可以决定恢复转让，并予以公告。

因转让异常情况及全国股份转让系统公司采取的相应措施造成损失的，全国股份转让系统公司不承担赔偿责任。

3.3.4　转让异常情况处理的具体规定，由全国股份转让系统公司另行制定并报中国证监会批准。

第四章　挂牌公司

第一节　公司治理

4.1.1　挂牌公司应当按照法律、行政法规、部门规章、全国股份转让系统公司相关业务规定完善公司治理，确保所有股东，特别是中小股东享有平等地位，充分行使合法权利。

4.1.2　挂牌公司应当依据《公司法》及有关非上市公众公司章程必备条款的规定制定公司章程并披露。

挂牌公司应当依照公司章程的规定，规范重大事项的内部决策程序。

4.1.3　挂牌公司与控股股东、实际控制人及其控制的其他企业应实行人员、资产、财务分开，各自独立核算、独立承担责任和风险。

4.1.4　控股股东、实际控制人及其控制的其他企业应切实保证挂牌公司的独立性，不得利用其股东权利或者实际控制能力，通过关联交易、垫付费用、提供担保及其他方式直接或者间接侵占挂牌公司资金、资产，损害挂牌公司及其他股东的利益。

4.1.5 挂牌公司董事会做出的对公司治理机制的讨论评估应当在年度报告中披露。

4.1.6 挂牌公司可以实施股权激励，具体办法另行规定。

第二节 信息披露

4.2.1 挂牌公司应当按照全国股份转让系统公司相关规定编制并披露定期报告和临时报告；上述文件披露前，挂牌公司应当依据公司章程履行内部程序。

挂牌公司应当按照《企业会计准则》的要求编制财务报告，全国股份转让系统公司另有规定的除外。

挂牌公司发生的或者与之有关的事件没有达到全国股份转让系统公司规定的披露标准，或者全国股份转让系统公司没有具体规定，但公司董事会认为该事件对公司股票转让价格可能产生较大影响的，公司应当及时披露。

4.2.2 若挂牌公司有充分依据证明其拟披露的信息属于国家机密、商业秘密，可能导致其违反国家有关保密法律、行政法规规定或者严重损害挂牌公司利益的，可以向全国股份转让系统公司申请豁免披露或履行相关义务。

4.2.3 挂牌公司应当制定并执行信息披露事务管理制度。

挂牌公司设有董事会秘书的，由董事会秘书负责信息披露管理事务，未设董事会秘书的，挂牌公司应指定一名具有相关专业知识的人员负责信息披露管理事务，并向全国股份转让系统公司报备。负责信息披露管理事务的人员应列席公司的董事会和股东大会。

4.2.4 挂牌公司及其他信息披露义务人应当对其披露信息内容的真实性、准确性、完整性承担责任。

4.2.5 挂牌公司、相关信息披露义务人和其他知情人不得泄露内幕信息。

4.2.6 主办券商应对挂牌公司拟披露的信息披露文件进行审查，履行持续督导职责。

4.2.7　全国股份转让系统公司对挂牌公司及其他信息披露义务人已披露的信息进行审查。

4.2.8　挂牌公司出现下列情形之一的，全国股份转让系统公司对股票转让实行风险警示，在公司股票简称前加注标识并公告。

（一）最近一个会计年度的财务会计报告被出具否定意见或者无法表示意见的审计报告；

（二）最近一个会计年度经审计的期末净资产为负值；

（三）全国股份转让系统公司规定的其他情形。

第三节　定向发行

4.3.1　本业务规则规定的定向发行，是指申请挂牌公司、挂牌公司向特定对象发行股票的行为。

4.3.2　申请挂牌公司、挂牌公司定向发行应当符合全国股份转让系统公司有关投资者适当性管理、信息披露等规定。

4.3.3　按照《管理办法》应申请核准的定向发行，主办券商应当出具推荐文件，挂牌公司取得全国股份转让系统公司同意定向发行的审查意见及中国证监会核准文件后，与全国股份转让系统公司办理定向发行新增股份的挂牌手续。

4.3.4　按照《管理办法》豁免申请核准的定向发行，主办券商应履行持续督导职责并发表意见，挂牌公司在发行验资完毕后填报备案登记表，办理新增股份的登记及挂牌手续。

4.3.5　申请挂牌公司申请股票在全国股份转让系统挂牌的同时定向发行的，应在公开转让说明书中披露。

第四节　暂停与恢复转让

4.4.1　挂牌公司发生下列事项，应当向全国股份转让系统公司申请暂停转让，直至按规定披露或相关情形消除后恢复转让。

（一）预计应披露的重大信息在披露前已难以保密或已经泄露，或公共媒体出现与公司有关传闻，可能或已经对股票转让价格产生较大影响的；

（二）涉及需要向有关部门进行政策咨询、方案论证的无先例或存在重大不确定性的重大事项，或挂牌公司有合理理由需要申请暂停股票转让的其他事项；

（三）向中国证监会申请首次公开发行股票并上市，或向证券交易所申请股票上市；

（四）向全国股份转让系统公司主动申请终止挂牌；

（五）未在规定期限内披露年度报告或者半年度报告；

（六）主办券商与挂牌公司解除持续督导协议；

（七）出现依《公司法》第一百八十一条规定解散的情形，或法院依法受理公司重整、和解或者破产清算申请。

挂牌公司未按规定向全国股份转让系统公司申请暂停股票转让的，主办券商应当及时向全国股份转让系统公司报告并提出处理建议。

4.4.2　全国股份转让系统公司可以根据中国证监会的要求或者基于维护市场秩序的需要，决定挂牌公司股票的暂停与恢复转让事宜。

第五节　终止与重新挂牌

4.5.1　挂牌公司出现下列情形之一的，全国股份转让系统公司终止其股票挂牌：

（一）中国证监会核准其首次公开发行股票申请，或证券交易所同意其股票上市；

（二）终止挂牌申请获得全国股份转让系统公司同意；

（三）未在规定期限内披露年度报告或者半年度报告的，自期满之日起两个月内仍未披露年度报告或半年度报告；

（四）主办券商与挂牌公司解除持续督导协议，挂牌公司未能在股票暂停转让之日起三个月内与其他主办券商签署持续督导协议的；

（五）挂牌公司经清算组或管理人清算并注销公司登记的；

（六）全国股份转让系统公司规定的其他情形。

4.5.2　全国股份转让系统公司在作出股票终止挂牌决定后发布公告，并报中国证监会备案。

挂牌公司应当在收到全国股份转让系统公司的股票终止挂牌决定后及时披露股票终止挂牌公告。

4.5.3　对因本业务规则4.5.1条第（三）、（四）项情形终止挂牌的公司，全国股份转让系统公司可以为其提供股票非公开转让服务。

4.5.4　导致公司终止挂牌的情形消除后，经公司申请、主办券商推荐及全国股份转让系统公司同意，公司股票可以重新挂牌。

第五章　主办券商

5.1　主办券商是指在全国股份转让系统从事下列部分或全部业务的证券公司。

（一）推荐业务：推荐申请挂牌公司股票挂牌，持续督导挂牌公司，为挂牌公司定向发行、并购重组等提供相关服务；

（二）经纪业务：代理开立证券账户、代理买卖股票等业务；

（三）做市业务；

（四）全国股份转让系统公司规定的其他业务。

从事前款第一项业务的，应当具有证券承销与保荐业务资格；从事前款第二项业务的，应当具有证券经纪业务资格；从事前款第三项业务的，应当具有证券自营业务资格。

5.2　证券公司在全国股份转让系统开展相关业务前，应向全国股份转让系统公司申请备案。全国股份转让系统公司同意备案的，与其签订协议，出具备案函并公告。

5.3　主办券商应在取得全国股份转让系统公司备案函后五个转让日内，在全国股份转让系统指定信息披露平台披露公司基本情况、主要业务人员情况及全国股份转让系统公司要求披露的其他信息。

主办券商在全国股份转让系统开展业务期间，应按全国股份转让系统公司要求报送并披露相关执业情况等信息。

主办券商所披露信息内容发生变更的，应按规定及时报告全国股份转让系统公司并进行更新。

5.4　主办券商在全国股份转让系统开展业务，应当建立健全各项业务管理制度和业务操作流程，建立健全风险管理制度和合规管理制度，保障业务依法合规进行，严格防范和控制业务风险。

5.5　主办券商应当实现推荐业务、经纪业务、做市业务以及其他业务之间的有效隔离，防范内幕交易，避免利益冲突。

5.6　主办券商开展推荐业务，应勤勉尽责地进行尽职调查和内核，并承担相应责任。

5.7 主办券商应持续督导所推荐挂牌公司诚实守信、规范履行信息披露义务、完善公司治理机制。

主办券商与挂牌公司解除持续督导协议前，应当报告全国股份转让系统公司并说明理由。

5.8 主办券商应当建立健全投资者适当性管理工作制度和业务流程，严格执行全国股份转让系统投资者适当性管理各项要求。

5.9 主办券商发现投资者存在异常交易行为，应提醒投资者；对可能严重影响正常交易秩序的异常交易行为，应及时报告全国股份转让系统公司。

5.10 主办券商开展做市业务不得利用信息优势和资金优势，通过单独或者合谋，以串通报价或相互买卖操纵股票转让价格，损害投资者利益。

5.11 全国股份转让系统公司对主办券商及其从业人员的执业行为进行持续管理，开展现场检查和非现场检查，记录其执业情况、违规行为等信息。

第六章 监管措施与违规处分

6.1 全国股份转让系统公司可以对本业务规则 1.4 条规定的监管对象采取下列自律监管措施。

（一）要求申请挂牌公司、挂牌公司及其他信息披露义务人或者其董事（会）、监事（会）和高级管理人员、主办券商、证券服务机构及其相关人员对有关问题作出解释、说明和披露；

（二）要求申请挂牌公司、挂牌公司聘请中介机构对公司存在的问题进行核查并发表意见；

（三）约见谈话；

（四）要求提交书面承诺；

（五）出具警示函；

（六）责令改正；

（七）暂不受理相关主办券商、证券服务机构或其相关人员出具的文件；

（八）暂停解除挂牌公司控股股东、实际控制人的股票限售；

（九）限制证券账户交易；

（十）向中国证监会报告有关违法违规行为；

（十一）其他自律监管措施。

监管对象应当积极配合全国股份转让系统公司的日常监管，在规定期限内回答问询，按照全国股份转让系统公司的要求提交说明，或者披露相应的更正或补充公告。

6.2　申请挂牌公司、挂牌公司、相关信息披露义务人违反本业务规则、全国股份转让系统公司其他相关业务规定的，全国股份转让系统公司视情节轻重给予以下处分，并记入证券期货市场诚信档案数据库（以下简称“诚信档案”）。

（一）通报批评；

（二）公开谴责。

6.3　申请挂牌公司、挂牌公司的董事、监事、高级管理人员违反本业务规则、全国股份转让系统公司其他相关业务规定的，全国股份转让系统公司视情节轻重给予以下处分，并记入诚信档案。

（一）通报批评；

（二）公开谴责；

（三）认定其不适合担任公司董事、监事、高级管理人员。

6.4　主办券商违反本业务规则、全国股份转让系统公司其他相关业务规定的，全国股份转让系统公司视情节轻重给予以下处分，并记入诚信档案。

（一）通报批评；

（二）公开谴责；

（三）限制、暂停直至终止其从事相关业务。

6.5　主办券商的相关业务人员违反本业务规则、全国股份转让系统公司其他相关业务规定的，全国股份转让系统公司视情节轻重给予以下处分，并记入诚信档案。

（一）通报批评；

（二）公开谴责。

6.6　会计师事务所、律师事务所、其他证券服务机构及其工作人员违反本业务规则、全国股份转让系统公司其他相关业务规定的，全国股份转让系统公司视情节轻重给予以下处分，记入诚信档案并向相关行业自律组织通报。

（一）通报批评；

（二）公开谴责。

6.7 全国股份转让系统公司设立纪律处分委员会对本业务规则规定的纪律处分事项进行审核，作出独立的专业判断并形成审核意见。全国股份转让系统公司根据纪律处分委员会的审核意见，作出是否给予纪律处分的决定。

监管对象不服全国股份转让系统公司作出的纪律处分决定的，可自收到处分通知之日起15个工作日内向全国股份转让系统公司申请复核，复核期间该处分决定不停止执行。

第七章 附 则

7.1 原证券公司代办股份转让系统挂牌的STAQ、NET系统公司和退市公司的股票转让、信息披露等事项另行规定。

7.2 本业务规则所称“以上”、“以内”含本数，“超过”不含本数。

7.3 本业务规则由全国股份转让系统公司负责解释。

7.4 本业务规则经中国证监会批准后生效，自发布之日起实施。

参考文献

References

[1] ICAP，“White Paper：The Future of the OTC Markets”，10 November 2008

[2] SEC，“ Report of special study of securities markets of the Securities and Exchange Comission” [EB/OL] http)：//ww. sechistorical. org/collection/papers/1960/1963 _ SS _ Sec _ Markets/Chapter_ 05_ 1. Pdf

[3] Stijn Claessens，Daniela Klingebiel and Sergio L. Schmukler，“The Future of Stock Exchanges in E-merging Economies：Evolution and Prospects”，Warton School，2002

[4] 曹凤岐．中国资本市场发展战略．北京：北京大学出版社，2003

[5] 高峦主编．中国场外交易市场发展报告（2009、2010～2011、2011～2012）．北京：社会科学文献出版社

[6] 贺强，李靖．多层次市场体系下的场外交易市场发展，资本市场，2010（1）

[7] 胡海峰，罗惠良．我国现阶段多层次资本市场的竞争与协作机制研究．经济学动态，2010（5）

[8] 江西省产权交易所课题组．产权市场在多层次资本市场中的功能定位．产权导刊，2009（6）

[9] 李大守．股市与产权市场应该协调发展．产权导刊，2011（11）

[10] 李乾坤．完善中国场外交易市场的对策研究．辽宁大学硕士学位论文，2011（5）

[11] 孟志强，董瑞华．做市商制度提高场外交易市场流动性的实证分析．产权导刊，2010（12）

[12] 吴林祥（深交所综合研究所）．何为“OTC”——话说美国场外证券市场．深交所，2010（2）

[13] 刘纪鹏，赵晓丹．场外交易市场建设需条块结合．经济，2012（5）

[14] 刘文娟．多层次资本市场建设的国际比较与经验总结．哈尔滨商业大学学报（社会科学版），2010（4）

[15] 任胜利．完善股权托管登记制度实现为中小企业融资服务的战略目标．产权导刊，2012（1）

[16] 尚福林．推进资本市场的改革开放和稳定发展．中国金融，2004（1）

[17] 田辉．场内和场外市场的协调发展：综述、现状和问题．国务院发展研究中心调研报告，2013

[18] 王东．产权市场是不是资本市场．产权导刊，2009（6）

[19] 张陆洋，傅浩．多层次资本市场研究：理论、国际经验与中国实践．上海：上海复旦大学出版社，2009

[20] 张文路，赵雪芹．关于构建中国多层次化证券市场的分析与建议．金融研究，2004（8）

[21] 张艳．代办股份转让系统发展与现代场外交易市场建设之我见．深圳职业技术学院学报，2010（2）

[22] 周友苏，庄斌．我国场外交易顶层设计的思考．经济体制改革，2012（6）

[23] 邹德文，张家峰，陈要军．中国资本市场的多层次选择与创新，北京：人民出版社，2006